2015—2016年
中国工业和信息化发展
系列蓝皮书

2015-2016年中国集成电路产业发展蓝皮书

The Blue Book on the Development of Integrated
Circuit Industry in China（2015-2016）

中国电子信息产业发展研究院　编著

主　编/王　鹏

副主编/霍雨涛

人民出版社

责任编辑：邵永忠

封面设计：佳艺时代

责任校对：吕　飞

图书在版编目（CIP）数据

2015-2016年中国集成电路产业发展蓝皮书/王　鹏　主编；

中国电子信息产业发展研究院　编著.—北京：人民出版社，2016.8

ISBN 978-7-01-016517-2

Ⅰ.①2… Ⅱ.①王… ②中… Ⅲ.①集成电路—电子工业—产业发展—研究报告—

中国—2015-2016 Ⅳ.① F426.63

中国版本图书馆CIP数据核字（2016）第174772号

2015-2016年中国集成电路产业发展蓝皮书

2015-2016NIAN ZHONGGUO JICHENG DIANLU CHANYE FAZHAN LANPISHU

中国电子信息产业发展研究院　编著

王　鹏　主编

人 民 出 版 社 出版发行

（100706　北京市东城区隆福寺街99号）

北京市通州京华印刷制版厂印刷　新华书店经销

2016年8月第1版　2016年8月北京第1次印刷

开本：710毫米×1000毫米　1/16　印张：20

字数：330千字

ISBN 978-7-01-016517-2　定价：98.00元

邮购地址　100706　北京市东城区隆福寺街99号

人民东方图书销售中心　电话（010）65250042　65289539

代 序

在党中央、国务院的正确领导下，面对严峻复杂的国内外经济形势，我国制造业保持持续健康发展，实现了"十二五"的胜利收官。制造业的持续稳定发展，有力地支撑了我国综合实力和国际竞争力的显著提升，有力地支撑了人民生活水平的大幅改善提高。同时，也要看到，我国虽是制造业大国，但还不是制造强国，加快建设制造强国已成为今后一个时期我国制造业发展的核心任务。

"十三五"时期是我国制造业提质增效、由大变强的关键期。从国际看，新一轮科技革命和产业变革正在孕育兴起，制造业与互联网融合发展日益催生新业态新模式新产业，推动全球制造业发展进入一个深度调整、转型升级的新时期。从国内看，随着经济发展进入新常态，经济增速换挡、结构调整阵痛、动能转换困难相互交织，我国制造业发展也站到了爬坡过坎、由大变强新的历史起点上。必须紧紧抓住当前难得的战略机遇，深入贯彻落实新发展理念，加快推进制造业领域供给侧结构性改革，着力构建新型制造业体系，推动中国制造向中国创造转变、中国速度向中国质量转变、中国产品向中国品牌转变。

"十三五"规划纲要明确提出，要深入实施《中国制造2025》，促进制造业朝高端、智能、绿色、服务方向发展。这是指导今后五年我国制造业提质增效升级的行动纲领。我们要认真学习领会，切实抓好贯彻实施工作。

一是坚持创新驱动，把创新摆在制造业发展全局的核心位置。当前，我国制造业已由较长时期的两位数增长进入个位数增长阶段。在这个阶段，要突破自身发展瓶颈、解决深层次矛盾和问题，关键是要依靠科技创新转换发展动力。要加强关键核心技术研发，通过完善科技成果产业化的运行机制和激励机制，加快科技成果转化步伐。围绕制造业重大共性需求，加快建立以创新中心为核心载体、以公共服务平台和工程数据中心为重要支撑的制造业创新网络。深入推进制造业与互联网融合发展，打造制造企业互联网"双创"平台，推动互联网企业构建制

1

造业"双创"服务体系，推动制造业焕发新活力。

二是坚持质量为先，把质量作为建设制造强国的关键内核。近年来，我国制造业质量水平的提高明显滞后于制造业规模的增长，既不能适应日益激烈的国际竞争的需要，也难以满足人民群众对高质量产品和服务的热切期盼。必须着力夯实质量发展基础，不断提升我国企业品牌价值和"中国制造"整体形象。以食品、药品等为重点，开展质量提升行动，加快国内质量安全标准与国际标准并轨，建立质量安全可追溯体系，倒逼企业提升产品质量。鼓励企业实施品牌战略，形成具有自主知识产权的名牌产品。着力培育一批具有国际影响力的品牌及一大批国内著名品牌。

三是坚持绿色发展，把可持续发展作为建设制造强国的重要着力点。绿色发展是破解资源、能源、环境瓶颈制约的关键所在，是实现制造业可持续发展的必由之路。建设制造强国，必须要全面推行绿色制造，走资源节约型和环境友好型发展道路。要强化企业的可持续发展理念和生态文明建设主体责任，引导企业加快绿色改造升级，积极推行低碳化、循环化和集约化生产，提高资源利用效率。通过政策、标准、法规倒逼企业加快淘汰落后产能，大幅降低能耗、物耗和水耗水平。构建绿色制造体系，开发绿色产品，建设绿色工厂，发展绿色园区，打造绿色供应链，壮大绿色企业，强化绿色监管，努力构建高效清洁、低碳循环的绿色制造体系。

四是坚持结构优化，把结构调整作为建设制造强国的突出重点。我国制造业大而不强的主要症结之一，就是结构性矛盾较为突出。要把调整优化产业结构作为推动制造业转型升级的主攻方向。聚焦制造业转型升级的关键环节，推广应用新技术、新工艺、新装备、新材料，提高传统产业发展的质量效益；加快发展3D打印、云计算、物联网、大数据等新兴产业，积极发展众包、众创、众筹等新业态新模式。支持有条件的企业"走出去"，通过多种途径培育一批具有跨国经营水平和品牌经营能力的大企业集团；完善中小微企业发展环境，促进大中小企业协调发展。综合考虑资源能源、环境容量、市场空间等因素，引导产业集聚发展，促进产业合理有序转移，调整优化产业空间布局。

五是坚持人才为本，把人才队伍作为建设制造强国的根本。新世纪以来，党和国家深入实施人才强国战略，制造业人才队伍建设取得了显著成绩。但也要看到，制造业人才结构性过剩与结构性短缺并存，高技能人才和领军人才紧缺，基础制造、高端制造技术领域人才不足等问题还很突出。必须把制造业人才发展摆在更加突出的战略位置，加大各类人才培养力度，建设制造业人才大军。以提高现代经营管理水平和企业竞争力为核心，造就一支职业素养好、市场意识强、熟悉国内外经济运行规则的经营管理人才队伍。组织实施先进制造卓越工程师培养计划和专业技术人才培养计划等，造就一支掌握先进制造技术的高素质的专业技术人才队伍。大力培育精益求精的工匠精神，造就一支技术精湛、爱岗敬业的高技能人才队伍。

"长风破浪会有时，直挂云帆济沧海"。2016 年是贯彻落实"十三五"规划的关键一年，也是实施《中国制造 2025》开局破题的关键一年。在错综复杂的经济形势面前，我们要坚定信念，砥砺前行，也要从国情出发，坚持分步实施、重点突破、务求实效，努力使中国制造攀上新的高峰！

工业和信息化部部长　苗圩

2016 年 6 月

前　言

　　集成电路是信息技术产业的"粮食"，其技术水平和发展规模已成为衡量一个国家产业竞争力和综合国力的重要标志之一。国际金融危机后，发达国家加紧经济结构战略性调整，集成电路产业的战略性、基础性、先导性地位进一步凸显，美国更将其视为未来20年从根本上改造制造业的四大技术领域之首。新一代信息技术是实现我国制造业转型升级的基础，集成电路是核心。打造具有国际竞争力的集成电路产业，是提升我国综合国力、保障国家安全、培育高端产业、构建现代产业体系的必由之路。"十二五"期间，国家为鼓励和支持集成电路产业发展，相继出台了一系列政策文件，特别是《国家集成电路产业发展推进纲要》、"中国制造2025"和"互联网+"行动计划等国家政策的陆续出台，更有力地推动了我国集成电路乃至整个半导体产业的发展。2015年作为"十二五"收官之年，我国集成电路产业实力稳步提升，取得了显著的成绩。在全球半导体产业持续低迷的环境下，我国集成电路产业实现销售收入3610亿元，同比增长19.7%，其中设计、制造、封测业分别实现销售收入1325亿元、901亿元和1384亿元，同比增长26.5%、26.5%和10.2%。未来五年，是全球集成电路产业发展的重大转型期，也是我国产业发展的重要战略机遇期和攻坚期。

一

　　随着云计算、大数据、物联网、智能硬件等新兴应用的兴起，市场驱动发生重大转折，集成电路产业迎来了新一轮发展机遇，在市场需求、关键技术、企业发展模式、并购整合等方面呈现出以下发展趋势。

　　第一，新兴应用领域逐渐兴起，成为拉动集成电路市场的"新引擎"。随着传统PC市场进一步萎缩和智能终端需求下降，全球集成电路市场规模增长逐步放缓。云计算、大数据促使ICT领域加速融合，物联网带动着可穿戴设备、智能网联汽车、智能电网、网络设备、工业控制、医疗电子、卫星导航等市场对集成电路芯片的巨大需求。

因此，云计算、物联网、大数据等新兴应用将成为下一个快速拉动集成电路市场的重要增长点。

第二，新材料新工艺不断涌现，超越摩尔定律带来产业机遇。随着特征尺寸的持续缩小，传统工艺和硅材料逼近物理极限，以及研发费用的剧增，摩尔定律的速度开始放缓。制造技术节点更新难度越来越大，因此企业纷纷在新型器件和新材料上寻求突破，如III-V族材料、石墨烯、碳纳米管等材料由于优良的特性开始在特定应用领域得以使用；以系统级封装（SiP）为代表的芯片功能多样化成为半导体技术发展的新方向；芯片向着纳米、亚纳米以及多功能化器件方向发展，如以碳基纳电子学、自旋电子器件、分子开关等为代表的超越 CMOS 技术将会快速发展。

第三，联合研发趋势兴起，整机企业趋向自研芯片。随着工艺制程的不断缩小，单一厂商愈发难以满足不断攀升的投资规模，产业模式亦悄然发生着变化，设计企业和制造企业不断开展联合研发。终端市场竞争激烈，整机厂商自研芯片有望脱颖而出。整机厂商通过自主研发芯片，可以根据自身产品的定位与特定性能在功率和性能方面做出调整，不仅能和其他厂商区分开来，而且节约成本。除此之外，许多非传统的半导体公司如互联网企业也陆续开展了集成电路芯片设计。

第四，产业并购日益活跃，企业巨头联合布局未来优势领域。全球集成电路产业发展已经进入了成熟期，不少领域已形成 2-3 家企业垄断局面，产业格局面临重塑。由于半导体研发成本的逐年上升，以及市场竞争压力等因素，使得 2015 年全球行业并购案频发。2015 年全球并购交易规模超过 1200 亿美元，其中不乏涉及金额在百亿美元以上的并购案。随着市场竞争加剧，半导体企业选择抱团取暖，加强企业联合扩产产品线。如恩智浦并购飞思卡尔，打通了汽车芯片从界面到引擎控制的全产业链；英特尔收购阿尔特拉布局 CPU+FPGA 芯片技术，扩充处理器在未来的智慧城市、工业物联网以及通信基站中的应用；安华高收购博通打造云端存储的物联网解决方案。

二

当前，集成电路产业新技术、新业态、新模式不断涌现，新兴领域加速成长，融合渗透不断增强，我国集成电路产业面临国际竞争日益加剧的挑战，产业发展已经进入攻坚克难的关键阶段。总体而言，在相当一段时期内，我国产业发展将主要面临以下形势。

第一，集成电路的战略地位显现，是保障我国信息安全的必然选择。集成电路已成为支撑国家创新和竞争力的关键，发达国家通过技术与知识产权优势，在集成电路领域形成"大者愈大"的垄断优势，另一方面通过贸易和行政手段限制关键核心芯片、半导体专用设备的对外出口，遏制竞争对手。当前国际网络空间竞争日趋激烈，网络信息安全挑战持续加剧，我国以往采取的限制、隔离等简单安全策略已经难以保障信息安全。加速构建自主可控、安全可靠的芯片产业体系，已成为保障国家网络信息安全的必然选择。

第二，我国集成电路产业取得积极成效，发展环境机遇与挑战并存。经过"十二五"时期的发展，我国集成电路产业呈现出稳定增长的态势，在产业规模、技术水平、企业实力等方面都取得了一定成果。"十二五"期间产业规模年平均增长率超过20%，成为同期全球集成电路产业发展最快的地区。技术水平方面，制造业工艺28纳米实现小批量产，与国际先进水平差距缩小到两代；部分设计企业技术水平达到16/14纳米，与国际先进水平差距缩小到两代以内；封测业技术水平与国际基本同步发展，先进封装产品比例扩大到25%以上。企业实力方面，海思半导体和紫光展锐进入全球设计行业前十，中芯国际在全球代工企业中排名第四，长电科技并购新加坡星科金朋后，已进入全球封测业前三。在全球半导体产业已进入重大调整变革期的背景下，我国集成电路产业既受到国际竞争日益加剧的挑战，又面临着国内市场需求强劲增长、国家网络信息安全快速推进、新兴领域加速发展等机遇。

第三，国家政策的大力扶持，为集成电路产业发展注入新动力。继发布《国家集成电路产业发展推进纲要》后，2015年国家提出"供给侧"改革、"中国制造2025"、"互联网＋"行动计划等多项重大战略，为我国集成电路产业发展提供重要政策保障。"供给侧改革"的提出带动我国集成电路产业实现新一轮创新，推动智能硬件、物联网、云计算、大数据等新兴业态的快速发展。"中国制造2025"中"大力推动重点领域突破发展"的第一条就着重指出"发展集成电路及专用装备"。"互联网＋"拉动集成电路新兴市场增长，智能家居、可穿戴设备、汽车电子、智慧医疗等与互联网结合的新产品将是最重要的增长点。国家政策的支持将为我国集成电路产业发展注入强劲的动力。

第四，资本和产业互动持续深化，海外合作和国际并购成为新常态。国家集成电路产业投资基金成立后，不仅各类集成电路地方基金和专项基金纷纷出台，而且集成电路产业也引起了风险投资、主权投资等社会资金的关注，国内企业可以借助产业基金或并购实现快速做大做强。海外企业也开始高度关注中国市场，纷纷加码或进驻。如2015年中国台湾地区存储器代工厂力晶宣布在合肥新区合资成立12英寸合肥晶合集成电路公司；英特尔投资55亿美元升级原有的大连工厂以生产新型非易失性存储设备；台积电将采用16nm先进工艺的12英寸生产线落户南京。海外投资并购案频发，2015年中国资本对海外完成了多起投资并购，如建广资本收购恩智浦RF Power部门、清芯华创收购豪威科技、武岳峰资本收购芯成半导体等。

三

当前我国集成电路产业面临难得发展机遇，但整个产业基础研发能力较弱，在核心技术、高端产品、专用装备、材料等方面与世界先进水平还存在较大差距。为此，我们应当紧密结合产业面临形势，深入把握产业发展规律，着力推进以下几项工作。

第一，坚持创新驱动发展战略，促进产学研用一体化发展。一是集聚各方面资源，围绕产业链部署创新链，围绕创新链完善资金链，着力培育企业作为创新主体，实现技术创新、管理创新和商业模式创新。二是加强高校和研究机构集成电路科研工作与产业化的衔接与接触，在实践中加强产业界和学术界的合作。建立和完善衔接机制，推动产业链有效对接。三是贯彻落实"中国制造2025"等国家政策，建设集成电路和传感器创新中心，搭建共性技术研发平台和生态系统建设平台，推动核心技术和关键技术的联合研发和攻关。

第二，加强协同生态体系建设，推动形成集成电路生态链。一是坚持产业链建设和生态链建设并举，围绕重大市场需求加强产业链上下游整合，打通各环节形成协同效应。二是坚持国家重点支持和市场化运作并行，在提升产业核心竞争力的关键领域和保障国家安全的核心瓶颈加大支持，同时以企业为主体实行市场化运作。三是积极推动和地方的协同发展，在国家的整体布局和重点推进的基础上，鼓励各地依据特色和优势形成差异化发展。

第三，坚持对外开放和共赢发展思想，加强产业和资本的有效协作。一是把握集成电路产业高度国际化特征，进一步优化产业发展环境。利用全球市场、技术、资本和人才资源，推进产业链各环节开放式创新，同时加强国际交流与深层次合作，提升在全球产业格局中的地位和影响力。二是加强产业资本和金融资本的有效合作，推动国家基金、地方基金和国家开放性政策性金融机构与社会资金的互动，形成合力。

三是充分发挥市场机制的作用，以骨干企业为依托，推动企业间的兼并重组和海外并购，加强行业内的横向和纵向整合，培养具有国际竞争力的企业。

第四，注重人才培育和智力引进，整合力量推动创业创新发展。一是进一步加强国家示范性微电子学院的建设，探索高校、研究机构与企业形成有效、完善的合作路径，推动企业资源与教育资源深度融合，创新人才培养模式。二是完善高端人才引进政策，鼓励企业多渠道、多途径引进海外集成电路领军人才和优秀团队，创造有利于人才发展的宽松环境。三是组织实施"集成电路创新创业计划"，结合"大众创新，万众创业"双创工作，设立集成电路人才创新创业基金，构建集成电路产业创新创业促进平台，为集成电路领域营造良好的创新创业环境。

四

基于上述思考，赛迪智库研究编撰了《2015-2016年度中国集成电路产业发展蓝皮书》。本书从推动产业快速发展的角度出发，系统剖析了全球和我国集成电路产业发展的特点与趋势，并根据产业发展情况，从产业运行、行业特征、重点区域、特色园区和企业情况等维度进行了全面阐述和分析。全书分为综合篇、行业篇、区域篇、园区篇、企业篇、政策篇、热点篇和展望篇共8个部分。

综合篇，梳理2015年全球和我国集成电路产业发展基本情况，包括产业规模、产业结构、技术发展、投融资情况等方面，并总结全球和我国集成电路产业发展特点和趋势。

行业篇，分析集成电路设计、制造、封测、设备、材料产业链各环节，从行业规模、行业布局、技术发展、企业状况等维度总结各环节国内外的发展情况。

区域篇，根据国内集成电路的产业布局，选取环渤海、长三角、珠三角、中西部、福厦地区等国内五大重点集成电路发展区域，分析各地区的产业总体发展情况、发展特点和重点省市发展情况。

园区篇，选取国内五大区域中具有代表性的五个园区，中关村集成电路设计产业园、上海张江高科技园区、深圳市高新技术产业园、武汉光谷集成电路产业园和厦门火炬高技术产业开发区，分析园区概况、发展特点和发展趋势。

企业篇，在产业链各环节中选取1-2家具有代表性的企业展开研究，从企业发展历程、业务情况、技术水平和发展战略等方面展开分析。

政策篇，聚焦 2015 年国家和地方出台的集成电路相关政策，分析产业发展面临的政策环境，并对重点政策进行详细解读。

热点篇，选取 2015 年集成电路领域发生的重要事件，分析事件背景和经过，并详细剖析事件对国内外集成电路产业产生的重大影响。

展望篇，对 2016 年全球及我国集成电路产业进行预测和形势展望，对比不同研究机构的预测观点，提出我国产业面临的发展形势、存在问题和相应的对策建议。

"十三五"是我国集成电路产业缩小与国际先进水平差距的难得机遇期，我们应在巩固现有优势的基础上，正视产业面临的不足和短板，以开阔的思路和开放的态度面对全球产业分工、技术进步和竞争格局带来的变革和挑战，努力实现我国集成电路产业的跨越式发展。

工业和信息化部电子信息司司长

目　录

代　序（苗圩）

前　言（刁石京）

综合篇

园 区 篇

综合 篇

第一章 2015年世界集成电路产业发展情况

第一节 产业规模

一、产业增速显著放缓

全球半导体贸易协会（WSTS）的统计数据显示，2015 年全球半导体市场规模达到 3352 亿美元，同比下滑 0.2%，经历了连续三年的快速增长首次下滑。虽然光电子、传感器和模拟芯片均有所增长，但由于分立器件和微芯片、逻辑芯片和存储器芯片等集成电路芯片均下降，从而使整体市场相比 2014 年略微下滑。各细分市场中增速最快的是光电子，2015 年同比增长 11.3%，达到 333 亿美元。集成电路芯片下降 1.0%，达到 2745 亿美元。模拟芯片同比增长 1.9%，达到 452 亿美元。WSTS 预估 2016 年半导体产值将增长 0.3% 至 3361 亿美元，2017 年续增 3.1%，至 3465 亿美元。

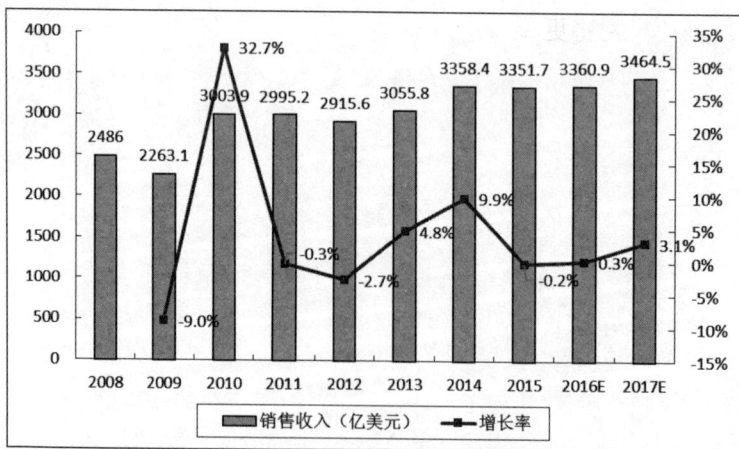

图1-1 2008—2017年全球半导体市场规模及增长率

资料来源：WSTS，2016 年 2 月。

根据 Gartner 发布的统计数据，受到手机、PC 等主要产品市场需求放缓、美元走强及库存积压等因素影响，2015 年全球半导体营收 3337 亿美元，相比 2014 年的 3403 亿美元同比下滑了 1.9%。光学传感器和非光学传感器、模拟与逻辑集成电路的市场表现好坏参半，与 2014 年的齐头并进形成强烈对比。集成电路增长 2.4%，模拟芯片增长 1.9%，非光学传感器增长 1.6%，而存储器芯片则下滑 0.6%。

表 1-1　2013—2016 年全球主要研究机构统计的半导体营收情况及预测（单位：亿美元）

机构	2013年		2014年		2015年		2016年预测	
	销售额	增速	销售额	增速	销售额	增速	销售额	增速
WSTS	3048	4.4%	3331	9%	3352	−0.2%	3361	0.3%
IC Insights	3254	3.9%	3556	9.3%	3536	−0.6%	3674	3.9%
Gartner	3150	5.2%	3403	8.0%	3337	−1.9%	3400	1.9%

资料来源：WSTS IC Insights Gartner，2016 年 2 月。

从 WSTS、IC Insights 和 Gartner 的预测数据来看，2016 年，全球半导体市场将从 2015 年几乎停滞的局面转向缓慢的复苏。IC Insights 的预测最为乐观，2016 年将增长 3.9%，达到 3674 亿美元，主要原因包括全球 GDP 的继续增加，英特尔和台积电等企业财报中的乐观预测以及 DRAM 供应商预估产能的吃紧。Gartner 认为 2014 年到 2019 年的复合年均增长率可达 2.7%，智能手机在 2019 年之前的增速将继续趋缓，届时市场将如当今的 PC 一样达到饱和。Gartner 认为 NAND FLASH 未来将相对高速增长，2014 年到 2019 年的复合年均增长率可达 8.7%，而物联网芯片的成长将更快，虽然由于价格偏低，2019 年时只占芯片整体销售额的 7.2%。

二、企业发展情况

表 1-2　2015 年主要半导体企业营收情况（单位：百万美元）

2015年	2014年	企业	总部	2014年营收	2015年营收	增幅
1	1	Intel（英特尔）	美国	51400	50494	−2%
2	2	Samsung（三星）	韩国	37810	41606	10%
3	3	TSMC（台积电）	中国台湾地区	24975	26439	6%
4	6	SK Hynix（海力士）	韩国	16286	16917	4%
5	4	Qualcomm（高通）	美国	19291	16032	−17%
6	5	Micron（美光）	美国	16720	14520	−13%

（续表）

2015年	2014年	企业	总部	2014年营收	2015年营收	增幅
7	7	TI（德州仪器）	美国	12166	12112	0%
8	8	Toshiba（东芝）	日本	11040	9734	−12%
9	9	Broadcom（博通）	美国	8428	8421	0%
10	15	Avago（安华高）	新加坡	5644	6912	22%
11	13	Infineon（英飞凌）（1）	欧洲	5938	6877	16%
12	10	ST（意法半导体）	欧洲	7384	6840	−7%
13	12	MTK（联发科）	中国台湾地区	7032	6699	−5%
14	17	Sony（索尼）	日本	5292	5885	11%
15	14	NXP（恩智浦）	欧洲	5647	5790	3%
16	11	Renesas（瑞萨）	日本	7307	5664	−22%
17	20	GlobalFoundries（格罗方德）（2）	美国	4355	4990	15%
18	19	Nvidia（英伟达）	美国	4382	4628	6%
19	21	UMC（联电）	中国台湾地区	4331	4464	3%
20	18	Freescale（飞思卡尔）	美国	4548	4410	−3%
前20家				259976	259434	0%

注：（1）包含收购国际整流器公司（IR）2015年的营业收入11亿美元。
（2）包含IBM2015年下半年的营业收入7亿美元。
资料来源：IC Insights，2016年2月。

　　根据IC Insights发布的数据，2015年全球营业收入排名前20位的半导体企业总营收达到2594.3亿美元，与2014年的2599.8亿美元相比出现了下滑现象，下滑0.2%。从区域分布看，排名企业中8家企业的总部位于美国，3家位于欧洲，3家位于日本，3家位于中国台湾地区，2家位于韩国，1家位于新加坡，整体来看，美国8家，欧洲3家，亚洲最多，达到9家。

　　IC Insights的数据显示，今年共有5家fabless企业进入TOP20的排名，纯foundry代工厂共有3家入榜，5家fabless企业2015年整体营业收入为426.9亿美元，同比下滑5%，3家foundry企业整体营业收入358.9亿美元，同比增长7%。除了foundry代工厂，全球TOP17的半导体企业营业收入达到2459.3亿美元，相比2014年同样的17家企业，下滑了0.3%。从表1-2中也可以看出，全球前20大半导体企业排名的营业收入门槛是44.1亿美元，比2014年的43.6亿美元略微提高。

从企业排名来看，全球排名前三的企业位次保持稳定，IDM 企业英特尔和三星分列榜首和次席，foundry 企业台积电位列第三。自 20 世纪 90 年代中期以来英特尔一直是半导体行业销售额的龙头企业。2015 年，英特尔的营业收入虽有 2% 的下滑，但依然突破 500 亿美元大关，达到 504.9 亿美元，比三星高 21%，相比 2014 年的 36% 有所下滑，加上货币调整因素，三星销售额只比英特尔低 11%；三星的营业收入增速显著，同比增长 10%，达到 416.1 亿美元；台积电营业收入同比增长 6%，达到 264.4 亿美元。

进入前 9 名的企业与 2014 年完全相同，位次基本没有变化，只有高通和美光的营业收入分别出现了 17% 和 13% 的大幅下滑，使得海力士从第 6 名升至第 4 名，海力士 2015 年营业收入达到 169.2 亿美元，同比增长 4%。排名第 10 的安华高营业收入大涨 22%，一举取代意法半导体进入前 10 名，其 2015 年营业收入为 69.1 亿美元。

第 11 名到 20 名的 10 家企业中，排名均发生变化，联电从去年的 21 名进入 TOP20 榜单，位列 19 名，取代了 AMD。2015 年对 AMD 来说是艰难的一年，其总营业收入下跌 28% 至 39.9 亿美元，而联电的营业收入为 44.6 亿美元，同比增长 3%。来自日本的索尼和瑞萨有进有退，即便 2015 年日元兑换美元的大幅贬值，索尼 2015 年依然同比增长 11%，达到 58.9 亿美元，计算货币汇率，其增长可达到 27%；而瑞萨则大幅下跌 22%，排名从 2014 年的 11 名掉至 16 名。

从企业成长率方面来看，安华高是唯一增速突破 20% 的企业，达到 22%，并且与 fabless 企业整体的 5% 的下滑形成反差，而高通是 fabless 企业中营业收入下滑最多的企业，下滑 17%。3 家 Foundry 代工企业营业收入均有增长，格罗方德增速最快达到 15%，台积电 6%，联电 3%。其他企业如英飞凌（16%）、三星（10%）、索尼（11%）也均有较快的成长。

值得关注的是收购和并购对榜单排名的影响。英飞凌收购国际整流器公司（IR）使其营业收入增长了 11 亿美元，排名升至第 11 名。正在进行的安华高和博通、恩智浦和飞思卡尔的合并会对未来的 TOP20 排名产生重要影响。2015 年安华高和博通的营业收入之和为 153 亿美元，使其能排在榜单的第 6 名，而 NXP 和飞思卡尔组建的新公司的营业收入可达 102 亿美元，也能排至第 8 位。未来的收购和并购也将会继续影响全球半导体企业 TOP20 榜单的排名。

第二节　产业结构

一、产品结构

从具体产品看，半导体市场主要由分立器件、光电器件、传感器和集成电路四大类产品构成，2015年其市场规模分别为186.1亿美元、332.6亿美元、88.2亿美元和2744.9亿美元，分别占全球半导体市场的5.6%、9.9%、2.6%和81.9%。除了光电器件大幅增长以外，其他均呈现缓慢增长或下滑，同比分别增长 −7.7%，11.3%，3.7%，−1.0%，与2014年的高速增长反差明显。

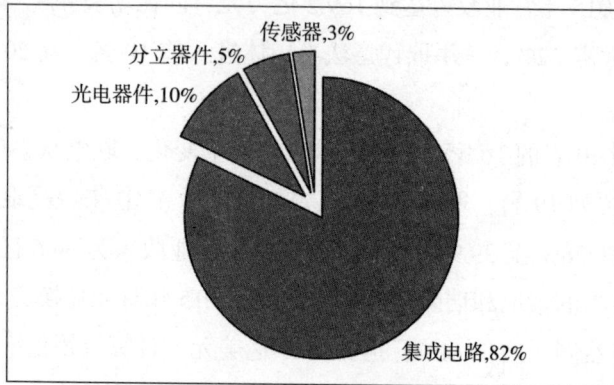

传感器,3%

分立器件,5%

光电器件,10%

集成电路,82%

图1-2　2015年全球半导体市场结构

资料来源：WSTS，2016年2月。

集成电路产品又分为模拟芯片、处理器芯片、逻辑芯片和存储芯片四种，2015年其市场规模分别为452.3亿、613.0亿、907.5亿和772.1亿美元，分别占集成电路市场份额的16.5%、22.3%、33.1%和28.1%，与2014年各器件市场份额占比基本没有变化。不同于2014年各类集成电路均高速增长，2015年只有模拟器件保持增长，同比增长1.9%，其他均为下滑，处理器芯片、逻辑芯片和存储器芯片分别下滑1.2%、1%和2.6%。

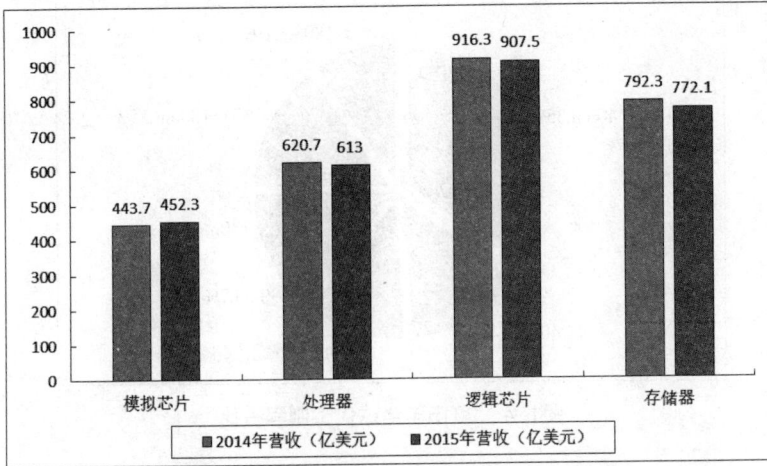

图1-3 2014—2015年全球集成电路产品营收情况

资料来源：WSTS，2016年2月。

2015年半导体市场增长的主要贡献产品包括模拟信号转换器（增长17%），通信模拟器件（增长9%），32位MCU（增长14%），汽车DSP（增长28%），显示驱动（增长12%），触摸屏控制器（增长31%），短程通信逻辑器件（增长13%），光电器件（增长12%）和驱动器（增长10%）。

从代工厂的制程工艺来看，先进工艺的占比继续增加。根据IC Insights的统计数据，2015年的代工收入已经达到450亿美元，其中40nm以下工艺市场达到159亿美元，占比已经达到35%，相比于2014年130亿美元（占比28%）同比增长了22%。65nm及以下工艺收入占比则达到61%，也超过了2014年的59%。2015年40nm以上工艺的市场为292亿美元，相对于2014年降低了1%。

虽然代工制程追逐摩尔定律的步伐趋缓，但是2015年制程技术依然不断进步。格罗方德、三星和台积电均已由传统的平面工艺过渡到16/14nm的FinFET工艺，而英特尔已经开始进入14nm的第二代FinFET工艺量产。英特尔、三星和台积电均发布了10nm的研发计划，预计2016年底将实现量产。和16nm FinFET+比较，在同样耗电之下，台积电研发的10nm制程技术制造的晶片产品速度快15%，且在同样速度之下，耗电减少35%，晶体管的密度提高110%—120%。

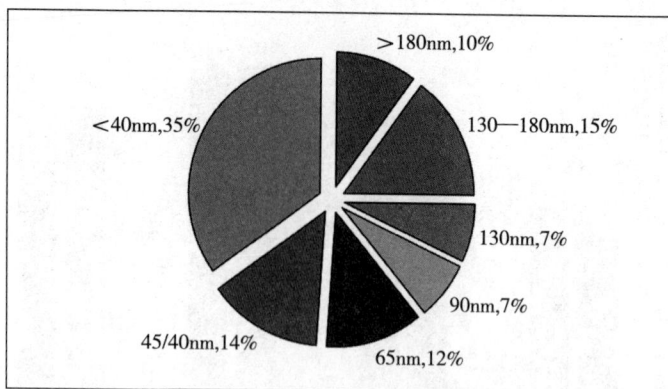

图1-4　2015年全球代工制程占比

资料来源：IC Insights，2016年2月。

二、区域分布

从半导体市场的区域分布来看，2015年，亚太地区（除日本）毋庸置疑是全球的最大市场，市场规模达到2011亿美元，同比增长3.5%，占全球市场的60%，预计2016年该地区将以0.2%的增速缓慢增长，依然占据全球市场的60%左右。北美地区是全球第二大市场，市场规模达到687亿美元，同比有0.8%的下滑，占据全球市场的20.5%，预计2016年将出现回暖，增速1.3%。欧洲和日本分别占全球市场的10.2%和9.3%。全球各区域市场除了亚太地区出现缓慢增长外，其他区域均出现下滑，市场占比也都有所降低，预计2016年将逐步回暖。

表1-3　2014—2016年全球半导体区域营收情况（单位：亿美元）

	2014年			2015年			2016年		
	市场规模	增速	占比	市场规模	增速	占比	市场规模	增速	占比
北美	693.2	12.7%	20.6%	687.4	−0.8%	20.5%	696.6	1.3%	20.7%
欧洲	374.6	7.4%	11.2%	342.6	−8.5%	10.2%	337.0	−1.6%	10.0%
日本	348.3	0.1%	10.4%	311.0	−10.7%	9.3%	312.8	0.6%	9.3%
亚太（除日本）	1942.3	11.4%	57.8%	2010.7	3.5%	60.0%	2014.5	0.2%	59.9%

资料来源：WSTS，2016年2月。

亚太地区是晶圆代工厂的集聚地，据市场研究机构TrendForce统计，2015年，亚洲主要晶圆代工企业营业收入总和超过360亿美元，占全球晶圆代工产值的 80% 以上。2016 年将达到 400 亿美元的水准。

第三节　技术发展

一、10nm 及以下集成电路先进工艺研制成功

根据摩尔定律的发展规律，全球半导体技术发展通常每两年前进一个工艺节点，但是到了 28nm 以下开始显著趋缓。2015 年，16/14nm 工艺制程已经实现量产，10nm 工艺已经问世，而 7nm 工艺已经初见端倪。预计 2017 年，10nm 工艺将量产，2019 年实现 7nm 工艺量产。

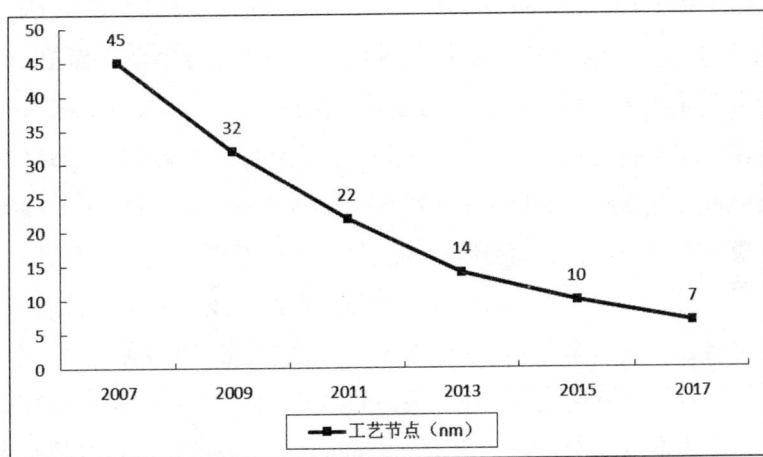

图1-5　45nm 以下工艺发展趋势

资料来源：Intel，2015 年 1 月。

目前，英特尔和台积电均完成了 10nm 技术的研发，等待量产，三星已经率先使用 10nm FinFET 工艺生产了 128Mbit SRAM 缓存。2015 年的国际固态电路会议（ISSCC）上，英特尔展示了其 10nm 制造工艺，但是 10nm 工艺的量产却遭遇严重拖后。根据英特尔的计划，其 10nm 工艺技术应该于 2016 年量产，然而如今却延迟到 2017 年才会量产。作为曾经在遵循摩尔定律上的引领者，英特尔在 14nm 以前均具有绝对优势。英特尔早在 2011 年时就在 22nm 节点引入了 FinFET 工艺，而其他半导体厂到 2014 年才逐渐实现 FinFET 工艺制造。但是由于成本和成品率等原因导致 10nm 技术的严重推迟，也显示出继续遵循摩尔定律所面临的困难。目前由于缺少 EUV 光刻机，只能采用 193nm 浸液式光刻技术，而 10nm

时的图形曝光次数已经从 28nm 时的 1 次增加到了 4 次，成本上升显著。

台积电在 40nm 和 28nm 结点时两次落后，达到 16nm 时则又被三星的 14nm 压制，但是 2015 年，台积电宣布 10nm 工艺已完成研发，将于 2016 年底或 2017 年第一季度实现量产。相比于台积电目前的 16nm FinFET+ 工艺，10nm FinFET 工艺使晶体管的密度提高 110%—120%，同等功耗下的频率提升 15%且同等频率下功耗降低 35%。

三星预计将是最早推出完成 10nm 工艺产品的公司，计划将于 2016 年底实现商业化，预计将在其旗舰产品 Galaxy S8 上得到应用。目前，三星基于 10nm 工艺的 SRAM 已经研制成功，其容量为 128Mb，单元面积仅 0.04 平方微米，比起自家 14nm 的 SRAM（0.064 平方微米）缩小了 37.5%。

10nm 被普遍认为是 16/14nm 和 7nm 之间的一个过渡节点，而 10nm 以下的技术节点才是重大的产业升级，具有较长的生命周期，所以 7nm 技术得到业界的更多关注。7nm 制程相对于 10nm 面积缩小近 50%，可能容纳 200 亿以上的晶体管，效能可提升 50%。2015 年的国际固态电路会议（ISSCC）上，英特尔继续研究如何遵循摩尔定律，从而将制程推进到 7nm 甚至更小。为了实现 7nm 工艺，英特尔认为新材料的应用将不可避免，其可能在这 7nm 节点放弃传统的硅工艺。最有可能替代硅的材料是 III–V 族半导体，比如砷化铟镓（InGaAs）。由于 III–V 化合物半导体材料具有更大的能隙和更高的电子迁移率，因此可以运行在更高的频率下并承受更高的温度，可用来取代 FinFET 结构中硅材料制成的鳍片。而化合物半导体的采用并非刚刚出现，IMEC 在 2014 年曾宣布在 22nm 技术节点上应用磷化铟和砷化铟镓开发 FinFET 化合物半导体。如果在 10nm 以下工艺的量产中果真使用 III–V 族化合物半导体，则意味着硅工艺的终结。同时，从英特尔透露的材料中可以推断其在 10nm 以下技术中可能不会使用 EUV 技术。另外，台积电也宣布计划将于 2017 年开始 7nm 的试制，2018 年实现量产。

目前已实现 7nm 工艺测试芯片的是 IBM 公司。2015 年 7 月，IBM 发布全球首款 7nm 工艺的测试芯片，采用硅锗（SiGe）材料部分替代原有的 Si，并采用了 EUV 和 193nm 的混合光刻模式。这一成果由 IBM、GlobalFoundries、三星和半导体设备商等一起合作完成。

7nm 以下的工艺节点被认为是 5nm，其产品商业化还相当遥远。2015 年 10 月，IMEC 与电子设计创新企业 Cadence 设计系统公司宣布实现了 5nm 技术的测试芯片的成功流片。其采用 EUV 和 193nm 浸液式光刻及自对准的 4 次图形光刻技术的混合光刻模式。按照目前的世界半导体技术路线图（ITRS），5 nm 工艺将在 2020 年到 2021 年实现量产。目前 5nm 工艺依然有众多选择，包括 2.5D、3D 堆叠技术、先进的 FD-SOI 技术和采用化合物半导体和石墨烯新材料等。

表 1-4　10nm 及以下工艺节点总结

工艺节点	研发时间	量产时间	使用的关键技术
10nm	2015年	2016年底	4次193nm浸液式光刻
7nm	2015年	2018年	SiGe材料、III-V族化合物半导体、EUV和193nm的混合光刻
5nm	2015年	2020—2021年	EUV和193nm的混合光刻、2.5D、3D堆叠技术、先进的FD-SOI技术、采用化合物半导体和石墨烯新材料

资料来源：赛迪智库整理，2016 年 1 月。

二、石墨烯技术发展迅速

为了实现 7nm 以下的集成电路，寻找新材料来替代硅是一个不容回避的任务。除了化合物半导体和 SiGe，石墨烯也是潜在材料之一。石墨烯是碳的众多同素异形体中的一种，它是一种由碳原子组成的呈蜂窝形状的六角形平面薄膜，是只有一个碳原子厚度的二维单原子层材料，是已知的最薄的材料。石墨烯具有优异的光学、电学和机械性能，是目前最薄和最坚硬的纳米材料，具备高透光性、高电子迁移率、高导热系数、低电阻率和高机械强度等众多特点，有潜力成为 7nm 及以下制程的应用材料。

石墨烯的产业化制备技术正在不断完善，逐渐朝着原料利用率更高、石墨烯尺寸更大、更稳定、更均匀的方向演进。在机械性质技术应用领域，复合材料、吸附剂、过滤膜等形状改变不断突破，应用范围不断扩大。其在电子领域技术的应用将成为后续发展的热点，这也是石墨烯被视为革新性材料的重要原因。从各国制定的技术研发路线图可以看出，新型电子器件将层出不穷。在欧盟的石墨烯开发蓝图中，模拟晶体管、逻辑晶体管、太赫兹发生器、锁模激光器、偏振控制器、调制器等均是未来石墨烯半导体应用发展的目标。

2010 年，IBM 公司研制出了首款由石墨烯晶圆制成的场效应晶体管（FET），其截止频率可达到 230GHz，远高于 Si 器件。其所使用的处理工艺和目前广泛应用的硅设备制造技术可以兼容，这一突破显示了石墨烯在未来集成电路应用的巨大前景。

表1-5　主要企业石墨烯半导体应用研究历程

	IBM	三星	东芝	诺基亚
2008年	开发出第一个石墨烯晶体管			
2010年	发布了截止频率230GHz的石墨烯场效应晶体管	合作研发出30英寸石墨烯片		
2011年	研制首款石墨烯集成电路		发布石墨烯材料透明导电膜	参与欧洲石墨烯器件项目
2012年	利用石墨烯制程了透明电极	研发出不改变石墨烯本身也可以隔离电流的器件	—	获得石墨烯光传感器专利，可检测只有1—2个光子的微弱光线
2013年	—	—	利用涂覆工艺使石墨烯和银纳米线一起成膜制成大面积透明导电膜	采用石墨烯用于照片传感，光敏度高于普通摄像头1000倍

资料来源：赛迪智库整理，2016年1月。

石墨烯具有成为未来的半导体材料的潜质，但是依然面临许多困难，其离半导体领域的产业化应用还有很长时间。一是逻辑电路有"0"和"1"，也就是开和关两种状态，而这就需要有"能隙"，但是因为本征石墨烯的性能同金属类似，不存在半导体中的能隙，这也是石墨烯具有优异的导电性能的原因，这就使得其无法实现逻辑运算中的"0"态，妨碍其在集成电路的应用。不过，石墨烯若经过掺杂改性或形变，能带结构会随之改变，例如卷曲石墨烯即可得到兼具非金属和半导体性的碳纳米管，但要真正解决这个问题还需要相当长的时间。

二是石墨烯的大面积高质量获取依然困难。目前石墨烯粉体的制备技术相对比较成熟，而大尺寸单晶薄膜的制备依然困难重重。石墨烯边缘的六元环并不稳定，容易形成五元环或七元环，通过这些手段获取的石墨烯，往往会是多个畸形环所连成的多晶，从而影响本身的特性。CVD法作为目前大尺寸石墨烯单晶薄膜的主要方法，依然存在着良率不高，转移衬底困难，运输不便等问题，且CVD生长相对其他生长方法成本高。

三、量子计算机有突破性进展

2015年12月，谷歌宣布其于2013年购买的D-Wave量子计算机确实可以利用量子物理学原理来执行数学计算，并在一个特定的概念证明问题上比传统计算机的运行速度快 1 亿倍。谷歌的这一进展证明了量子计算机技术确实可行。

量子计算是一种基于量子效应的新型计算方式。该计算方式的基本原理是以量子位作为信息编码和存储的单元，通过大量量子位的受控演化来完成计算任务。其中量子位是指一个具有两个量子态的物理系统，例如电子的两个自旋方向、光子的两个偏振态、原子中电子的两个能级等。

谷歌于 2013 年从加拿大量子计算公司 D-Wave 购买了被称为"世界上首台商业化量子计算机"的 D-Wave two，它是 D-Wave 公司的第三代产品，其 512 位的量子计算机含有 512 个超导电路，每个超导电路都是一个微小的电流回路。这些电路被冷却到接近绝对零度，达到一个量子状态，这些微小回路中的电流可以同时顺时针和逆时针流动。当用户向量子计算机发出计算任务命令时，算法会将它们映射到超导电路，然后执行计算。采用了 512 量子比特的处理器的理论运算速度已经远远超越现有任何超级电子计算机。

量子计算机技术的实现依然非常遥远。D-Wave 执行量子退火算法（quantum annealing）的性能远远胜过经典计算机执行模拟退火的性能，而在另一项量子蒙特卡罗算法测试中，量子计算机的速度同样比经典计算机快。但是由于 D-Wave 本身就是一个量子退火系统，所以其解决特定的计算问题会优势尽显，而一些通用任务的处理难以超过传统硅处理器。如果让普通计算机采用更好的模拟退火算法，D-Wave 的速度可能只是快 100 倍，然而如果在普通计算机上运行更复杂的算法，其运算的速度则可以超过 D-Wave。

虽然 Google 和 D-Wave 的量子计算具有特定性，不具有一般性，但是量子隧穿效应带来计算加速确实真是存在的，未来当量子计算机的量子比特增加时，量子计算机的优势将远远超过传统计算机。

第四节　投资情况

一、全球半导体资本支出情况

（一）总体情况

据市场调研机构 Gartner 数据显示，全球半导体资本支出同比增长 2.5 个百分点，2015 年达到 661.6 亿美元。由于 DRAM 存储器受 PC、手机等终端增长趋缓影响,预计全球主要存储器企业 2016 年资本支出大幅减少,使得全球半导体资本支出出现 3.3% 的负增长,2017 年以后逐渐回暖,年均增长率回升到 4% 左右。因为全球半数以上半导体设备由日本和欧洲企业提供,受日元和欧元汇率持续下降的影响,2015 年全球半导体设备支出比 2014 年增长大幅减少,从 336.8 亿美元小幅增长到 337.3 亿美元,年均增长率为 0.1%。

2015 年全球逻辑代工企业资本支出依然高于 IDM 企业支出,比上年同比增长 17.2%。长远来看,逻辑器件代工的资本支出仍将进一步扩大,主要由于手机等移动智能终端市场逐渐饱和,驱动产线提升产能和工艺制程。存储器代工资本支出同比增长 3.2%,主要用于扩大产线产能,特别是 3D NAND Flash 技术的芯片产能。但是存储器资本支出比之前 10.2% 的增长预计大幅下降,也反映了受汇率影响制造设备价格下降。受 DRAM 产能过剩的影响,预计 2016 年全球存储器资本支出将呈现 13.6% 的负增长。

表 1-6　2014—2019 年全球半导体资本支出和设备支出情况

年份	2014	2015	2016E	2017E	2018E	2019E
半导体资本支出(亿美元)	645.7	661.6	639.5	657.3	691.5	722.4
增长率	11.6%	2.5%	−3.3%	2.8%	5.2%	4.5%
晶圆级制造设备(亿美元)	336.8	337.3	325.3	356.8	390.7	403.5
增长率	16.2%	0.1%	−3.5%	9.7%	9.5%	3.3%
晶圆生产线设备(亿美元)	319.5	319.1	307.3	336.4	366.5	378.4
增长率	16.3%	−0.2%	−3.7%	9.4%	9.0%	3.3%
晶圆级封装设备(亿美元)	17.3	18.2	18.0	20.4	24.2	25.1
增长率	14.3%	5.3%	−1.3%	13.4%	18.5%	3.7%

资料来源:Gartner,2015 年 7 月。

(二)企业资本支出排名

2015 年全球重点半导体企业资本支出均呈现不同程度的上涨,但是多数保持上年的支出水平,纯晶圆代工厂企业和存储器企业资本支出最高,分别占全球半导体资本支出的 27% 和 38%。资本支出前 13 家企业中,英特尔、英飞凌、意法等 5 家为 IDM 逻辑代工企业,台积电、格罗方德、联电、中芯国际 4 家为纯逻辑代工企业,三星、海力士、美光等 4 家为存储器代工企业。英飞凌、意法、德州仪器和恩智浦这四家公司为传统的 IDM 企业,但是随着工艺制程的进步,晶圆生产线的投资成本逐年增加，现在逐渐依靠外部的晶圆代工厂，使得其资本支出与销售额的比例不断下降。

三星、英特尔、台积电依然排名资本支出前三的位置，占据全球资本支出的近一半。其中三星半导体 2015 年资本支出为 151 亿美元，同比增长 13%。台积电加速布局先进制程，资本支出超过英特尔排名第二，突破 100 亿美元大关达到 108 亿美元，但比年初预计的 115 亿美元至 120 亿美元下调很多。英特尔受 PC 销量下降的影响，将 2015 年的资本支出大幅下调到 87 亿美元，位列第三，同比 2014 年下降 14%，比年初预计的 110 亿美元缩减了 23 亿美元，是近五年来的新低。联电近年来追赶台积电和三星的先进制程，预计跳过 20nm 直接进入 14nmFinFET 技术，同时扩大成熟工艺产能，因此今年资本支出增加到 18 亿美元，同比增长 29%。中国在政策和大基金的春风下，加速发展半导体产业，使得中芯国际的资本支出增长 38%，扩大至 14 亿美元，与联电接近。全球第三大晶圆代工厂格罗方德 2015 年资本支出维持在 48 亿美元，与去年持平。在 13 家重点半导体企业中，美光科技将扩大 DRAM 和 Flash 的产能规模，使得资本支出大幅上涨，由 2014 年的 13 亿美元增长到 38 亿美元，同比增长 186%。

表 1-7　全球重点半导体企业资本支出排名（单位：亿美元）

排名	企业	2015年资本支出	2014年资本支出	增长率
1	三星电子	151	133	13%
2	台积电	108	95	13%
3	英特尔	87	101	−14%
4	海力士	51	46	12%
5	格罗方德	48	48	0%
6	美光	38	13	186%
7	Flash Ventures	20	14	43%
8	联电	18	14	29%
9	中芯国际	14	10	38%
10	英飞凌	9	9	4%
11	ST意法	5	5	7%
12	德州仪器	5	4	30%
13	恩智浦	4	3	6%

资料来源：IC Insights，2015 年 4 月。

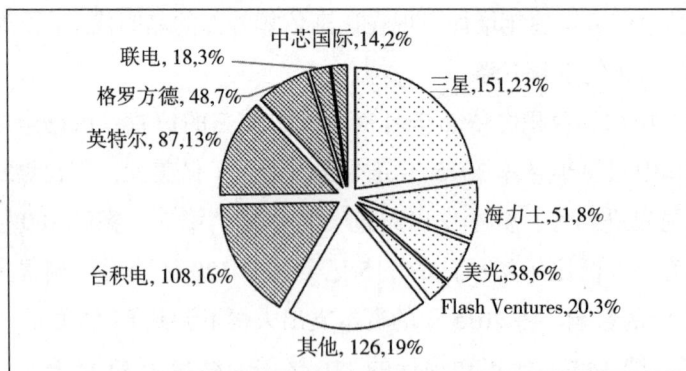

图1-6 2015年全球半导体重点企业资本支出情况

资料来源：IC Insights, 2015 年 4 月。

二、北美半导体设备B/B值

B/B 值即半导体设备订单出货比（Book-to-Bill Ratio），定义为北美半导体制造商过去 3 个月的平均订单金额，除以过去 3 个月的平均设备出货金额所得的比值。由于北美地区的设备供应代表着全球近 50% 的市场，采用其 3 个月的订单、出货平均金额能清楚地呈现出全球半导体设备的市场趋势，并减少因单一月份金额的大幅起落所造成的偏差。一般将 B/B 值是否大于 1，作为判断半导体设备行业景气的先行指标。若比值大于 1，表示半导体设备业接单状况良好，也反映半导体制造商正逐步增加设备投资。

根据市场调研机构 SEMI 与日本半导体设备产业协会（SEAJ）的数据显示，北美半导体设备订单比在 2015 年大多数月份都保持在健康水平。订单金额波动性增长，从 1 月份的 13.3 亿美元增长到 8 月份的 16.7 亿美元，随后到 12 月份有所下降，2015 年底的设备订单值为 13.4 亿美元。随之带来设备出货金额稳定增长，从 1 月份的 12.8 亿美元增长到 12 月份的 13.5 亿美元。全年北美半导体设备 B/B 值，有两次大的波动，除了在 5—6 月份和 10—12 月份小于 1 以外，其他月份都大于 1，3 月份 B/B 达到全年最大值 1.1。从 B/B 值数据来看，2015 年全球半导体景气度较平稳，半导体产业处于缓慢成长和扩张状态。

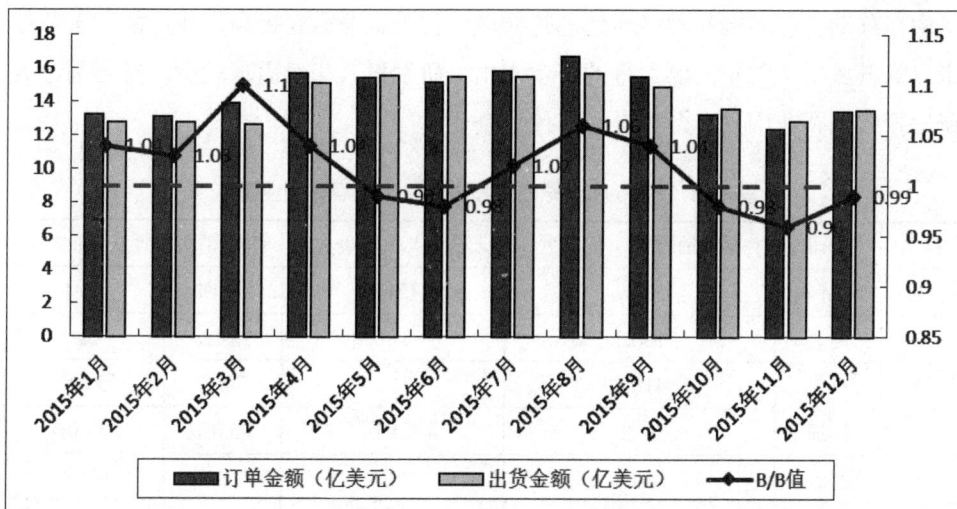

图1-7　2015年1—12月北美半导体设备B/B值

资料来源：SEMI，2016年2月。

三、全球半导体研发投入

半导体产业是典型的技术密集、资金密集和人才密集的产业，企业为保持长期竞争优势，需要对技术和产品研发进行高投入和持续投入。三十多年来，由于需要研发更复杂的IC设计和新一代芯片制程技术，使得全球半导体研发投入总额呈现出波动增长的态势。全球半导体研发投入与半导体销售收入的比例在20世纪70年代末到80年代初的时候是7%—8%，而90年代初变成了10%—12%，在20世纪最后的10年中增长到15%，到了21世纪，研发投入占比稳步提升，多数公司的研发投入提升到公司销售收入的20%以上，全球领先的公司研发投入占比甚至高达一半以上。美国拥有数目众多的设计企业，而且创新实力较强，其次是中国台湾地区和欧洲。韩国紧随其后，三星作为龙头企业每年研发投入排名前三。

IDM企业的研发投入占所有半导体企业的56%，设计企业占30%，纯代工的研发投入仅占总研发投入的5%。在全球研发投入前十大半导体企业中，英特尔、三星、东芝、意法、美光、海力士等企业都是IDM企业，主要是当前的存储器企业三巨头都是IDM模式，其中每年技术研发和工艺进步都要投入大量的资金。以高通为首的设计企业属于轻资产行业，需要大量投入在IP核的开发上，主要集中在移动智能终端和网络通信芯片领域。代工企业需要提高产线产能和工艺技术以降低成本,每年需要大量的资本支出,研发投入相对需求较少,排名前十大研发投入的企业中只有台积电一家代工企业。

表1-8   2015年全球研发投入前十大半导体企业排名

排名	公司	半导体销售额(亿美元)	研发投入(亿美元)	研发/销售	研发同比增长
1	英特尔	504.9	121.3	24.0%	5.0%
2	高通	160.3	37.0	23.1%	0%
3	三星	416.1	31.3	7.5%	5.0%
4	博通	84.2	21.1	25.0%	−11.0%
5	台积电	264.4	20.7	7.8%	10.0%
6	美光	148.2	16.9	11.4%	6.0%
7	东芝	97.3	16.6	17.0%	−11.0%
8	联发科	67.0	14.6	21.8%	2.0%
9	海力士	169.2	14.2	8.4%	6.0%
10	ST意法	68.4	14.1	20.6%	−7.0%
	合计	1980.0	307.7	15.5%	2.0%

资料来源:IC Insights,2016年2月。

随着全球半导体技术发展进入"后摩尔时代",半导体工艺制程技术从28nm到16/14nm,将进一步进入10nm及以下制程节点。随着制程节点的逐步缩小,对标准逻辑工艺技术开发和产线投资的资金需求越来越大。从工艺制程的研发投入来看,90nm技术研发企业需要投入2.8亿美元,65nm由于技术复杂度和结构变化不大,同时具有规模效应,导致研发成本比90nm略有降低。从45nm工艺制程开始,随着关键节点的缩写,研发投入呈倍数增长。45nm制程研发投入为5.5亿美元,32/28nm研发投入增长到8.0亿美元,20nm为12.4亿美元。到16/14nm,不仅工艺复杂度急剧增加,同时器件结构也进入到FinFET时代,使得研发费用提高一倍,上升到22.6亿美元。预计从关键节点进入10nm开始,可以参与技术研发的企业只剩下2—3家,研发费用更是高达35.9亿美元,目前全球宣布研发10nm工艺技术的企业只有英特尔、三星和台积电。

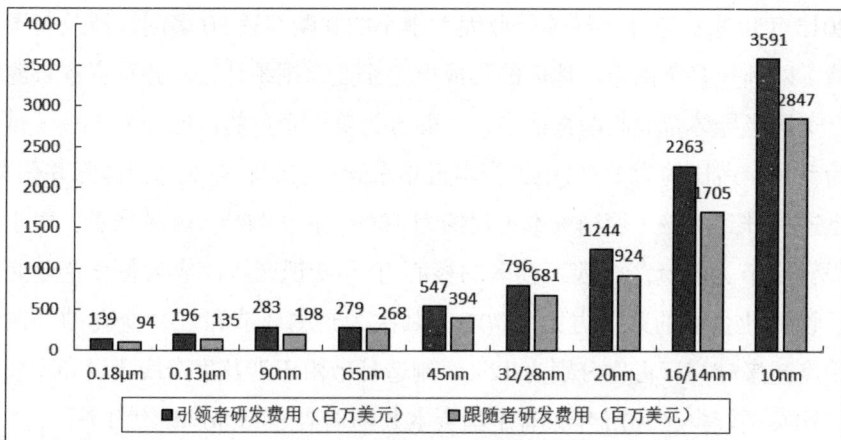

图1-8　0.18微米—10纳米标准逻辑工艺技术的研发费用

资料来源：赛迪智库整理，2015年11月。

四、全球半导体企业投融资情况

随着物联网等新兴领域带来的发展机遇，半导体研发成本的逐年上升，以及市场竞争压力等因素，使得2015年全球行业并购案频发。根据IC Insights的数据显示，2015年全球并购交易规模超过1400亿美元，并购总额为上年的8倍。其中在2015年上半年时间内，已经宣布的半导体并购案例总金额就高达726亿美元，这个数额是过去5年（2010—2014年）并购交易平均值的近6倍。

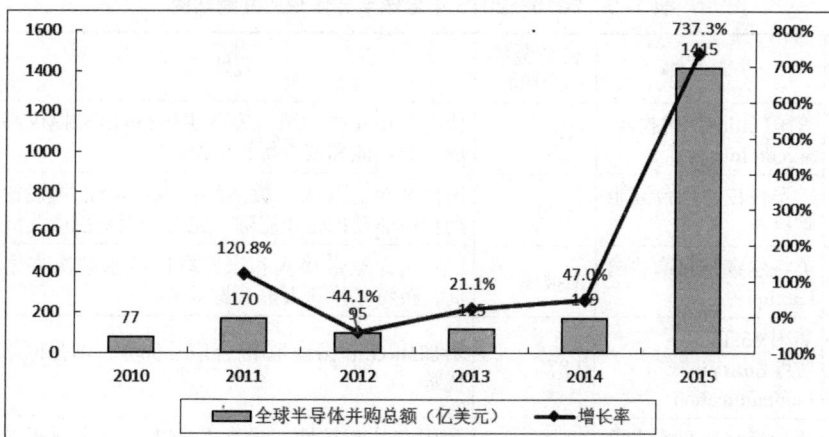

图1-9　2010—2015年全球半导体并购总额

资料来源：IC Insights，2016年1月。

2015 年以来，全球半导体行业大大小小的并购案达 30 多起，涉及美国、中国台湾、欧洲等多个国家和地区的集成电路企业。据统计，从并购资本来源国家来看，美国半导体企业收购案最多，收购方为美国企业的占比约为 61%；排名第二的为荷兰，占比约为 16%；中国资本近年来异军突起，多次参与国际并购案例，占比迅速提升到 13%；德国资本占比约为 10%。从并购涉及领域来看，由于集成电路设计环节为轻资产，涉及较多的核心 IP 和知识产权，成为各个企业并购的焦点，设计业企业的并购占比为 70%；其次为封测环节和 IDM 企业的并购，产业集中度越来越高，占比分别为 12%；制造环节由于涉及生产线建设和持续高投入，并购案例较少，2015 年只有中国资本并购瑞典 Silex MEMS 代工厂。

2015 年交易金额最大的收购案就是 5 月份的安华高收购博通案，交易金额高达 370 亿美元，是半导体领域有史以来的第一大桩并购案。两家公司的并购将催生出一家市值为 770 亿美元、年营收高达 150 亿美元的"多元化通信 IC 供应商"，博通的无线 IC 业务将使安华高成为拥有强大有线与无线通信产品组合的公司。安华高和博通的重叠业务较少，安华高主营业务为光学和无线通信应用方面的模拟产品，博通则在智能家庭、数据中心等应用的数字芯片领域更擅长，合并后的企业将更加专注消费电子和商用市场，通过并购实现产品互补，提前布局物联网等新兴领域，如安华高拥有企业级存储和传输模拟产品，博通公司提供完整的家庭联网方案，两者将通过产品互补打造云端存储的物联网解决方案。

表 1-9 2015—2016 年全球半导体企业并购案例

时间	并购事件	交易金额（亿美元）	收购目的
1月	美国Lattice公司收购Silicon Image	6.07	使得Lattice成为第一家既提供FPGA又提供高度集成、对功能和成本优化的ASSP。
	敦泰科技并购台湾旭曜科技	13.96	国内触控芯片大厂敦泰科技以1:4.8的换股比例并购台湾驱动IC企业旭曜，完善平板触控产业链。
2月	英特尔宣布收购德国Lantiq	未披露	Lantiq为宽带接入和家庭联网技术解决方案提供商，英特尔推进互联家庭业务。
	美国MaxLinear收购Entropic Communication	2.87	增加MaxLinear模拟/混合信号优势，增强网络芯片优势。
3月	恩智浦宣布收购飞思卡尔	118	利用产品互补性，提高在MCU、汽车电子领域优势，提供物联网解决方案。
	安华高收购Emulex	6.06	安华高收购世界领先的企业服务器和存储供应商Emulex，扩展产品线。

（续表）

时间	并购事件	交易金额（亿美元）	收购目的
	美国Cyress收购Spansion	40	Cypress换购飞索全部股票，合并后的新公司有望成为全球第四或第五大汽车芯片供应商。
	美国MicroSemi宣布收购Vitesse	3.89	帮助Microsemi扩张通信半导体公司地位，实现产品多元化发展。
	中国武岳峰资本收购美国ISSI	7.31	布局中国大陆存储器产业，提高SRAM、中低密度DRAM、EEPROM等产品实力。
4月	中国华创资本收购美国Omnivision	19	华创投资、中信资本以及金石投资联合收购CMOS图像传感器企业美国豪威。
	中国东芯半导体控股韩国Fidelix	3.8	Fidelix主要业务为NAND闪存、SDR/DDR等存储芯片，韩国第三大存储器企业，东芯半导体收购25.3%股权，成为第一大股东。
	美国Microchip收购Micrel	8.39	Microchip为全球8位MCU第一大企业，通过收购Micrel进入嵌入式控制细分市场。
5月	安华高收购美国博通	370	半导体并购数额最大，博通的无线IC业务将使安华高成为拥有强大有线与无线通信产品组合的公司。
	中国建广资本收购恩智浦射频芯片部门	18	北京建广资本收购恩智浦RF Power部门所有业务、管理团队及相关专利。
	紫光集团收购惠普公司旗下"新华三"51%股权	25	紫光控股"新华三"，打造自主服务器、存储和技术服务业务，有助于国家网络信息安全。
6月	英特尔收购Altera	167	英特尔收购Altera，有意把Xeon处理器集成到Altera的FPGA中，瞄准数据中心和物联网市场。
	台湾谱瑞科技收购Cyress触控业务	1	收购后将可以快速跨入触控领域市场，包括整合触控及驱动IC的TDDI方案、触控笔、带手套的触控IC市场。
7月	瑞典Autoliv收购美国MACOM汽车业务	1	Autoliv为汽车安全产品制造商，通过收购加强公司在主动安全市场的研发能力，并推动自动驾驶技术发展。
	奥地利AMS收购恩智浦CMOS传感器业务	未披露	AMS为高性能模拟IC和传感器企业，收购恩智浦传感业务将有效拓展AMS环境传感器产品线。
	紫光旗下锐迪科并购台湾传芯	1.1（7亿元）	传芯为凌阳与矽统合资的电视芯片企业，锐迪科借助传芯的技术进军电视芯片市场。（未公告）
	盛世投资收购瑞典MEMS代工厂Silex Microsystems	未披露	Silex为全球第一大MEMS代工企业，国内资本收购后有助于为国内MEMS企业提供先进的代工服务。
9月	英国Dialog收购美国Atmel	46	Dialog并购Atmel，成为全球电源管理芯片和嵌入式解决方案的领导者。
	紫光集团入股西部数据股份成为第一大股东	37.8	西部数据为全球重点存储器企业，紫光入股有助于国内完善存储器产业链。

（续表）

时间	并购事件	交易金额（亿美元）	收购目的
	台湾日月光收购矽品股份	350亿新台币	全球第一大封测企业日月光宣布，以每股新台币45元收购矽品25%股权，相当于溢价34.3%收购矽品股份，进行财务投资。
10月	南通富士通收购AMD封装厂	4.36	南通富士通拥有AMD封测合资公司85%的股权，布局CPU等高端封装产品线。
	美国西部数据收购闪迪	190	西部数据以190亿美元的现金股票的方式收购闪迪，进入固态硬盘市场。
	美国LAM收购KLA-Tencor	106	美国两大半导体设备企业强强联合，有助于巩固设备领域的霸主地位。
	紫光入股力成科技	6	紫光以6亿美元获得力成科技25%的股份，继续布局存储器产业链。
11月	美国安森美收购仙童	24	汇集两家公司的互补产品线，为客户提供高、中、低压全方位产品。
	美国Microsemi收购PMC-Sierra	25	美高森击败手机射频模组供应商Skyworks，收购PMC公司。
12月	IDT并购德国半导体ZMDI	3.1	IDT触角将拓展至汽车及工业市场，并强化其在高性能可程式化电源装置和时序及讯号调节技术的地位。
	北京屹唐盛龙收购Mattson Technology	3	这是中国半导体装备产业国际并购的第一单。
2016年1月	英特尔收购德国无人机厂商Ascending Technologies	未披露	通过收购帮助英特尔实现加速实感3D技术在无人机市场的应用。

资料来源：赛迪智库整理，2016年1月。

第五节　重点产品

一、处理器芯片

（一）产业规模

处理器芯片是集成电路重要的产品组成部分，一直占据较高的市场份额。2015年全球处理器芯片市场规模为829亿美元，约占全球半导体市场的24.1%，预计未来5年的年均复合增长率为3.5%。处理器芯片主要分为五大产品类别，分别为桌面和服务器用CPU、手机应用处理器、平板CPU、数字信号处理芯片和微控制器芯片。受全球通用PC市场的逐渐萎缩影响，传统PC用CPU芯片出货量受到一定影响，市场占有率逐年下降。但是随着云计算、物联网和大数据等新兴应用领域的兴起，服务器的需求数量提升，IBM、Sun、Oracle 等传统系统集成和解决方案提供商拥有较强话语权，谷歌、Facebook、亚马逊、思科、华为等加大自主设计芯片投入，X86、Power 等架构服务器芯片市场占有率提升，因此2015 年桌面和服务器 CPU 总体市场份额为 49%。随着移动互联网的兴起，智能手机和平板电脑渗透率逐年提升，2015 年手机用 CPU 和平板电脑 CPU 市场占有率分别为 23% 和 5%。DSP 芯片是对声音、图像等信息进行高速计算的特殊处理器芯片，在图像、语音、控制、通信等领域有较为广泛的应用，2015 年市场占有率为 3%。MCU 芯片为不同的应用场合做不同组合控制，广泛应用于计算机、消费电子、网络通信、工业控制、汽车电子和医疗电子等领域，在物联网和可穿戴设备等新兴应用的驱动下，智能卡 MCU 和 32 位 MCU 需求大幅提升，市场占有率为 10%，16 位和 8 位 MCU 在工业控制领域应用广泛，2015 年市场占有率分别为 5%。

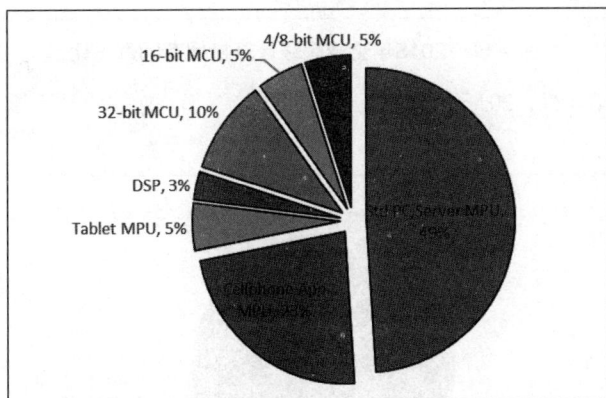

图1-10　2015年全球微处理器产品市场

资料来源：IC Insights，2015 年 12 月。

（二）竞争格局

1. 市场竞争格局

（1）超级计算机 CPU

从数量上看，美国在超级计算机方面有明显优势，在全球 500 强超级计算机排名中占据 199 个，计算机个数超过其他国家和地区的总和。中国大陆增长迅速名列第二，进入全球 500 强超级计算机榜单的有 109 个。日本位列第三，拥有

37个超级计算机进入榜单。德国以33个超级计算机位列第四。英国和法国位列第五和第六，分别拥有18个超级计算机。但是从芯片来源看，世界上超级计算机使用的芯片几乎都被美国的英特尔、AMD和IBM三家企业垄断，其中除了日本和韩国以外，其他国家的CPU芯片技术都与美国有较大的差距。2015年全球超级计算机拥有国家占比和世界500强超级计算机芯片来源如图所示。

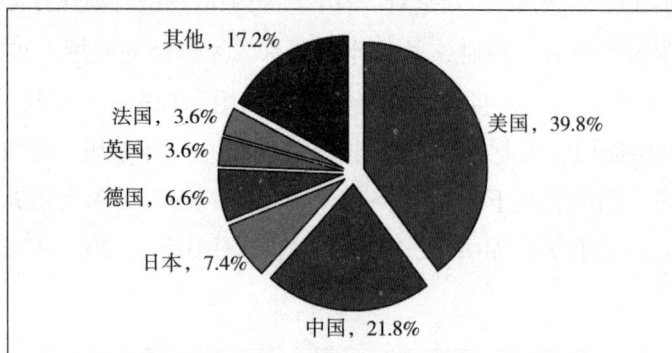

图1-11　2015年全球超级计算机拥有国家占比

资料来源：Top500 list，2016年2月。

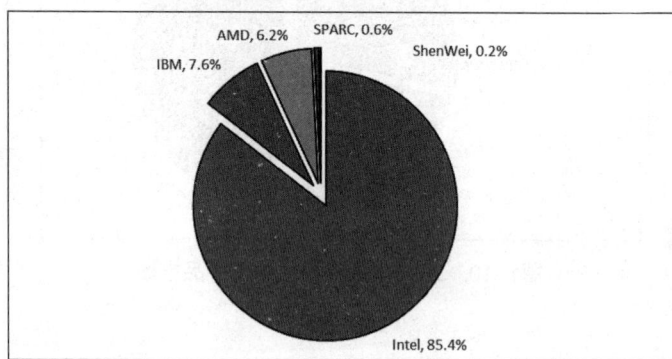

图1-12　世界500强超级计算机芯片来源占比

资料来源：Top500 list，2015年12月。

近几年来，结合国产超级计算机的需求，我国在架构设计上已迈入世界领先行列。超级计算机CPU主频从2006年的不到1000MHz提高到2013年的1800MHz，运算速度从2006年的不到10GFlops提高到2013年200GFlops以上，基本实现了超级计算机CPU的自主可持续发展。

采用国防科大研制芯片的"天河一号"和"天河二号"分别在2010年11月

和 2013 年 6 月成为世界超级计算机 500 强排行榜第一名，其中"天河二号"连续 6 次以比第二名美国的超级计算机"泰坦"（Titan）快近一倍的速度蝉联冠军宝座。2015 年 5 月，在"天河二号"上成功进行了 3 万亿粒子数中微子和暗物质的宇宙学 N 体数值模拟，揭示了宇宙大爆炸 1600 万年之后至距今约 137 亿年的漫长演化进程，同时也是迄今为止世界上粒子数最多的 N 体数值模拟。"神威蓝光"高效能计算机是国内首个全部采用国产 CPU 和系统软件构建的千万亿次计算机系统，排名全国高性能计算机第二名，它采用 8704 颗上海高性能集成电路设计中心研制的 16 核申威 1600/1610。中科院计算所研制的龙芯 3 号 CPU 包含 8 个内核，采用简单指令集，将部分兼容 X86，已应用于曙光公司的刀片服务器，采用龙芯 3 号芯片的千万亿次超级计算机正在研制过程中。

（2）桌面和服务器计算机 CPU

在全球通用 CPU 市场，呈现出垄断性竞争、一家独大的局面。通用 CPU 主要应用于服务器和 PC，代表产品是英特尔和 AMD 的 X86 架构处理器。在服务器领域，英特尔的 X86 架构服务器芯片占据了 60% 以上的市场份额，IBM 的 Power 架构主要应用于高端、高可靠服务器领域，Sun 公司的 Spark 架构以及 MIPS 架构占据较小份额，ARM 公司也正在进军服务器 CPU 领域；在 PC 领域，X86 架构占据垄断性地位，英特尔和 AMD 两家占据了 95% 以上的市场份额，英特尔凭借 Wintel 联盟和产业生态系统独霸市场，市场份额在 70% 左右。国内的龙芯通过 MIPS 架构授权研发自主 CPU 芯片，近年来取得一定的进展。2015 年全球服务器 CPU 架构市场份额和桌面 CPU 厂商市场份额如图所示。

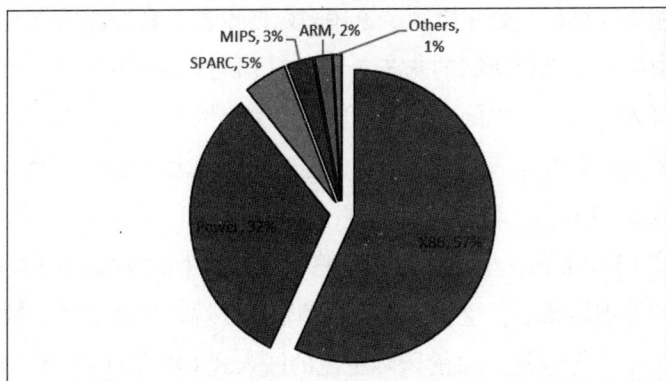

图1-13　2015年全球服务器CPU架构市场份额

资料来源：Gartner，2015 年 12 月。

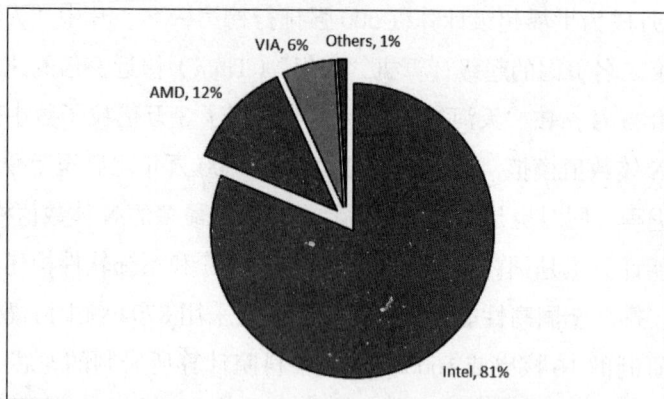

图1-14　2015年桌面CPU企业市场份额

资料来源：Gartner，2015 年 12 月。

　　我国的桌面和服务器计算机 CPU 实现了产品化，达到了可用的水平。使用国产桌面和服务器计算机 CPU 的整机从 2006 年的不足 5000 台增长到 2013 年累计约 30 万台。从技术上看，主频从 2006 年的 600—800MHz 提高到 2013 年的 1000MHz，运算速度从 2006 年的 600DMIPS/3.2GFlops 提高到 2013 年的 4000 DMIPS/16 GFlops。

　　国内桌面 CPU 主要研究单位有中国科学院计算所和北京北大众志微系统有限公司，预计将实现桌面和笔记本整机销售突破 200 万台。北大众志自主开发了一套称为 UniCore 的全新指令集，它在通用寄存器设置、指令密度等方面都有特别的设计，还包含了 DSP 扩展指令，以满足更广泛的应用需求，该芯片面向高性能多媒体网络计算机、数字电视、家用多媒体设备、高性能网络安全等应用领域。另外，中科院计算所研制的龙芯 2 号 CPU 面向桌面应用，与 MIPS 指令集兼容，已经在服务器、台式电脑、笔记本电脑、家庭网关上开始使用，但由于受产业生态系统和生产能力等诸多原因限制，还未能实现大规模的商用。

　　（3）嵌入式 CPU

　　在嵌入式 CPU 市场，呈现出百家争鸣、日趋集中的局面。嵌入式 CPU 是用作 SoC 芯片的处理器核心，主要应用于移动智能终端、消费电子、数字电视、工业控制和汽车电子等领域，目前国际主流的嵌入式 CPU 架构为 ARM 和 MIPS 架构，多数公司基于 ARM 架构开发自己的嵌入式 CPU 芯片。2015 年基于 ARM 核的芯片出货量达到 150 亿颗，这些芯片占全球手机基带芯片 95％，数码摄像机的 70%，2015 年 ARM 在各个领域的市场份额如下表所示。MIPS 在 1999 年进入高性能嵌入式 CPU 市场领域，2015 年基于 MIPS 架构的芯片出货约为 18 亿颗，主要应用领域为数字电视和消费电子领域，市场占有率约为 50%。

表 1-10　2015 年 ARM 在各个领域市场份额

应用领域	具体领域	ARM架构占比
移动	智能手机	90%
	功能手机	95%
	低端语言电话	95%
	便携媒体播放器	90%
	移动计算	40%
家用	数字相机	80%
	数字电视&机顶盒	45%
企业	网络连接	35%
	打印服务	70%
	硬盘&固态	90%
嵌入式	汽车	8%
	智能卡	13%
	微控制器	70%

资料来源：Gartner，2015 年 12 月。

我国嵌入式 CPU 与国际同行的差距也逐渐缩小。产品主频从 2006 年的约 300MHz 提高到 2013 年的 1500MHz，国产 SoC 的设计水平已经达到 28nm，努力赶超国际先进水平。在功能定义、芯片架构、IP 核集成、成本控制、应用方案设计等方面与国际同行的差距缩小到两年以内，产品参与市场竞争并占有一定的市场份额。展讯通信的移动通信终端 SoC 的全球市场占有率达到 5%，华为等企业的数字电视机顶盒 SoC 的全球占有率达到 18%。在视频、音频、智能卡、触控、安防、北斗导航等应用中占有一定的市场份额，但受制于生态环境，尚无法进入智能手机等高端的应用领域。

国内生产嵌入式 CPU 企业主要有苏州国芯、杭州中天、北京君正等，主要科研院所有浙江大学、清华大学等。从 2002 年起，由浙江大学、苏州国芯和杭州中天三家企业共同组成了产学研联合体，以摩托罗拉公司赠送给中国政府的 M-Core 技术为起点，设计研发了具有完全自主知识产权的国产嵌入式

CPU C-Core，2015 年基于该 CPU 累计完成芯片超过 1.8 亿颗，在国内市场中占 10%—15% 的市场份额，主要应用领域为数字电视和多媒体音视频等消费类电子产品、信息安全和安防类产品、仪器仪表和办公设备等工业控制类产品，以及移动存储、医疗电子等。其中北京君正的核心技术是具有自主知识产权的 32 位嵌入式 RISC CPU 技术 XBurst，兼容 MIPS 体系，兼具计算、数字信号处理和多媒体处理能力，在性能、功耗和尺寸等方面具有优势。2015 年，公司加强便携式消费电子和教育电子芯片研发的同时向可穿戴领域进军，6 月搭载君正 M200 和腾讯 OS 的智能手表 inWatch T 正式发布，7 月君正 X1000 物联网芯片发布。

表 1-11　我国 CPU 发展现状

CPU领域	研究单位	CPU产品
服务器处理器芯片	国防科大、上海集成电路设计中心、中科院计算所	龙芯3号系列、飞腾系列、申威系列
桌面PC处理器芯片	中科院计算所、北大众志	龙芯2号系列、北大众志、威盛系列
移处理器芯片	华为海思、展讯、锐迪科	麒麟系列、展讯SC
嵌入式处理器芯片	浙江大学、清华大学、苏州国芯、杭州中天、北京君正	C-Core系列、XBurst技术等

资料来源：赛迪智库整理，2015 年 12 月。

2. 技术专利格局

国家统计局数据显示，截至 2014 年 7 月，全球围绕 CPU 芯片的技术创新已超过 16 万项，在全球各国家或地区专利受理机构共形成 36 万余件的专利申请。对近五年专利申请的统计显示，全球针对 CPU 芯片形成了约近 1.6 万项的发明创新，约占总量的 10%，这些创新在全球转化为 2.5 万件专利申请，显示出近年来围绕 CPU 芯片技术的创新活动依然较为活跃。

一是美国在全球 CPU 芯片专利占有量方面仍占据主要话语权。数据显示，源自美国的 CPU 芯片专利申请数量高达 14 万件，约占全球总量的 40%；来自日本和欧洲的专利申请数量紧随其后，分别占 36% 和 4.9%；源自中国的 CPU 芯片方面的专利申请总量仅 8028 件，仅占全球总量的 2.2%，表明我国在涉及国家信息安全的核心器件上的专利储备差距明显。

二是美欧 CPU 芯片企业借助知识产权优势垄断全球市场发展主导权。数据显示，全球 CPU 芯片专利申请量排名靠前的企业中，美国企业占主导地位。其中，美国的英特尔公司就有超过 1.7 万件 CPU 芯片相关专利申请，IBM 公司拥有 1.2 万件专利申请，其他美国公司如摩托罗拉（2428 件）、高通（1557 件）、AMD（1225 件）也分别拥有相当数量的 CPU 芯片专利申请。此外，英国 ARM 公司在 CPU 芯片上部署了 2759 件全球专利申请，并不断通过专利收购等手段强化其对 ARM 架构的产业生态体系的控制。中国台湾威盛公司拥有 2531 件 CPU 芯片技术专利申请，是唯一一家具有相当专利储备实力的非美欧企业。

二、存储器

（一）产业规模

存储器是全球集成电路市场重要组成部分，多年来市场份额保持在较高水平。2015 年全球存储器市场规模为 834 亿美元，约占全球集成电路市场的 25%。据全球咨询机构 IC Insights 预测，未来五年，存储器出货量仍将保持快速增长势头，年均复合增长率将达到 10.8%，其中 DRAM 年均复合增速将达到 15%，NAND FLASH 高达 26%。我国是全球最大的存储器消费市场，2014 年存储器进口额达到近 530 亿美元，存储器也一直是我国集成电路市场上份额最大的产品。随着移动互联网、物联网和云计算等新技术、新应用的发展和逐渐推广，存储器的市场需求和产业规模将进一步扩大。

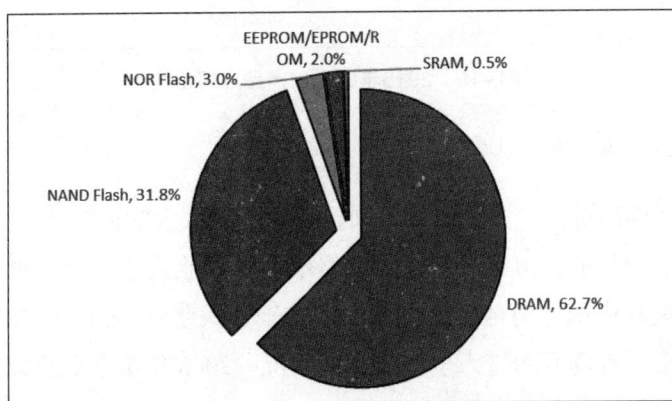

图1-15 2015年全球存储器产品结构

资料来源：IC Insights，2015 年 12 月。

1.DRAM 芯片

DRAM 主要分为三大类，一是传统用于 PC 和笔记本上内存使用的 DRAM

产品，主要为 DDR DRAM 等标准产品；二是用于平板、智能手机等移动智能终端的 Mobile DRAM，主要特点是低功耗和短小轻薄，包括 PSRAM、Low Power DRAM 等；三是利基型 DRAM，容量和用量较少，多用于液晶电视、机顶盒、播放机等消费电子和网络通信设备，包括 Specialty DRAM 和 Graphics DRAM 等。2015 年随着传统 PC 市场的逐渐萎缩，DRAM 营收占比下降到 30%；智能手机和平板电脑中应用的 Mobile DRAM 第一次超过 PC，成为 DRAM 最大的应用市场，市场占比为 33%；随着云计算、大数据的兴起，带动服务器存储器需求量上升，2015 年市场应用占比提升到 12%；传统消费电子存储器应用逐渐下降，市场占比为 4%。

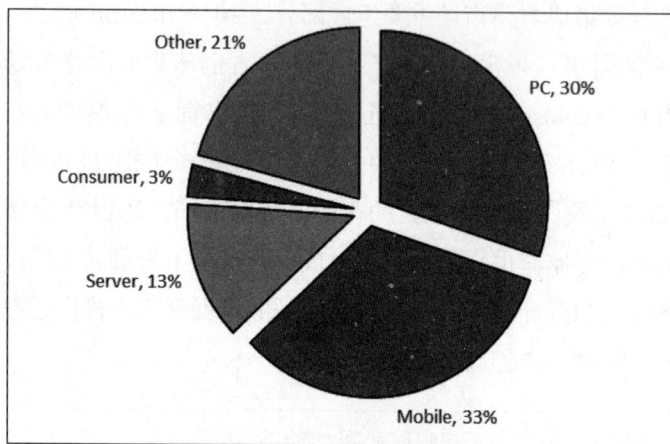

图1-16　2015年DRAM产品应用结构

资料来源：赛迪智库整理，2015 年 12 月。

　　DRAM 行业经过半个多世纪的发展，经历了三次大的区域转移，20 世纪 70 年代在美国开始起步，80 年代日本依靠终端优势产业快速兴起，90 年代随着产业转移至韩国和中国台湾地区，目前逐渐处于寡头垄断的阶段。DRAM 产业进入寡占结构后，市场开始进入全面获利的状况。2008 年金融危机以后，全球半导体市场开始逐渐复苏，随着移动互联网的兴起，智能手机、平板电脑等移动智能终端快速发展，带动手机中 DRAM 需求增长，2010 年销售收入大幅上涨 74.7%，达到 396.8 亿美元。随后两年由于企业扩产，存储器价格大幅下降，导致产业规模有所降低。2014 年随着云计算、物联网、智能可穿戴设备等新兴应用的兴起，DRAM 产业开始稳步增长，2014 销售收入为 395.9 亿美元，同比增长

10.8%。2015年全年销售收入创历史新高，达到415.9亿美元，同比2014年增长5.1%。预计2016年到2017年，受全球半导体市场低迷和存储器单价下降的影响，DRAM销售收入有所下降，产值分别为391.5亿美元和363.8亿美元。

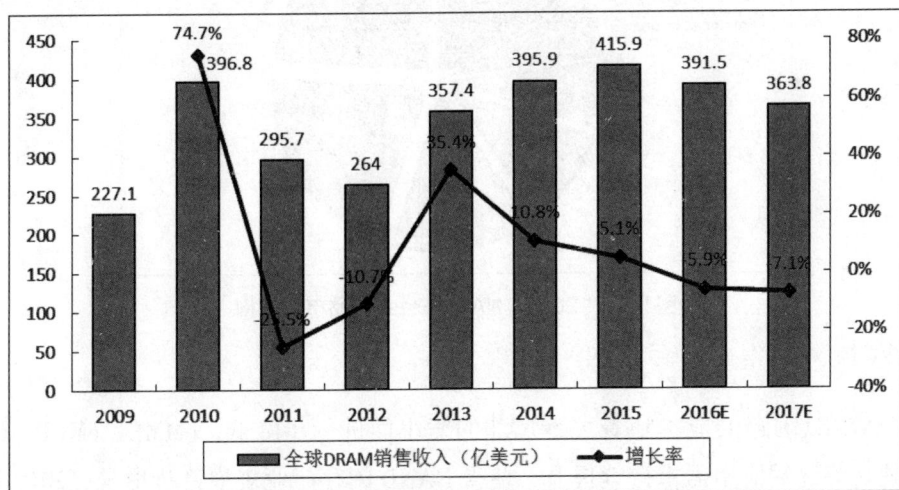

图1-17 2009—2017年全球DRAM销售收入及预测

资料来源：DRAMeXchange，2015年12月。

2.NAND闪存芯片

NAND闪存近年来发展迅速，应用领域较多，主要应用于移动智能终端、固态硬盘、移动存储和消费电子等。其中移动智能终端应用占比最大，2015年市场占有率为45%，主要应用于智能手机和平板电脑中的内嵌式存储器eMMC（Embeded Multi Media Card）和eMCP（Embeded Multi Chip Package），平板电脑的迅速成长也带动对于NAND闪存的需求，特别是由于平板电脑一般入门级经常以配备16GB NAND Flash。排名第二的应用为固态硬盘，由于SSD具备更快读写速度以及降低功耗的优势，因而也开始出现在服务器电脑、汽车导航、工业设备以及数位录影机等应用领域，特别是随着云计算和大数据应用的兴起，企业级存储迅速提升，带来企业级固态硬盘的爆发式增长，2015年市场占比提高到15%。随后闪存的一大应用是移动存储，包括U盘等产品，目前主要以USB3.0规格标准为主，市场占有率为7%。最后是一些其他类别的消费电子，包括机顶盒、数码相机等细分领域市场，占比约为23%。

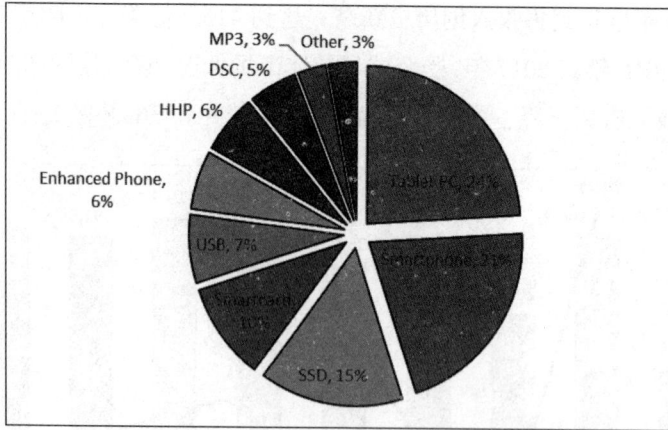

图1-18　2015年NAND Flash产品市场结构

资料来源：赛迪智库整理，2015 年 12 月。

　　NAND 闪存的成本随着关键尺寸的缩小而进一步降低，eMMC、eMCP、固态硬盘等终端应用需求持续提升，使得 NAND 闪存产业规模稳步增长，2010 年到 2015 年销售收入年均复合增长率为 14%。2015 年 NAND 闪存销售规模达到 368.8 亿美元，同比增长 14.8%，全年芯片需求量达到 384 亿颗，同比 2014 年增长 42.8%。产业规模增长的主要驱动力来自智能手机、平板电脑和固态硬盘，这三者应用需求占比达到 90% 以上。智能手机的普及率持续提升，中低端手机市场需求扩大，使得闪存芯片需求量提升。固态硬盘在传统 PC 和笔记本电脑上的用量增加，使得闪存市场扩大。

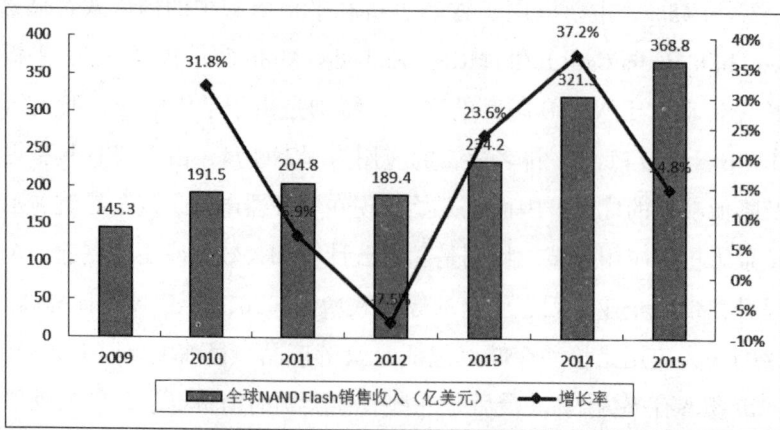

图1-19　2009—2015年全球NAND Flash芯片销售收入及增长率

资料来源：DRAMeXchange，2015 年 12 月。

（二）竞争格局

1.DRAM 芯片

目前全球 DRAM 市场主要由三家企业垄断，分别是韩国三星、海力士、美国的美光科技，占据全球 90% 以上的市场份额。2015 年韩国三星依然位居 DRAM 存储器龙头位置，市场占有率为 45%，盈利能力表现最高，利润率高达 42%。排名第二的为韩国 SK 海力士，2015 年通过扩建 M14 生产线，营业收入进一步提升，前三季度销售收入为 96.1 亿元，同比增长 7.2%，利润率为 40%。美国的美光集团通过收购尔必达，在全球存储器芯片市场竞争力迅速提升，2015 年排名第三，DRAM 营收市场占有率为 21%，工艺以 30nm 为主，毛利率约为 24.1%。随后排名的为中国台湾的企业，以中小企业为主体，如南亚科、华邦科技、力晶科技，2015 年营收占比分别为 3%、1% 和 1%。南亚科和其旗下华亚科由台塑集团扶持，其中华亚科和美光集团建立协议关系，盈利能力较强，利润率高达 41.6%，2015 年将进一步更新产线，扩大竞争优势。华邦科技主攻利基型存储器与小容量市场，2015 年投片量持续提升，营业利润率提升至 12.2%。力晶科技目前转为纯代工存储器企业，受代工价格下降影响，2015 年营业收入有所下降，市场占有率为 1%，随着 P3 工厂的扩产，未来公司盈利能力有望提升。

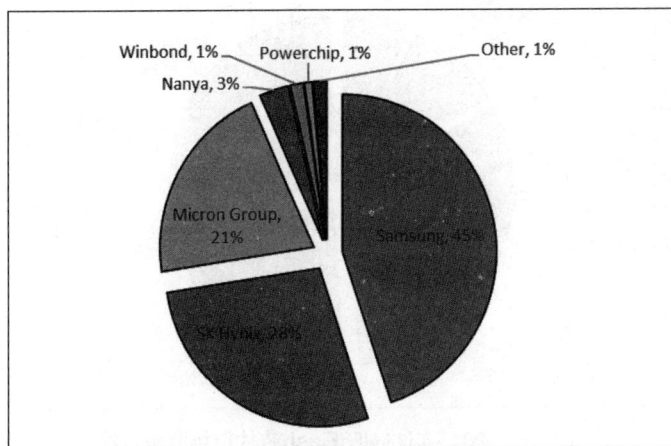

图1-20　2015年全球DRAM企业竞争格局

资料来源：DRAMeXchange，2015 年 12 月。

2.NAND 闪存芯片

NAND 闪存市场没有 DRAM 市场的集中度高，产业竞争比较激烈，芯片

企业主要包括三星、东芝、闪迪、美光、海力士和英特尔，控制芯片企业包括
Marvell、台湾群联、台湾慧荣科技、台湾擎泰科技等。韩国三星处于 NAND 闪
存龙头地位，2015 年市场占有率约为 29%，由于 2014 年第三季度位于中国西安
的生产线开始投产，使得生产规模进一步扩大，西安生产线主要生产 128GB 3D
V–NAND 闪存芯片，产能为 3.5 万—4 万片 / 月，增加了三星在 NAND 闪存的竞
争优势。市占率排名第二的为日本东芝，2014 年营收约为 70 亿美元，2015 年受
扩产带动小幅上涨，市场占有率为 22%，东芝对 Fab5 生产线的扩产于 2014 年 9
月完成，产线采用最先进的 15nm NAND 闪存工艺制程，对四日市工厂进行改扩建，
加快布局 3D NAND 闪存技术，预计 2016 年开始量产。闪迪主攻存储器设计，并
与东芝联合投资存储器生产线，近年来发展迅速，市占率排名全球第三位，2014
年销售收入为 61 亿美元，随着东芝生产线的扩产完成，市场占有率提升到 19%。
美光和海力士市场占有率相当，分别为 13% 和 10%，海力士将无锡 M12 由生产
DRAM 转为 NAND Flash，产线产能为 5 万片 / 月。英特尔凭借计算机、服务器等
终端优势，加强对存储器的研发，并与美光合作研发 SSD，2015 年在 NAND 闪
存领域的市场占有率约为 7%。

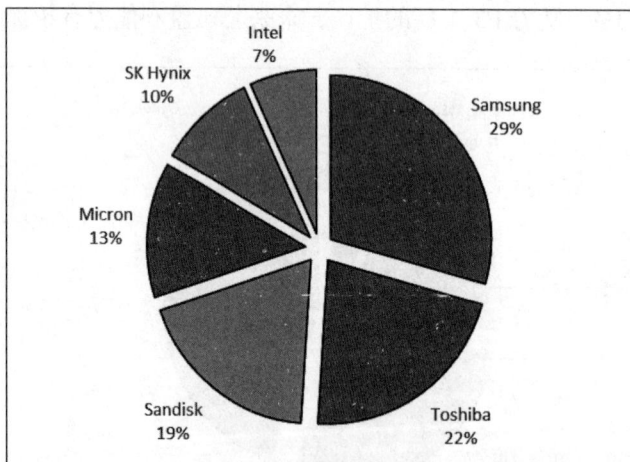

图1–21　2015年NAND Flash芯片市场竞争格局

资料来源：DRAMeXchange，2015 年 12 月。

（三）创新进展

DRAM 存储器方面：三星电子在工艺制程、良率、技术等方面已经处于绝

对领先的地位，2015 年量产 20nm 4G DDR3 DRAM 芯片，为全球首家进入 20nm 工艺制程的 DRAM 企业；海力士主流技术为 25nm 工艺，良率和稳定性持续提升；美光目前主要仍以 30nm 为主，产品主要集中在移动存储器与服务器用存储器两大类产品。在 3D 堆叠芯片方面，随着工业节点的持续缩小，技术难度和投资规模都成倍提升，业界普遍认为 16nm 将是平面存储器工艺的最后节点，随后将进入 3D 堆叠存储器工艺的时代，三星开始量产基于 3D TSV 封装技术的 64GB DDR4 DRAM 芯片，同时，其改良的双重照片曝光技术，为下一代 10nm DRAM 的量产做了技术储备。

NAND Flash 存储器方面：目前 NAND 闪存工艺技术主要有两个发展趋势，一是制程尺寸缩小速度加快，已经迈入 1z 纳米阶段，三星、东芝、海力士等企业的 16nm 工艺制程均已全面量产，在 2015 年转入 1z 纳米制程，三星、东芝、海力士、美光的工艺制程分别为 14nm、12nm、13nm 和 15nm。二是三维结构的发展趋势，业界普遍认为工艺制程进入 16nm 以后，技术难度成倍增加，获得的规模成本效益减少，因此 3D NAND 技术快速发展，2015 年各大厂商纷纷布局 3D 技术，相关的封装技术也配套发展。

表 1-12　重点 NAND Flash 企业技术路线

企业	2014年2D（1y）	2015年2D（1z）	2015年3D	技术水平
三星	16nm	14nm	32/24nm	CTF（电荷撷取Flash）
东芝/闪迪	16nm	12nm	28nm	p-BiCS（管道成形位元可变成本）
海力士	16nm	13nm	32nm	VSAT（垂直堆叠阵列Flash）
美光/英特尔	16nm	15nm	32nm	HKMG（高介电金属栅极）

资料来源：赛迪智库整理，2015 年 12 月。

新兴存储器方面：随着大数据时代的到来，数据的快速增长和以数据为中心的发展趋势，对内存的速度、容量、功耗和可靠性提出了极高的要求。现有的存储器工艺尺寸已经接近极限，电子的微观特性越来越明显，加上器件本身的物理特性产生的功耗和发热等制约因素，传统的存储器结构在系统稳定性、数据可靠性等问题上面临困境，因而出现了新材料、新结构的新兴存储器技术。具有代表性的新兴存储器有 PRAM（相变存储器）、RRAM（阻变存储器）、MRAM（磁阻存储器）、FeRAM（铁电存储器）、STT-RAM（自旋转移矩磁存储器）等。

1. 相变存储器 PRAM

（1）具有高密度、低延迟、非易失性等特征

PRAM（Phase-change RAM）使用硫化物、硫化合金等材料的相变特性来实现储存，利用电流的焦耳热作用下使材料在晶态和非晶态之间的转变，材料的晶相变化必然导致不同的电阻特性和光学特性，以此来储存"0"和"1"信息。PRAM 替代 DRAM 作为计算机内存。PRAM 具有 DRAM 不具备的非易失性，可以在断电时保存数据，同时在工艺制程、存储密度高和静态功耗方面具有一定的优势。但它在某些方面仍存在不足，如 PRAM 写延迟约为 DRAM 的 10 倍，同时由于 PRAM 写操作需要密集的电流注入，带来较大的写功耗，而且由于电流注入时存在热应力等问题，导致存储单元也只能承受上百万次写操作。

不可否认，作为下一代存储器技术的 PRAM 在低功耗、覆写和耐写能力、更少的占位面积、较快的读写速度、可微缩性等方面颇具吸引力。但是系统设计人员要想使用 PRAM 进行存储，必须在缓存设计、存储器控制以及 OS 等方面进行改变。同时，高质量相变材料的制备以及使材料发生相变所需的大电流是限制 PRAM 商用化的主要原因。

（2）3D XPoint 技术中采用，专利被英特尔、美光等公司掌握

在市场方面，英特尔、美光、三星、IBM 等多家知名半导体企业投入巨资研发 PRAM 技术。目前，英特尔和美光掌握了最先进的 PRAM 制造技术。其中，三星于 2009 年量产了制程为 60nm、容量为 512MB 的 PRAM 芯片，并应用在手机存储卡中；同于 2011 年推出了 20nm 工艺的 8GB 相变内存颗粒。2012 年 7 月，美光推出了 45nm 制程、1GB 容量、LPDDR2 接口的 PRAM 芯片，主要面向移动设备领域。2015 年，英特尔和美光联合推出了采用了 PRAM 的 3D XPoint 技术，既可以作为 DRAM 内存使用，也可替代 NAND，而且成本介于两者之间，具有 10 倍于 DRAM 的容量，1000 倍于 NAND 的性能和寿命，在业界产生了巨大的轰动。

由于工艺条件方面的限制，国内对 PRAM 研究落后于国外。主要有中国科学院上海微系统与信息技术研究所、华中科技大学、中芯国际、北京时代全芯科技等机构对 PRAM 技术开展了研究。中国科学院上海微系统与信息技术研究所于 2001 年 4 月推出了中国第一款具有自主知识产权的 PRAM 芯片。2011 年 9 月，北京时代全芯科技公司推出了容量 256MB、接口为 LPDDR2 的 PRAM 芯片，

成为了我国第一家生产高密度相片存储器芯片的公司。2014 年 3 月，北京时代全芯科技公司与 IBM 签订技术合作协议，在 PRAM 芯片生产领域开展合作，并在宁波建设我国首个拥有自主知识产权的存储芯片产业化项目，投资金额为 47.5 亿美元。

2. 阻变存储器 RRAM

（1）具有工艺兼容性好、擦写速度快、存储密度高等优势

RRAM 利用某些薄膜材料在外加电场的作用下表现出的不同电阻态实现数据存储，是近十多年来受到学术界和工业界广泛关注的一种新型非易失性存储器。RRAM 的存储速度可与 SRAM 匹敌，而成本与 NAND 相近。RRAM 主要有以下几方面优点：①与现有的 CMOS 工艺兼容，可通过建设、气相沉积等常规的薄膜工艺制备，使厂商在不改变工艺线的前提下进行阻变存储器的制造，大大降低了成本；②操作电压相对较低，主流 RRAM 的操作电压普遍低于 5V，有效地降低了大规模集成应用的功耗和设计成本；③擦写速度快，RRAM 触发电阻转变的脉宽小于 100 纳秒，使数据擦写速度远高于 Flash 存储器；④存储密度高，RRAM 电阻发生变化的区域很小，约几个纳米，因此存储单元可以很小。同时，RRAM 采用高低阻态进行信息存储，相邻器件之间不易产生串扰。

（2）海外初创公司掌握先进 RRAM 技术

对于最有可能替代 NAND Flash 的新型存储器 RRAM(电阻存储器)，三星、闪迪等公司都投入巨资研发，但走在最前列的是一家美国硅谷的创业公司 Crossbar。该公司在 2010 年成立，但其 RRAM 芯片已经可以量产，最新产品采用 16 层芯片堆叠，容量达 1TB。同时，Crossbar 宣称该技术可以将尺寸缩减到 5nm。美光和索尼多年来一直在联合研发 RRAM，但进展缓慢。

3. 磁阻存储器 MRAM

（1）具有高速度、高密度、低延迟等特征

MRAM 存储器采用磁性隧道结，由上下两层磁性材料（如钴铁合金）和中间隧道栅层（如氧化镁）构成。通过磁场调控上下磁性层的磁化方向，当两层磁场方向平行时，存储单元呈现低电阻，当磁场方向相反时，则呈现出高电阻，根据磁致电阻的大小存储数据。由于磁阻不随时间变化，因此 MRAM 是非易失性随机存储器。MRAM 在性能上具有接近 SRAM 的高速读写能力，以及 Flash 非易失性的特性，在 Cell 面积上也和 DRAM 比例相近，而重复读写次数和 DRAM、

SRAM 相同，操作电压也近似，可说是集各种记忆体优点于一体的产品。

MRAM 技术目前还存在着一些困难，一是对 MRAM 进行写入操作时，MRAM 写入数据的速度、延迟和功耗都会增加。二是由于磁性材料的原因，MRAM 在进行写入和擦除操作时，不同存储单元存在磁场干扰问题，器件小型化后这一问题将更加严重。MRAM 的高低阻态之比太小，尤其是当读取电压降低时更加明显，阻碍其大规模使用的进程。

（2）可能作为未来替代 SRAM、DRAM 的潜力产品

Intel 公司对 MRAM 的研究主要集中在 PC 领域，在 LLC 电路中用作缓存；高通及 TSMC 合作研究适用于移动便携设备的 MRAM；而 IBM、希捷研究的 MRAM 则针对 HDD 缓存加速方面。另外还有 SK 海力士、东芝、三星和美光也正在积极进行研发。但是，目前市场上主要的 MRAM 晶片的厂商是 Everspin Technologies，产品最大的存储容量为 64MB，而 128MB 甚至 1GB 的 MRAM 可能会在未来两年内问世，其中 1GB 产品将有望让 MARM 进军消费性应用。

表 1-13　新型存储器与闪存性能比较

类型	DRAM	NAND-Flash	PRAM	RRAM	MRAM	FeRAM
容量级别	16GB	1TB	8GB	1TB	64MB	64MB
器件尺寸	$6F^2$	$5F^2$	$4.8F^2$	$4F^2$	$20F^2$	$22F^2$
读/写操作时间	<10ns/<10ns	1ms/0.1ms	10ns/20ns	10ns/10ns	2ns/5ns	20ns/5ns
循环次数	>1015	>106	108	1012	>1016	1014
保持时间	刷新	10年	>10年	10年	>10年	10年
易失性	易失	非易失	非易失	非易失	非易失	非易失
三维存储潜力	无	无	有	有	无	困难
多值存储潜力	无	有	有	有	无	困难
技术瓶颈	需刷新、易失，作为内存工艺制程有限	寿命/性能有限，存储密度较低	容量较小，材料可操作温度范围较窄	材料缓存储机理尚不明确	容量小，写功耗较大，稳定性差	容量小，具有读破坏性，存储密度较低
应用范围	—	—	应用于 3D XPoint，可能取代 NAND	未来可能取代NAND	小容量和嵌入式产品，应用在航空、军工领域	抗辐射的医疗设备

资料来源：赛迪智库整理，2015 年 12 月。

三、模拟器件

（一）产业规模

在工业半导体应用中模拟集成电路器件具有非常重要的作用。模拟集成电路器件是指由电容、电阻、晶体管等组成的模拟电路集成在一起，用来处理光、声、温度、压力等模拟信号的集成电路。模拟器件按技术类型可分为：只处理模拟信号的线性 IC 和同时处理模拟与数字信号的混合 IC；按应用可分为标准型模拟 IC 和专用型模拟 IC。标准线性模拟集成电路主要包括电源管理芯片、数据转换器、放大器、接口电路以及射频芯片等；专用模拟集成电路主要包括面向消费电子、计算机及外设、网络通信、汽车电子，以及工业控制和医疗电子等专用应用领域的芯片。

1.全球模拟集成电路市场分析

根据世界半导体贸易统计组织（WSTS）的统计，自 2012 年以来，全球模拟集成电路市场规模总体保持增长态势，受 2015 年半导体产业增速整体下滑影响，2015 年模拟集成电路市场增速降至 2.5%，规模达到 455 亿美元。

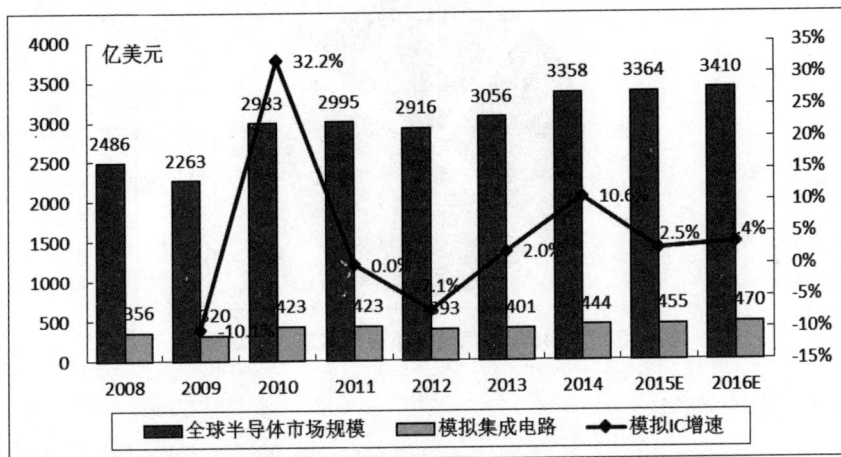

图1-22 2008—2016年全球模拟集成电路市场规模及增速

资料来源：WSTS，赛迪智库整理，2015 年 12 月。

工业用模拟半导体产品包括应用于工厂自动化、马达驱动、能源转换与储存的稳压器与电压参考 IC、数据转换器、放大器与比较器，以及接口电路等。从规模来看，工业用模拟半导体在模拟集成电路市场中占比一直较为稳定，约在

16%，因此预计 2015 年营收可达 73 亿美元左右。在标准线性模拟集成电路中，电源管理芯片的市场规模最大，超过总规模的 50%；在专用模拟集成电路中，工业类应用约占 10%，仅次于在通信及汽车领域的应用。

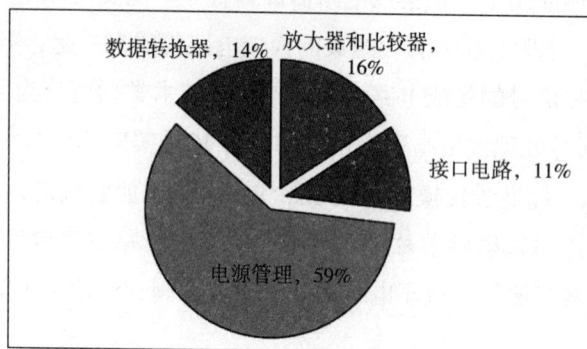

图1-23　2015年标准线性模拟集成电路市场结构

资料来源：IC Insights。

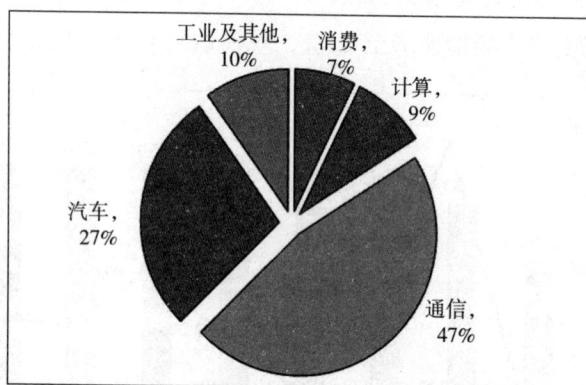

图1-24　2015年专用模拟集成电路应用市场分类

资料来源：IC Insights。

2. 我国模拟集成电路市场分析

随着应用市场的不断扩大，我国模拟集成电路市场规模增速呈现逐年上升态势。2014 年，我国模拟集成电路市场规模超过 1500 亿元。受电子信息产品增速下滑的影响，预计 2015 年我国模拟集成电路增速有所下滑，市场规模约达 1616 亿元。未来几年在"中国制造 2025"及汽车、可穿戴产品的影响下，我国模拟集成电路市场将迎来新一轮增长。

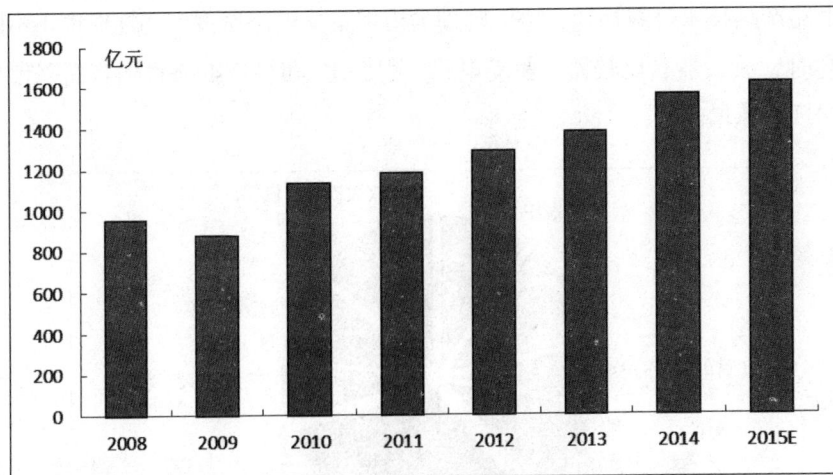

图1-25 2008—2015年我国模拟集成电路市场规模

资料来源：赛迪智库整理，2015年11月。

从应用领域看，2014年工业控制占模拟集成电路应用的10.91%。网络通信是模拟集成电路的最大市场，市场份额达40.5%，这主要得益于移动通信终端和便携式移动互联设备的增长以及这些产品中模拟集成电路使用比例的提升。后续随着工厂的智能化改造以及高端制造设备业的发展，工业用模拟器件将得到大幅提升。

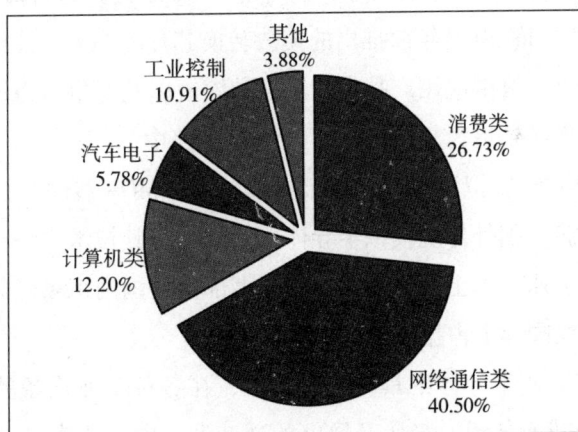

图1-26 2014年中国模拟集成电路应用市场结构

资料来源：赛迪智库整理，2015年11月。

从产品结构看，随着电子设备对能源管理要求的日益严格，电源管理类模拟

41

集成电路产品技术升级加速，电源管理类模拟集成电路所占市场规模也正不断扩大。同时，放大器、比较器、驱动电路、射频IC和接口电路将随着新兴市场的开拓实现快速增长。

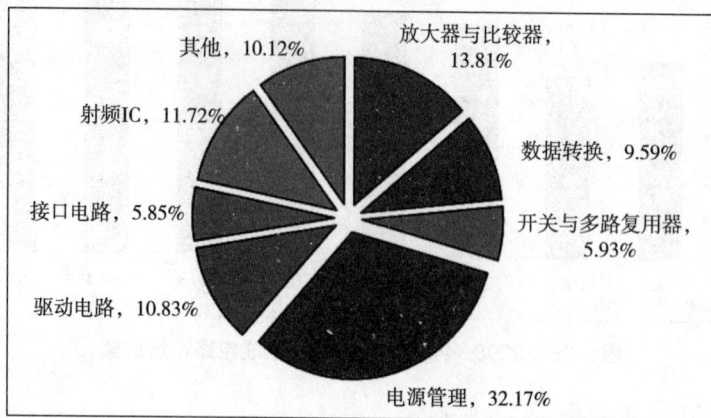

图1-27　2014年中国模拟集成电路产品市场结构

资料来源：赛迪智库整理，2015年11月。

（二）创新进展

模拟器件的特点是种类繁多，应用范围广泛，技术积累要求高。总体来说，模拟器件的更新换代频率并不明显，国外企业具有明显的技术竞争优势。TI、AD等一些半导体厂商20多年前推出的模数转换芯片（ADC）甚至到今天都还在生产销售，但是由于终端应用产品生命周期的缩短以及竞争压力的增大，模拟功能被越来越多地集成到更为复杂的单芯片SOC电路中。

对于传统的基础模拟器件，如双极型晶体管、MOS器件等，其技术已经经历了长时间的沉淀，国外传统模拟半导体厂商固然有其技术优势，但近几年我国在这方面也发展迅速，本土器件已经占据了大部分的国内市场份额，甚至一些功率型双极管已经在国际上占据了较大的市场份额。

功率器件在工业半导体中具有重要地位，在各种工业设备的电机驱动，输变电系统的电能转换装置，光伏及风电的逆变器，电力机车的牵引等都领域都有应用。我国近几年在功率器件方面有很多技术突破，尤其是在IGBT领域。中车株洲在150mm硅片上工业化生产7.2kV/4.5kA的晶闸管；建成国内首条，全球第二条8英寸IGBT芯片生产线实现1700V的IGBT芯片下线。中车永电封装的

3300V IGBT 产品也已批量生产。上海华虹的 SJ 功率 MOSFET 平台已基本成熟。士兰微基于自身芯片（IGBT、FRD、高压驱动 IC）的 IPM 模块已研发成功正进入用户考核天津中环 1200V 沟槽型 IGBT 系列产品等等。

电源管理芯片是指在电子设备系统中担负起对电能的变换、分配、检测及其他电能管理的职责的芯片，其产品种类众多，包括低压差线性稳压器（LDO）、DC-DC 变换器、驱动器和电源管理单元（PMU）等。近年来，随着设备对电源管理要求的提升，一些分立的电源管理芯片如低压差线性稳压器（LDO）、直流转直流（DC-DC）等芯片，都逐渐被集成到电源管理单元中。2015 年 1 月，英飞凌宣布完成对国际整流公司的收购。两家工业半导体领域传统骨干企业的合并，为英飞凌带来更多电源管理系统的专有技术，进一步加强了其在功率半导体方面的市场竞争力。

（三）竞争格局

在国际竞争中，国内产品在技术、品牌、市场成熟度等方面与国外仍存在一定差距，因此我国企业必须认清自身市场定位，同时必须加大投入以增强产品竞争力。

行业内的主要企业有意法、瑞萨、恩智浦等外资企业，以及台基、士兰微、华微等内资企业。从国内市场看，产品严重依赖进口，在各个细分产品市场，占据市场前几位的主要是外资厂商。内资企业产品以中低端市场为主，由于工艺技术门槛的存在，限制了我国企业的发展水平，造成在高端领域市场占有率不高。同时，国外厂商起步早，应用市场成熟度高，与下游整机厂商结合紧密，这种情况下，国内产品若要想进入已有整机供应链，所需要面对的产品认证过程极其复杂，获得市场认可所需的投入也相当大。另外，任何一个新进产品都需要经过相当长时间的市场考验才能从不成熟走向成熟，这一过程中与国外产品的竞争也是非常残酷的。

国外模拟器件厂家以 IDM 类居多，相比之下国内只有中国中车、比亚迪、士兰微等少数企业。国内大多数企业是设计或者代工，并且规模较小，而其也有很多封装企业。

从制造生产线分布看，全球 4 英寸、5 英寸和 6 英寸晶圆生产线产品都以模拟电路为主，部分 8 英寸生产线也往模拟电路转型。在 6 英寸的生产线中，全国产能较大企业为位于无锡的华润华晶，月产能达到 12 万片，主要专注于开发 1.2—

0.8 微米的功率器件，包括 IGBT、快速恢复器件（FRD）、双极 MOS 器件（BCD）等。华润上华月产能 7 万片，工艺线条为 0.5—0.35 微米，主要产品是基于 SOI 的功率器件、BCD 器件等。拥有 5 英寸的生产线企业，除了日银 IMP 外，还包括华润华晶、上海先进、士兰微、中电华微、中微晶圆等，均在开发生产模拟集成电路产品。另外，国内仍然拥有数十条在运营的 4 英寸生产线。总体来看，该领域的竞争较为激烈。

表 1-14 2015 年全国 4—6 英寸晶圆生产线情况

晶圆尺寸（英寸）	序号	企业名称	地点	生产线（名称）	计划产能（万片/月）	工艺技术水平（微米）
6	1	华润上华（无锡）	无锡	Fab1	7	0.5-0.35 CMOS、BCD、SOI
	2	华润晶芯（无锡）	无锡	Fab5	4	0.5-0.18 IGBT、MEMS、Bipolar MOSFET
	3	华润华晶（无锡）	无锡	Fab3	12.5	1.2-0.8 IGBT、FRD、Bipolar MOSFET
	4	上海先进	上海	Fab2	4	1.5-0.5 BCD
	5	上海新进	上海	Fab1	5	1.5-0.5 BCD
	6	上海新进芯	上海	Fab1	3	1.0-0.35 数模混合
	7	无锡KEC	无锡	Fab1	3	1.5-0.5 BCD、TR
	8	首钢NEC	北京	Fab1	3	1.0-0.35 数模混合
	9	北京燕东	北京	Fab1	2	1.0-0.35 数模混合
	10	杭州士兰	杭州	Fab1	3	1.0-0.35 数模混合
	11	杭州立昂	杭州	Fab1	2	0.8-0.5 数模混合
	12	比亚迪半导体	宁波	Fab1	3	0.8-0.5 BCD MOS
	13	江苏东光	无锡	Fab1	2	0.8-0.35 数模混合
	14	珠海南科	珠海	Fab1	3	0.5-0.35 CMOS
	15	深圳方正	深圳	Fab1	2.5	0.5-0.35 CMOS
	16	西岳电子	西安	Fab1	1.7	0.5-0.35 数模混合
	17	福建福顺	福州	Fab1	1.8	0.8-0.5 数模混合
	18	乐山菲尼克斯	乐山	Fab1	3	0.5 双极
	19	厦门集顺	厦门	Fab1	6	0.5-0.35 数模混合
	20	中科院微电子所	北京	Fab1	2	0.35-0.18 CMOS
	21	长沙创芯	长沙	Fab1	3.5	0.35 CMOS、Bipolar、BiCMOS

（续表）

晶圆尺寸（英寸）	序号	企业名称	地点	生产线（名称）	计划产能（万片/月）	工艺技术水平（微米）
5	1	上海先进	上海	Fab2	2.8	3 Bipolar
	2	华润华晶	无锡	Fab1	2.2	1.2 Bipolar
	3	中微晶圆	无锡	Fab1	0.8	1-0.5 MOS
	4	华越微电子	绍兴	Fab1	3	2 Bipolar、MOS、IGBT、FRED
	5	士兰集成	杭州	Fab1	4	1-2 Bipolar、CMOS、BiCMOS、BCD、VDMOS
	6	中电华清	北京	Fab1	0.5	1-0.8 Bipolar
	7	吉林华微	吉林	Fab1	1	5-3 Bipolar、SBD、IGBT、FRED、VDMOS
	8	日银IMP	宁波	Fab1	1	2-0.8 Bipolar
	9	深爱半导体	深圳	Fab2	3.5	3-0.8 Bipolar、FRED、MOS
4	1	上海贝岭	上海	Fab2	1.6	3-1.2 BiCMOS
	2	华润华晶（无锡）	无锡	Fab1	5	5-3 Bipolar
	3	华越微电子	绍兴	Fab2	1.5	5-3 Bipolar
	4	安顺微电子	丹东	Fab1	2	5-3 Bipolar
	5	福顺微电子	福州	Fab2	2	5-3 Bipolar
	6	电子科技集团47所	沈阳	Fab1	0.5	5-3 MOS
	7	电子科技集团24所	重庆	Fab1	1	5-3 Bipolar
	8	天水天光	天水	Fab1	1	5-3 Bipolar
	9	燕东	北京	Fab1	3	5-3 Bipolar
	10	北京宇翔	北京	Fab1	1	5-3 MOS
	11	北大微电子所	北京	Fab1	0.8	5-3 BiCMOS
	12	西安微电子科研中心	西安	Fab1	1	5-3 BiCMOS
	13	无锡微电子科研中心	无锡	Fab1	0.5	5-3 BiCMOS
	14	福建安特半导体	莆田	Fab1	0.5	5-3 MOS

资料来源：中国半导体行业协会，赛迪智库整理。

四、MEMS

微机电系统（Micro-Electro-Mechanical System，MEMS）是微机械和微电子元件相结合，操作在微米范围内的机电系统。工业领域中智能制造、工业互联网、物联网的发展离不开 MEMS 技术的进步。以我国为例，"互联网+"促使互联网和传统行业深度融合，由此势必促成行业内的各类信息化改造，在智能硬件、工业控制、农业、医疗健康等领域为 MEMS 产品提供了市场空间。"中国制造2025"力求打造智能工厂，因此需要在生产设备中广泛部署 MEMS 传感器，以实现工业生产各环节中监测和操控的智能化。

（一）产业规模

近年来，MEMS 产业具有出货量飞速增长，单位产品均价不断下降的趋势。根据市场研究机构 Yole Development 统计，2000 年时 MEMS 总出货量达到 10 亿个，总产值为 50 亿美元。经过 2003 年楼氏电子的硅麦克风以及 2005 年意法半导体的加速度计的大规模投入应用，2009 年以来，以消费电子、工业互联网、物联网、汽车电子为主要驱动的高增长率促使 2014 年 MEMS 市场规模达到 111 亿美元，2015 年 MEMS 市场规模将超过 130 亿美元。尽管激烈的市场竞争导致单个MEMS 产品每年平均单价 5% 的递减，在今后五年之内，MEMS 总产值仍将维持

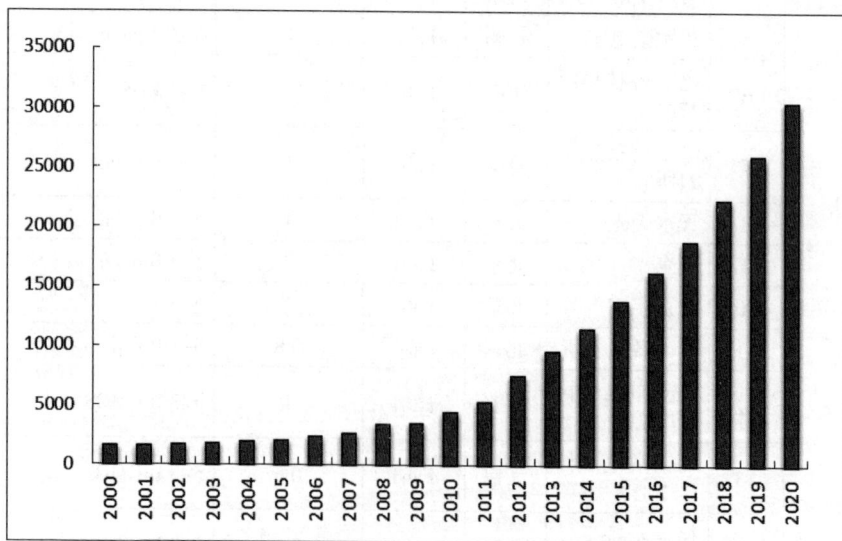

图1-28　2000—2020年MEMS出货量（单位：百万个）

资料来源：Yole Development，赛迪智库整理，2015 年 11 月。

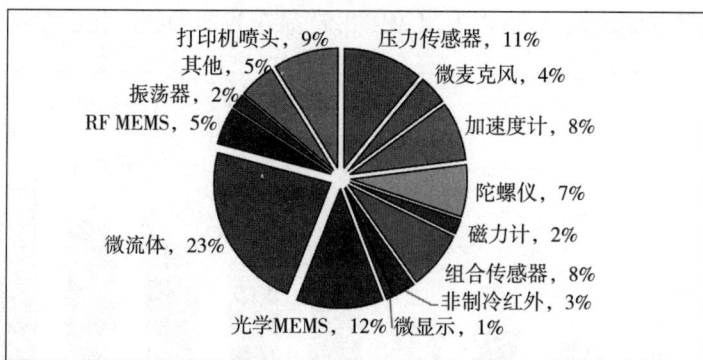

图1-29　2017年全球MEMS产品结构预测

资料来源：Yole Development，赛迪智库整理，2015年11月。

17%的增长率。预计2016年MEMS的总出货量将达160亿个，市场规模将达160亿美元，单位产品均价将降至1美元；随着MEMS需求进一步提升，单位均价继续下降，预计到2020年底MEMS市场规模将增长至超过200亿美元，共300亿的出货量。

目前消费电子领域的MEMS应用尽管占有很大的市场份额，但是工业领域各类MEMS产值正飞速增长，由智能制造正定义出一类涉及工业互联网、物联网的新型工业MEMS应用领域，MEMS龙头企业如博世、意法半导体、楼氏电子、应美盛等公司都瞄准了这一高价值应用领域。据IHS统计，工业控制、智慧建筑、医疗、军用等领域的高价值MEMS市场需求过去五年以年均5.5%的增速稳步增长，2015年市场规模达到17亿美元，随着各国"工业4.0"各项政策的逐步落实，工业领域设备增长所带来的工业MEMS需求刺激，预计2018年全球MEMS市场将增长至25亿美元，其中仅工业互联网、物联网直接推动的MEMS工业应用就将带来3.34亿美元的市场规模。

我国作为全球电子信息产品生产制造大国，巨大的市场需求与自主化生产需求并存。随着我国物联网产业的大发展，传感器行业正迎来黄金发展期，在国家和各级政府的推动支持下，物联网应用试点逐步落地，传感器行业也成为当前布局的重点投资领域。

据统计，2014年我国MEMS市场规模已超过200亿元，但由于我国MEMS技术基础比较薄弱，产品跟欧美国家相比仍有一定的差距，导致大约90%的产品都要依赖进口。面对如此大的进口占比，不仅是出于国防、安全方面的考虑，单从市场利润方面出发,也可以看出 MEMS 产品在我国的国产化已变得迫在眉睫。

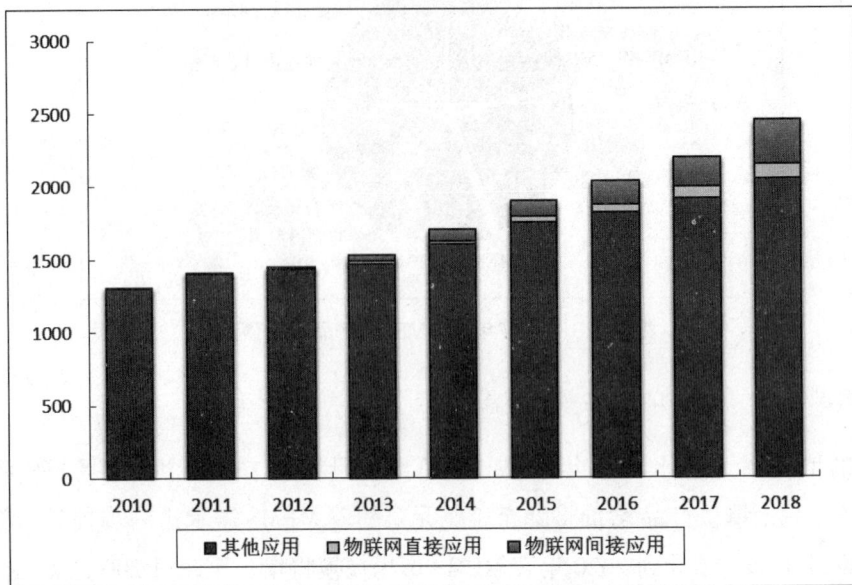

图1-30　高价值MEMS市场规模预测（单位：百万美元）

资料来源：IHS，赛迪智库整理，2015 年 11 月。

（二）创新进展

传统产业与信息技术的跨界融合成为全球工业和信息化发展的大趋势。当今世界正在进行新一轮的产业变革，随着新一代信息技术与制造业的深度融合，将进一步促进制造模式、生产组织方式和产业形态产生深刻变革。在各国政策的支持下，智能制造和工业互联网、物联网行业将迎来飞速发展。未来，智能制造投资总额将超万亿元，而市场研究机构 IDC 预测全球物联网市场在 2020 年将达到 7.1 万亿美元。在此背景下，中国也发布了"互联网 +"行动计划和"中国制造 2025"战略，推动两化深度融合，下表阐述了工业 MEMS 产品在中国制造 2025 重点领域的应用与发展方向。

表 1-15　中国制造 2025 与工业 MEMS 产品

中国制造2025重点领域	涉及传感器条目
新一代信息技术产业	新型工业传感器：开发具有数据存储和处理、自动补偿、通信功能的低功耗、高精度、高可靠的智能型光电传感器、智能型接近传感器、高分辨率视觉传感器、高精度流量传感器、车用惯性导航传感器（INS）、车用DOMAIN域控制器等新型工业传感器，以及分析仪器用高精度检测器，满足典型行业和领域的泛在信息采集的需求。
高档数控机床和机器人	传感器：重点开发关节位置、力矩、视觉、触觉、光敏、高频测量、激光位移等传感器，满足国内机器人产业的应用需求。
航空航天装备	航空专用传感器：提高油液、气体、温度、压力等航空传感器的检测精度和可靠性；研发基于新型敏感材料、新型封装材料、新型导电材料等新材料的传感器。
海洋工程装备及高技术船舶	海洋空间综合立体观测系统：重点开展海洋探测传感器、船载海洋观测仪器、海洋浮标、海洋潜标、水下通信设备、海洋环境数据库、海上目标雷达回波数据库等关键装备及系统的开发和研制，实现工程化应用。
节能与新能源汽车	（a）电子控制系统：发动机、变速器电控系统达到国际先进水平，国产核心控制器国内市场占有率达到20%、国产关键传感器国内市场占有率达到80%，国产混合动力核心控制器国内市场占有率达到80%，控制器关键芯片国内市场占有率达到30%，自主实施操作系统应用率达到50%。 （b）智能网联汽车是指搭载先进的车载传感器、传感器、执行器等装置，并融合现代通信与网络技术，实现车内网、车外网、车际网的无缝连接，具备信息共享、复杂环境感知、智能化决策、自动化协同等控制功能，与智能公路和辅助设施组成的智能出行系统，可实现"高效、安全、舒适、节能"行驶的新一代汽车。
农业装备	农业机械专用传感器：施肥播种机械作业深度、行走速度、植保机械前进速度、喷量、压力、喷洒面积等测控传感器。收获机械喂入量、清选与夹带损失、割台高度、滚筒转速、产量流量和谷物水分等测控传感器。

资料来源：赛迪智库整理，2015 年 11 月。

　　智能制造和工业互联网、物联网的发展离不开 MEMS 技术的进步。以我国为例，"互联网＋"促使互联网和传统行业深度融合，由此势必促成行业内的各类信息化改造，在智能硬件、工业控制、农业、医疗健康等领域为 MEMS 产品提供了市场空间。"中国制造 2025"力求打造智能工厂，因此要在生产设备中广泛部署 MEMS 等传感器使其成为智能化的工具，以实现工厂的监测和操控的智能化。

光幕传感器
兼备最高水准的安全和生产效率

激光刻印机
实现高质量高速的印字和加工

激光位移传感器
高精度测量，实现最大分辨率0.025微米

图像处理装置
超高速高精细图像处理，实现运作过程中更改设定的功能

UV照射器
通过温度反馈，实现紫外线稳定辐照。采用LED头灯

静电消除器
高频交流模式，具有优质的除电性能

长距离和宽区域光电传感器
用于无人搬运车检测障碍物的光电传感器

无线单元
实现环保型功率表数据以无线信号传输主机的功能

超薄型光电传感器
3.5mm超薄身躯，实现狭窄空间安装

环保型功率表
监控并数据化设施内的电力消耗，实现针对浪费电力的可视化管理

温度控制器
机身小巧，功能多样

超小型PLC
实现多轴位置和温度控制，可支持网络

可编程智能操作面板
外观精美，操作性强

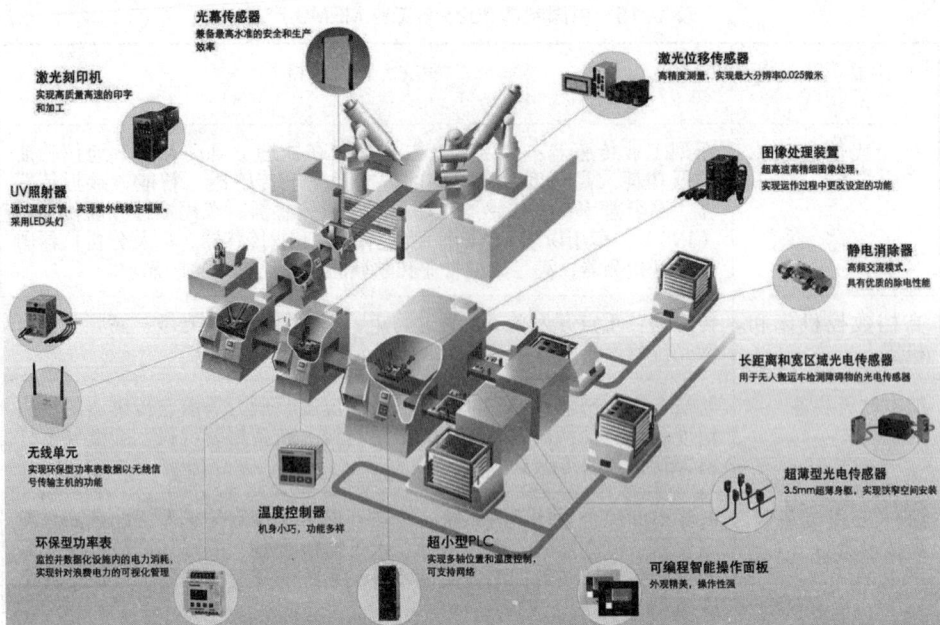

图1-31 松下智能工厂工业控制系统示例图

资料来源：企业网站，2015年11月。

（三）竞争格局

虽然有越来越多的企业进入 MEMS 领域，但由于其研发难度及制造工艺复杂度所造成的行业壁垒，小企业很难在较短时间内实现大批量生产制造及供货，因此排名靠前的大供应商市场份额相对稳定，进而造成了 MEMS 领域的竞争格局相对稳定。

1. 全球竞争格局

2015 年全球前十大 MEMS 企业占有超过 50% 的市场份额，且产能主要集中在欧美等发达国家。博世（汽车、工业电子），意法半导体（消费电子），德州仪器（光源投影 MEMS 组件）和惠普（打印机喷墨头）等几家公司是全球主要的 MEMS 传感器供应商，苹果和三星电子则是 MEMS 传感器最大的两个系统集成商。

随着物联网时代的到来，智能穿戴设备、智能家居、智能交通以及智能制造等新兴领域为 MEMS 发展提供了强劲的动力。随着材料科学、纳米技术、微电子等领域前沿技术的不断突破及应用，以手机、汽车电子、智能制造为代表的三大领域已然成为 MEMS 的发展热点。

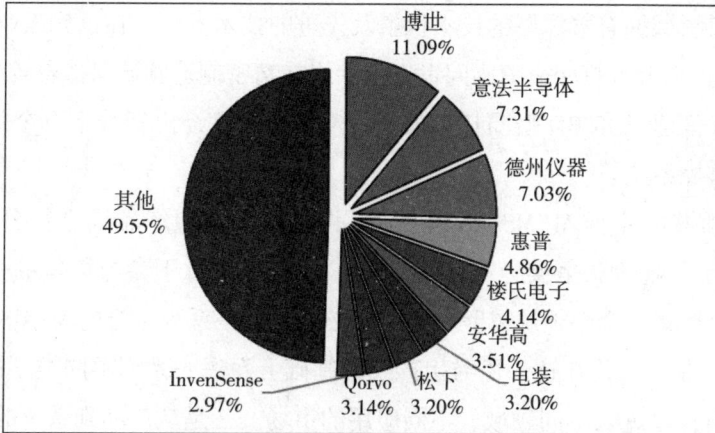

图1-32　2015年MEMS企业竞争格局

资料来源：Yole Development，赛迪智库整理，2015年11月。

2. 工业领域竞争格局

工业领域市场主要包含高端制造设备、流程控制、联网操作中所需的MEMS产品以及各类压力、流量监测仪器仪表等，这些市场对器件在精度、稳定性、抗震动和抗冲击性方面提出了更为苛刻的要求。村田电子等日本厂商在工业机器人

图1-33　主要MEMS企业的业务发展情况

注：2015年3月，恩智浦（NXP）并购飞思卡尔（Freescale）。

资料来源：Yole Development，赛迪智库整理，2015年11月。

及监测仪表领域拥有着深厚的技术积累及先进的技术专利，在世界工业领域始终保持着领先。惠普自打印机喷头问世以来始终在精密制造领域保持着较高的地位，并研发出了工业级的 3D 喷墨打印技术。ADI 公司已经出货数十万个加速度计，用于遥测监控系统。

将各领域的主要 MEMS 产品供应商的业务类型和产品线进行分类，经综合分析重点企业的竞争实力与市场地位，可以看出对于参与竞争的企业来说，MEMS 产业具有三个必须逾越壁垒：一是必须要有一系列主打的 MEMS 产品，进入 MEMS 产业。二是在这一优秀生产线的基础上发展一系列不同类型的产品线，形成产品组合以进入不同领域、不同应用的市场。三是从产品到系统的跨越，以实现从 MEMS 器件厂商发展为成功的 MEMS 系统提供商。目前只有博世在各个方面都有其优势，实现了这一转型并获得了高速成长，占据了 MEMS 市场 11% 份额，并将继续保持第一位。

第二章　2015年世界集成电路产业发展特点

第一节　市场规模增长放缓，市场驱动因素发生转折

随着传统PC业务进一步萎缩，智能终端市场需求下降，全球集成电路市场规模增长逐步放缓。PC方面：由于多年未出现颠覆性的产品来激发消费者的换机欲望，且今年微软的Windows 10操作系统提供免费在线升级服务，使得众多消费者选择了升级系统而不是更新机器来提升PC性能，因此根据IDC发布的最新数据显示，2015年第三季度全球PC出货量为7100万台，同比下降10.8%。平板电脑方面：随着智能手机的大屏化，平板电脑的功能被智能手机部分替代，加之平板电脑的更换周期较长，导致市场需求量下滑。全球平板设备出货量为4870万，同比下降12.6%，已连续4个季度下滑（IDC）。智能手机方面：随着中国智能手机渗透率的提高，中国手机市场已逐步转向成熟市场，智能手机市场日趋饱和，并使得全球手机市场增速显著放缓。全球智能手机市场总出货量同比增长6.8%，增速相对于2014年第三季度的25%显著放缓（IDC）。应用市场的需求下降带来了全球半导体市场增速的放缓。根据美国半导体行业协会（SIA）公布的数据显示，2015年7月全球半导体销售额为278.83亿美元，同比下降0.9%，自2013年5月来首次出现下滑。根据世界半导体贸易统计组织（WSTS）统计2015年全球半导体市场销售额为3352亿美元，同比下降0.2%，远低于2014年9.9%的增速。

在PC和平板电脑等传统消费电子设备销量面临挑战时，物联网将成为下一个快速拉动集成电路市场的重要增长点。市场调研机构IDC的数据显示，未来几

年全球物联网市场的年增长率有望达到 13%，预计到 2020 年市场规模将达到 3.04
万亿美元，全球联网的设备总数将有数十亿部。集成电路芯片是实现物联网的基
础，所有连接物联网的设备都将拥有多颗用来实现感知信息的 MEMS 传感器芯片、
传输信息的射频芯片和处理信息的 MCU 芯片，其对集成电路的需求将超越 PC、
平板和手机等传统集成电路应用领域。物联网还将带动如可穿戴设备、智能网联
汽车、智能电网、网络设备、工业控制、医疗电子、卫星导航等市场对集成电路
芯片的巨大需求。全球重点集成电路企业也加强对物联网业务的布局，如英特尔
积极部署物联网相关应用，包括车联网、智慧楼宇、智能安防等核心芯片，并推
出物联网端到端的全球标准；IBM 宣布投资 30 亿美元成立物联网事业部，与大
数据紧密结合挖掘商用市场；德州仪器退出移动市场后立刻转战物联网、模拟芯
片和嵌入式等市场。

第二节　联合研发趋势兴起，整机企业趋向自研芯片

随着工艺制程的不断缩小，单一厂商愈发难以满足不断攀升的投资规模，产
业模式亦悄然发生着变化，设计企业和制造企业不断开展联合研发。与此前的
IDM 拆分剥离减轻企业负担不同，现在的设计与制造结合是优势资源的集中利
用。高通就先后与格罗方德、台积电以及中芯国际等代工企业在 28nm 芯片制程
上开展过合作，也与联电共同研发过 18nm 制程。上海华力微电子近期也宣布与
联发科合作的 28nm 芯片顺利设计定案。随着工艺制程的复杂度提升，企业合作
将更为广泛。在 14nm 节点，继三星与台积电后，联电与 ARM、Synopsys 合作完
成 14nm 测试流片，国内的中芯国际、华为、高通和 IMEC 联合投资成立新公司
研发 14nm 技术，合作研发愈演愈烈。

终端市场竞争激烈，整机厂商自研芯片有望脱颖而出。当前，大部分终端设
备除在工业设计和其他一些小的方面之外并没有太多的实质性差异，各生产厂商
所选择的核心芯片也大都来自 Intel、高通等几家主流芯片厂商，产品竞争优势并
不明显。"三业"分离的集成电路产业模式为终端厂商做芯片提供了良好的条件。
整机厂商通过自主研发芯片，可以根据自身产品的定位与特定性能在功率和性能
方面做出调整，不仅能和其他厂商区分开来，而且节约成本。如苹果在 iPhone 4
之前的前三代处理器产品设计和代工都依赖于三星，2008 年开始自行设计芯片。

目前苹果已经成为全球第四大芯片设计公司，其拥有的 AP、ISP 和 SSD 控制器等产品使其手机、平板、计算机等终端拥有较大的特色及独立自主权。国内的华为从 1993 年研发程控交换机芯片开始，通过自行设计芯片，提高了整机产品的竞争力。华为旗下海思半导体开发出麒麟系列手机处理器芯片，有效地支撑了华为手机业务的发展。除此之外，许多非传统的半导体公司也陆续开展了集成电路芯片设计。如希捷收购安华高的 SSD 控制器业务，开发芯片节省其存储产品的中间成本；西部数据也已进入 SSD 控制器芯片研发领域；谷歌正在计划自主设计移动处理器，有望将现实增强、虚拟现实的特定性能加入 Android 系统的生态体系中，实现软件和硬件更紧密的结合。国内的小米与联芯的合作研发中低端手机芯片；海信日前也发布自主研发 SOC 级画质芯片。

第三节　摩尔定律演进趋缓，新材料新工艺不断涌现

集成电路技术主要沿着三个方向发展：一是延续摩尔定律（More Moore），即不断缩小集成电路芯片的特征尺寸；二是扩展摩尔定律（More than Moore），以系统级封装（SiP）为代表的芯片功能多样化成为半导体技术发展的新方向；三是超越 CMOS（Beyond CMOS），即探索新原理、新材料和器件与电路的新结构，芯片向着纳米、亚纳米以及多功能化器件方向发展，如以碳基纳电子学、自旋电子器件、分子开关等为代表的超越 CMOS 技术将会快速发展。从标准集成电路制造工艺技术来看，在英特尔的推动下，基本仍然按照摩尔定律演进。但是随着特征尺寸的持续缩小，传统工艺和硅材料逼近物理极限，以及研发费用的剧增，摩尔定律的速度开始放缓。如英特尔公司继 2011 年量产 22nm 技术后，14nm 工艺推迟到 2015 年 8 月才量产，比预计的时间推迟了 1 年半。业内预测 10nm 可能要到 2018 年以后才能量产，7nm 将会在 2020 年以后得以应用。

制造技术节点更新难度越来越大，因此企业纷纷在新型器件和新材料上寻求突破，如 III–V 族材料、石墨烯、碳纳米管等材料由于优良的特性开始在特定应用领域得以使用。近日，来自德、日、美三国的科学家团队将酞菁分子放置在砷化铟晶体的衬底上，制造出了分子级别的晶体管，将晶体管体积缩小到了 167 皮米，比 IBM 最小的 7nm 芯片缩小了 42 倍。各种新型存储器技术一直吸引着产业界的关注，包括 PRAM（相变随机存储器）、MRAM（磁性随机存储器）、RRAM（阻

变随机存储器）等。美国 Nantero 公司以碳纳米管为基础研发了 NRAM，速度比 NAND Flash 闪存快 1000 倍，公司已经进行多轮融资，新产品即将推向市场。

第四节　产业并购数额巨大，强强联合成为并购常态

全球集成电路产业发展已经进入了成熟期，不少领域已形成 2—3 家企业垄断局面，产业格局面临重塑。随着物联网等新兴领域带来的发展机遇，半导体研发成本的逐年上升，以及市场竞争压力等因素，使得 2015 年全球行业并购案频发。根据 IC Insights 的数据显示，2015 年全球并购交易规模超过 1000 亿美元，在短短上半年时间内，已经宣布的半导体收购案涉及总金额高达 726 亿美元，这是过去 5 年（2010—2014 年）并购交易平均值的近 6 倍。其中不乏涉及金额在百亿美元以上的并购案，如今年 5 月，安华高以总计约 370 亿美元的现金和股票收购博通，成为全球半导体行业历史上最大规模的一桩并购案；随后英特尔宣布以 167 亿美元收购 FPGA 企业 Altera，成为该公司有史以来涉及金额最大的一次收购案；近期美国西部数据豪掷 190 亿美元收购闪存大厂闪迪，整合固态硬盘产业；恩智浦以 118 亿收购飞思卡尔，延长汽车电子和物联网产品线。国内资本也开始走上国际并购的舞台，如华创投资以 19 亿美元与 OV 达成并购协议，建广资本 18 亿美元收购 NXP 的 RF 部门，武岳峰资本 7.3 亿美元购得 ISSI，长电 7.8 亿美元并购星科金朋，盛世宏明收购 Silex 98% 的股权，以及最近紫光集团入股台湾力成、南茂等。

随着市场竞争加剧，半导体企业选择抱团取暖，强强联合的并购方式成为并购新常态。如恩智浦和飞思卡尔在合并前，在车用半导体市场排名分别在第四、第五左右，但合并后的新恩智浦立刻跃升为汽车电子市场的龙头，一举超越日本的瑞萨电子、德国的英飞凌和美国的德州仪器等传统强势企业。安华高收购全球排名第九的博通，打造云端存储的物联网解决方案，合并后的新公司将跃居全球第六。近期，全球排名第三、第四的两家芯片设备公司科林研发（Lam）和科天（KLA-Tencor）宣布合并，积极布局 10nm 工艺技术，也将跃居集成电路设备领域的龙头企业。

第三章　2015年中国集成电路产业发展情况

第一节　产业规模

与全球情况不同，在市场需求带动以及国家相关政策支持下，我国集成电路产业仍保持较快的增长速度。中国半导体行业协会统计数据显示，在整体经济增速放缓的大背景下，2015年全行业实现销售额3618.5亿元，同比增长20.0%，产业规模进一步扩大。2015年我国集成电路产业整体依然保持了上一年"前缓后高"的发展态势。图3-1所示为我国集成电路产业季度销售情况。2015年第一季度受上一年库存及节日影响，产业增速由2014年第四季度的28.0%下降至16.7%，销售额为685.5亿元。在之后的第二季度、第三季度和第四季度中，产业增速呈现缓慢增加的态势，分别为20.6%、20.5%以及20.2%。销售额分别为906.1亿元、948.9亿元以及1069.3亿元。

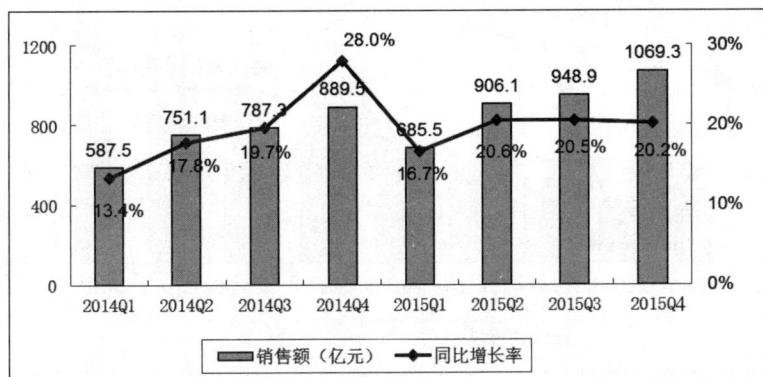

图3-1　2014—2015年我国集成电路产业分季度销售情况

资料来源：中国半导体行业协会，2016年3月。

图 3-2 所示为 2008—2016 年我国集成电路产业的销售收入及增长率。从图中可以看到,受世界金融危机和全球半导体市场低迷影响,2008 至 2009 年期间,我国集成电路产业销售收入连续两年负增长。2010 年在世界消费能力释放和全球半导体市场短暂复苏的形势下,我国集成电路产业有力实施“创新驱动、转型发展”的产业发展策略,集成电路产业销售收入大幅回升。在“十一五”的 5 年中,我国集成电路产业的销售收入平均复合增长率为 17.2%,集成电路产量的年均复合增长率为 22.0%。进入“十二五”后,尽管 2011—2012 年欧债危机持续,世界经济增长乏力,全球半导体市场徘徊不前且小幅衰减,但我国政府继续大力支持集成电路产业发展,政策力度不断加强,政策效应逐步显现,企业不断调整产业结构和产品结构,积极开拓国内市场,努力提升企业生产规模和技术水平,推动集成电路产业平稳发展。2012 年我国集成电路产业销售规模保持了 11.6% 的增长,为实现我国集成电路产业发展“十二五”规划目标打下良好的基础。进入 2013 年后,在移动智能终端等市场需求推动下,全球半导体市场恢复稳定增长趋势,在国内外半导体市场显著回暖的带动下,中国集成电路产业发展有所提速,产业增速达 16.2%,远高于全球同期水平。进入 2014 年后,在国家和各级地方政府支持下,产业政策效应凸显。《国家集成电路产业发展推进纲要》的出台进一步完善了我国集成电路产业发展的政策环境。国家集成电路产业发展投资基金的设立,更是为我国集成电路产业长期所面临的投资瓶颈提供了有效的解决方案。2015 年是中国集成电路承上启下的关键一年,《国家集成电路产业发展推进纲要》

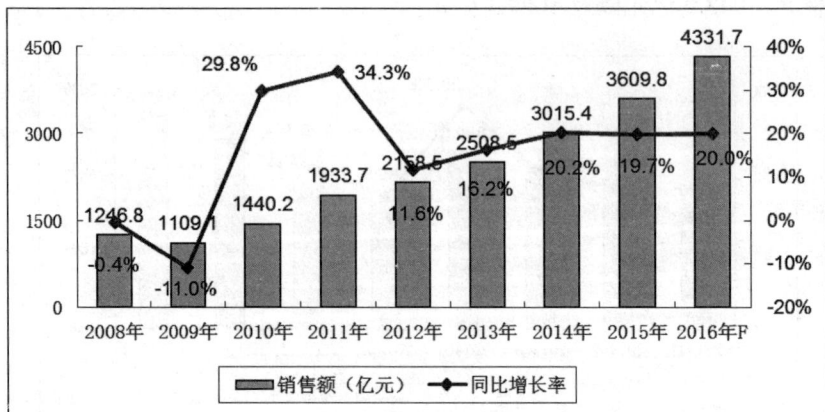

图3-2 2008—2016年我国集成电路产业销售规模及增长率

资料来源:中国半导体行业协会,2016 年 3 月。

系统实施，国家集成电路产业投资基金实现平稳起步，金融杠杆作用逐步显现，产业政策环境和投融资环境进一步优化并完善。展望 2016 年，随着"中国制造2025"、"互联网 +"行动指导意见以及"国家大数据战略"相继组织实施，双创工作持续深入推进，创新创业的氛围逐步形成，中国集成电路产业面临着前所未有的发展机遇。

第二节　产业结构

一、产业链结构

2014—2015 年，我国集成电路产业链各环节都保持了快速增长的态势，图 3-3 所示为集成电路设计业、芯片制造业和封装测试业的销售规模及增长率情况。其中，设计业在移动智能终端、可穿戴设备，以及云计算、大数据等多层次需求的带动下，全年实现销售收入 1325 亿元，同比增长 26.5%。芯片设计业所带来的订单，为产业链下游环节的增长提供了动力，芯片制造业和封装测试业分别实现销售收入 900.8 亿元和 1384 亿元，增速分别为 26.5% 和 10.2%。

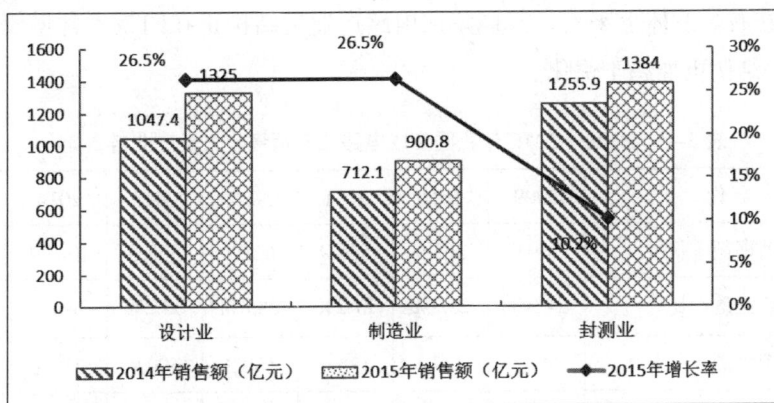

图3-3　2014—2015年我国集成电路产业结构

资料来源：中国半导体行业协会，2016 年 3 月。

表 3-1 所示为我国集成电路产业链各环节季度销售情况。整体来看，2015 年期间，芯片设计业相较于其他两业，始终保持较快的增长速度。设计业的快速增长，有效降低芯片制造与封装测试对外依存度过高带来的产业发展风险。

表 3-1　2015 年我国集成电路产业链各环节季度销售情况

	季度	Q1	Q2	Q3	Q4
设计业	销售额（亿元）	225.1	325.1	391.1	383.7
	增长率	25.6%	30.6%	22.9%	27.5%
制造业	销售额（亿元）	184.9	221.0	209.8	285.1
	增长率	20.3%	28.1%	31.2%	26.2%
封装测试业	销售额（亿元）	275.5	370.0	348.0	390.5
	增长率	8.2%	12.3%	12.6%	7.7%
合计销售额（亿元）		685.5	916.1	948.9	1059.3

资料来源：半导体行业协会，2016 年 3 月。

2009—2015 年我国集成电路三个行业的销售收入和增长率发展情况如表 3-2 所示。图 3-4 所展示的是 2015 年设计业、芯片制造业和封装测试业在集成电路产业整体的占比情况。自 2009 年以来，设计业占产业链的比重稳步增加，从 24.3% 占比增加到 2014 年的 34.7%。封装测试业所占比重有所下降，但基本稳定于 40% 左右。总体上来看，我国集成电路产业链结构正在向技术含量较高的方向发展，结构更加趋于优化。

表 3-2　2009—2015 年我国集成电路三业销售收入及产业链占比

	年份	2009	2010	2011	2012	2013	2014	2015
设计业	销售额（亿元）	269.9	363.9	526.9	621.7	808.8	1047.4	1325
	产业链占比	24.3%	25.3%	27.2%	28.8%	32.2%	34.7%	38.3%
制造业	销售额（亿元）	341.1	447.1	535.6	590.2	600.9	712.1	900.8
	产业链占比	30.8%	31.1%	27.7%	27.3%	24.0%	23.6%	25.0%
封测业	销售额（亿元）	498.2	629.2	871.7	946.5	1098.8	1255.9	1384
	产业链占比	44.9%	43.6%	45.1%	43.9%	43.8%	41.7%	36.7%
合计销售额（亿元）		1109.0	1440.0	1933.0	2158.5	2508.5	3015.4	3609.8

资料来源：中国半导体行业协会，赛迪智库整理，2016 年 3 月。

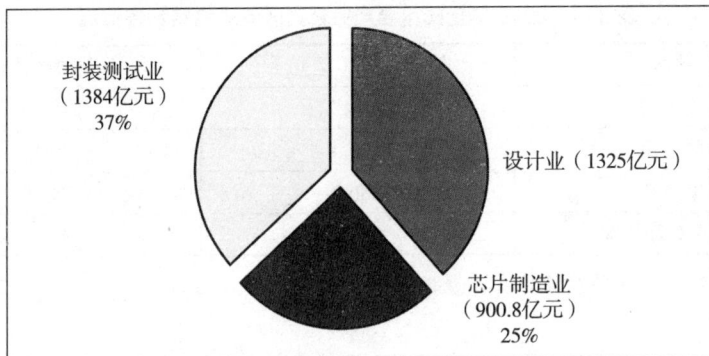

图3-4 2015年我国集成电路产业链结构

资料来源：中国半导体行业协会，2016年3月。

二、区域分布

中国大陆集成电路产业主要集中在长三角、京津环渤海湾、珠三角三大地区，其销售收入占我国大陆地区产业销售额的90%以上。近年来，中西部地区西安、成都、重庆、武汉等中心城市地区，依托市场、技术、人才等优势，在国家及地方优惠政策和资金的支持下，也逐渐形成了各自的产业集群。

几大地区中，集成电路产业最为集中的是长三角地区。该区域包括了我国大陆集成电路产业最大的两个设计制造重镇：江苏省和上海市。2015年长三角地区合计产业销售规模为1364.2亿元，占我国大陆集成电路产业总销售收入的37.7%。其次是珠三角地区，主要是深圳市，2015年合计销售额为1063.8亿元，占全国大陆产业的29.4%。再次是以西安、成都、重庆和武汉等4个中心城市地区为主的中西部地区，近年来在三星、武汉新芯等多条重大生产线建设的带动下，中西部地区集成电路产业得到快速发展，2015年合计销售额为886.5亿元，占我国大陆产业的24.5%。最后是京津环渤海湾地区，该区域主要包括北京市和天津市，主要以芯片设计业为主，2015年合计销售收入为304.0亿元，占大陆产业总销售收入的8.4%。总体来看，我国集成电路产业的地区分布正在向着比较均衡的方向发展。

表 3-3 2015 年全国重要产业聚集区集成电路销售情况

地区	销售规模（亿元）	占全国产业比重
长三角	1364.2	37.7%
珠三角	1063.8	29.4%
中西部	886.5	24.5%
京津环渤海湾	304.0	8.4%

资料来源：中国半导体行业协会，赛迪智库整理，2016 年 3 月。

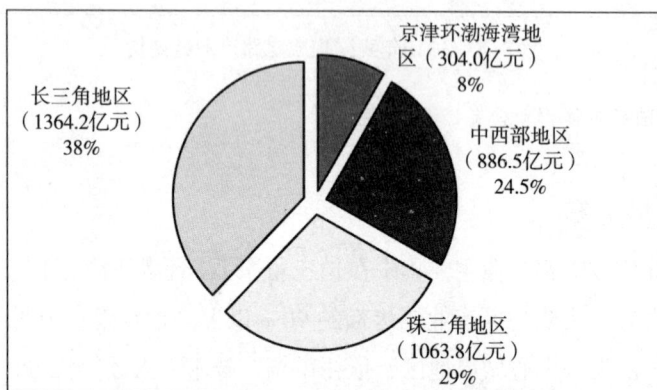

图3-5 2015年我国集成电路产业区域分布

资料来源：中国半导体行业协会，赛迪智库整理，2016 年 3 月。

第三节 进出口情况

一、半导体产品进出口情况

（一）进口情况

从进口额来看，2008 年到 2015 年我国半导体产品进口额呈现出波动性增长。2008 年到 2009 年，半导体进口额从 1466.9 亿美元下降到 1349.9 亿美元，表现为 8% 的负增长。这主要是 2009 年全球金融危机波及我国，导致国内经济疲软，消费者购买力减弱，体现为中国半导体进口额的下降。从 2010 年开始，金融危机的影响逐渐消退，2010 年半导体进口额为 1730.7 亿美元，比 2009 年增长了31.9%。随后五年均呈现出稳步增长的态势，2010 年到 2014 年半导体进口额平均年复合增长率为 13.9%。2012 年，我国半导体产品进口额突破两千亿大关，达到了 2138.7 亿美元，与 2011 年相比增长率为 16.4%。2013 年受移动终端和消费电子的需求拉动，我国半导体进口额再创新高，达到 2557.2 亿美元，较上年扩大了 418.5 亿美元。2014 年，我国半导体进口量为 2411.7 亿美元，较 2013 年下滑 5.7%，这主要因为一方面国家高度重视集成电路产业发展，加速推动芯片国产化进程。另一方面，国家加大力度打击虚假贸易取得阶段性成果。2015 年，我国半导体进口数据较 2014 年有所回升，进口额为 2615.3 亿美元，同比增长 8.4%。

从区域分布来看，2015 年中国半导体产品进口区域主要集中在亚洲，进口额为 2257 亿美元，占进口总额的 86.3%。北美洲排名第二，半导体产品进口额为 149 亿美元，占 5.7% 的市场份额。随后进口较多的地区为欧洲，占全球市场份额为 3.4%。拉丁美洲和非洲有少量进口，大洋洲几乎没有半导体产品进口。亚洲的进口份额最大，这主要是因为中国台湾地区、日本、韩国等亚洲国家和地区半导体产业发达，韩国是存储器的最大供应国，三星和海力士占全球市场份额近 80%，日本的逻辑芯片和专用芯片位居世界前列，中国的高端半导体芯片产品基本都需要从这些亚洲国家或地区进口。美国的处理器芯片和欧洲的功率芯片业都很发达，因此分列中国半导体芯片进口区域的二三名。同时，由于我国半导体芯片的核心技术落后，使得对国内市场的自给率较低，也造成了目前大量进口的局面。

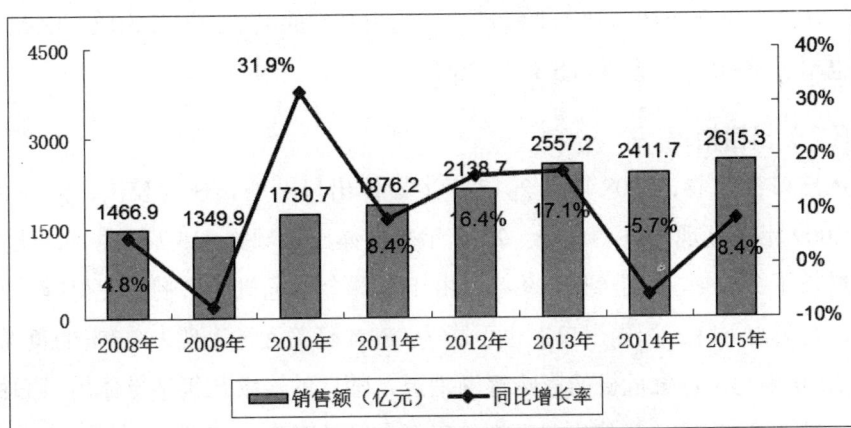

图3-6 2008—2015年中国半导体产品进口额情况

资料来源：中国海关，2016 年 1 月。

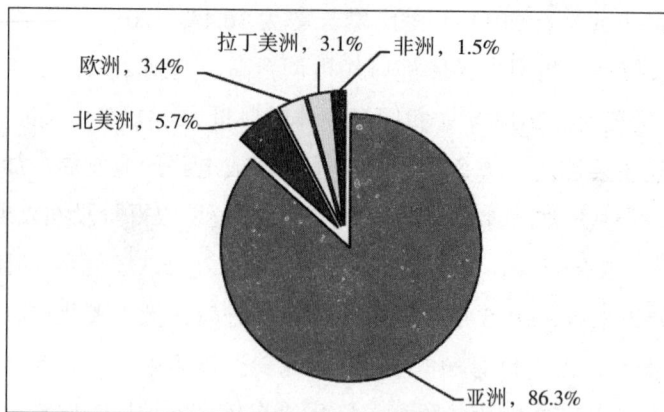

图3-7　2015年中国半导体产品进口区域分布情况

资料来源：中国海关，2016 年 1 月。

从产品结构来看，由于计算机和移动终端的发展，处理器和控制器一直都是我国半导体进口额最大的产品。2015 年处理器和控制器进口额高达 1124.2 亿美元，占进口额总量近 50%。存储器产品应用由于具有量大面广的特性，进口额位列第二，2015 年进口额达到 443.7 亿美元，进口占比为 19.3%。从进口数量来看，2015 年全年半导体产品进口数量为 5780.2 亿块，其中基础元器件二极管进口达 1369.9 亿块，以 23.7% 的进口占比，位于进口器件第一的位置。晶体管使用范围很广，从普通消费级产品到工业级产品，均由基本的电子元器件构成，因此进口数量也超过 1000 亿块，进口份额近 20%。

（二）出口情况

从出口额来看，2008 年到 2015 年半导体出口额增长速度较快，但在 2008 年到 2009 年也呈现出波动现象。2008 年半导体出口额为 413.7 亿美元，比上年同期增长了 29.2%。但是到 2009 年，由于全球金融危机的影响，使得国外经济萧条，购买力下降，国内出口额也下降为 383.4 亿美元，表现为 7.3% 的负增长。但是 2010 年起，金融危机的影响逐渐消退，随后的连续几年半导体出口额稳步增长，2009 年到 2014 年的出口额评价年复合增长率高达 18.4%。其中 2012 年到 2013 年半导体出口额增长速度较快，从 807.7 亿美元增长到 1142 亿美元，首次突破 1000 亿美元，创历史新高，呈现出 41.4% 的增长率。2014 年，我国半导体出口额小幅下降为 891.9 亿美元，呈现 21.9% 的负增长。半导体领域的贸易逆差为 1407 亿美元，和 2013 年相比下降了 1 个百分点，贸易逆差的增速有所放缓。

2015 年出口情况较 2014 年有所回升，出口额为 925.4 亿美元，同比增长 3.8%。

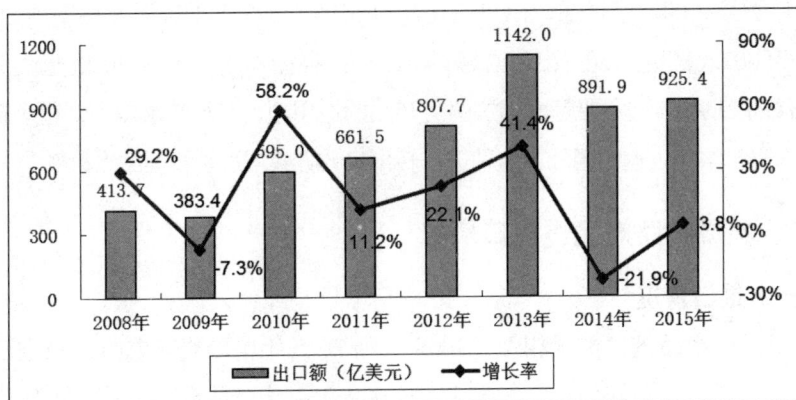

图3-8 2008—2015年中国半导体出口情况

资料来源：中国海关，2016 年 3 月。

从出口区域结构来看，和进口区域分布相似，2015 年中国半导体出口区域也主要集中在亚洲，出口金额为 654.3 亿美元，占出口总额的 70.7%。其次是欧洲，中国半导体出口到欧洲的金额为 169.3 亿美元，占出口总额的 18.3%。北美洲位列第三，出口金额占比为 6.8%。另外三个洲的出口额度较小，均占总出口额的 1.5% 左右。亚洲的主要出口国家和地区为中国香港、中国台湾、韩国、日本等，香港是我国半导体分立器件的最大出口市场，中国台湾、日本、韩国为我国最大的集成电路出口市场。出口到欧洲的半导体产品中，太阳能电池占总出口额的 75.3%，为光伏产品的主要出口国。

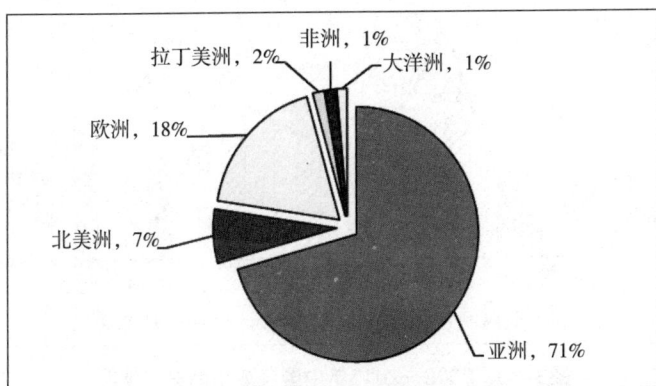

图3-9 2015年中国半导体产品出口区域结构

资料来源：中国海关，2016 年 3 月。

从出口产品结构来看，2015年处理器及控制器、存储器依然是我国半导体产品出口额最大的两宗产品，出口占比超过50%。其中，处理器及控制器2015年出口额为302.6亿美元，占出口总额的32.7%；存储器出口额为202.5亿美元，占出口总额的21.9%。这主要是由于这两类产品的通用型，市场需求量大，很多跨国公司在国内整机组装，返销国外，这种进口转出口的方式增加了我国的出口额。

二、集成电路产品进出口情况

（一）进口情况

与半导体产品进口情况相似，2008年到2015年中国集成电路产品进口数量和金额也呈现出波动性增长。2008年到2009年由于全球金融危机，集成电路进口有所下降。2010年开始，我国集成电路进口数量和金额稳步提升，进口数量连续五年的平均年复合增长率为7.3%，进口金额连续五年的平均年复合增长率为6.8%。我国已经成为全球最大的电子信息制造业的生产国和使用国，拥有很大的市场，但是国内自给率严重不足，其中80%左右的集成电路产品依然需要进口。2013年，中国集成电路进口额高达2313亿美元，首次超过原油成为我国第一大进口商品，同比增长高达20.5%。2014年、2015年我国集成电路进口继续增长，进口金额分别达到2185亿美元和2299亿美元，同比分别增长 -5.9%和5.7%。中国集成电路进口数量和金额都继续扩大，一方面是由于智能硬件、物联网、云计算等应用集中爆发，带来了巨大的市场需求；另一方面由于制造成本、人力成本等原因，国际公司加大在中国投资电子信息制造业并扩大生产规模。

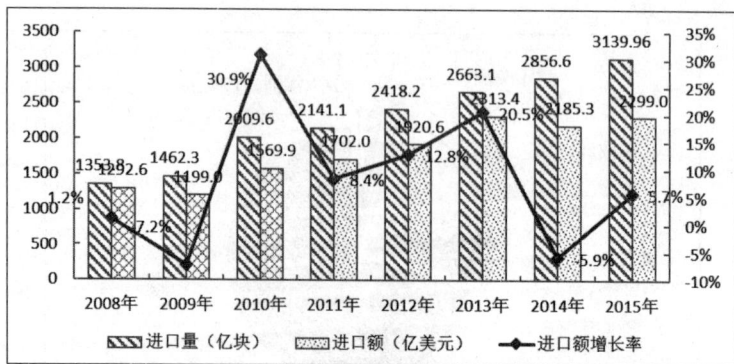

图3-10 2008—2015年中国集成电路进口情况

资料来源：中国海关，2016年2月。

从区域结构来看，中国集成电路产品进口区域也主要集中在亚洲，2015年进口自亚洲的集成电路金额为2086.5亿美元，约占总进口额的92%。亚洲进口区域中排名前四的国家和地区分别为中国台湾、韩国、马来西亚和日本，从菲律宾、新加坡、泰国等地也有少量进口。一方面是由于我国尚未掌握高端芯片的核心技术，主要从中国台湾、韩国、日本等集成电路产业发达的国家和地区进口芯片；另一方面是由于欧美等发达国家将集成电路设计、制造、封装测试等产业链各环节逐渐转移至亚洲国家，如马来西亚、菲律宾、新加坡和泰国等，这在降低成本的同时，可以更贴近亚洲市场，进一步拓展企业业务范围，这也增大了我国自亚洲的进口额。北美为排名第二的进口区域，2015年中国进口额为113.1亿美元，占总进口额比例的5.0%，无论是规模还是总占比均较2014年下降。随后为欧洲和拉丁美洲，分别占进口份额的1.8%和1.2%。

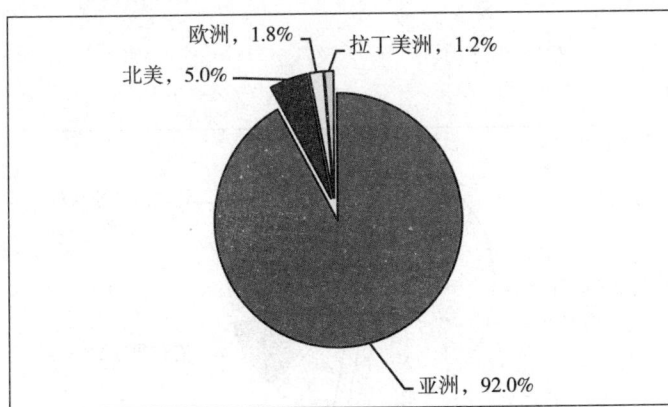

图3-11　2015年中国集成电路市场进口区域结构

资料来源：中国海关，2016年3月。

从进口产品类型来看，2015年处理器及控制器的进口金额最大，达1070.7亿美元，占总进口额的47.4%。分列二三位的产品为存储器和放大器，进口金额分别为587.6亿美元和110.0亿美元，占据进口总额的26.0%和4.9%。处理器及控制器、存储器由于国内市场需求量很大，使用面很广，在计算机、移动终端、嵌入式等领域发挥重要作用，因此占据我国芯片进口70%以上的市场份额。放大器包括晶体管、电源变压器和其他电器元件等部分，应用领域包括通信、广播、雷达、电视、自动控制等，高端和特定功能的放大器仍需要大量进口。从进口数量来看，2015年处理器及控制器、存储器占据进口量的近一半市场，分别为 29.4% 和 9.8%。其他集成电路产品包括逻辑芯片、标准模拟芯片和特殊应用模拟芯片等，由于产品种类形式多样及单价较低，在数量上占据优势，2015 年进口数量为 1650.2 亿片，占整个集成电路芯片进口数量的 53.1%。

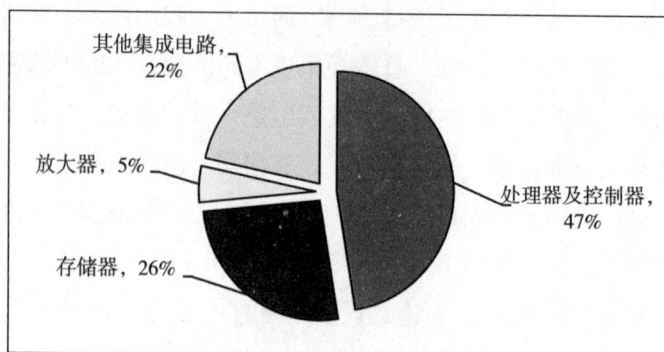

图3-12 2015年中国集成电路市场进口额结构

资料来源：中国海关，2016 年 3 月。

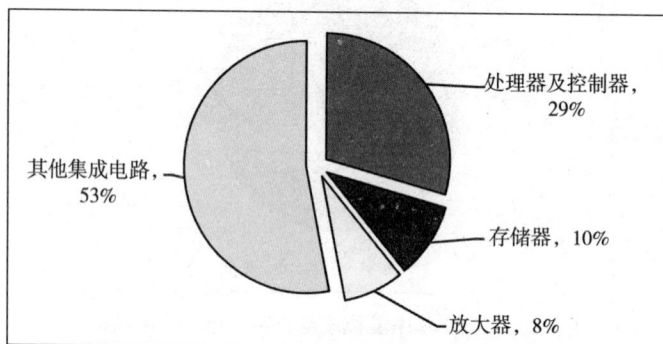

图3-13 2015年中国集成电路市场进口量结构

资料来源：中国海关，2016 年 3 月。

（二）出口情况

从出口量和出口额情况来看，2008 年到 2015 年我国集成电路呈现稳定增长的态势。2012 年集成电路产品出口额迅速增长，全年集成电路出口金额高达534.3 亿美元，增长率为 64.1%；出口量达 1182.1 亿块，实现同比增长 30.7%。2013 年出口额仍保持 2012 年高速增长的态势，出口金额高达 877 亿美元，同比2012 年增长 64%。一方面是由于中国芯片设计能力近几年有所提高，在国际市场中占有一定份额；另一方面是全球集成电路巨头在中国设立后端制造工厂，加大在中国的投资并扩大生产规模，带来了一定的出口数量和金额的增加；同时，由于中国集成电路封装水平的提高，全球国际大厂到中国进行封装加工制造，提升了中国在中高端封装产品出口的份额。2014 年，中国集成电路出口额增长速度放缓，出现了 34.1% 的负增长，出口金额下降到 611.3 亿美元。2015 年，出口有所回升，出口金额为 690.6 亿美元，虽然还未回到 2013 年的出口水平，但较 2014 年增长 13.5%。随着国家对集成电路产业的重视程度提高，芯片国产化提升至国家安全层面，国内出台相关政策扶持集成电路产业发展，将会进一步增加国产芯片的出口规模。

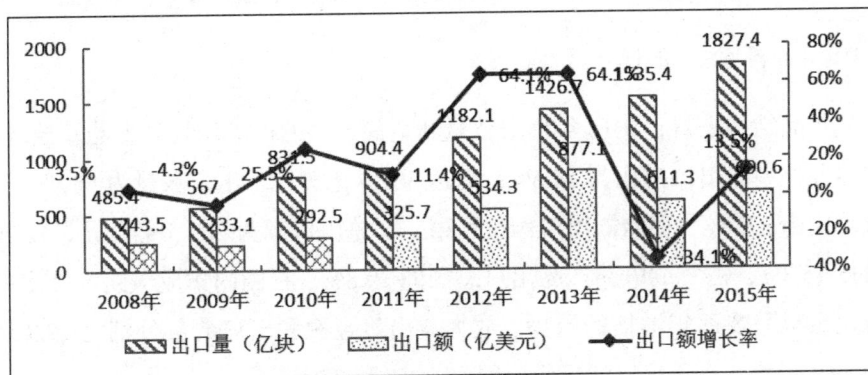

图3-14　2008—2015年中国集成电路出口情况

资料来源：中国海关，2016 年 3 月。

从出口区域来看，和半导体出口情况类似，2015 年中国集成电路出口区域主要集中在亚洲，出口金额为 645.3 亿美元，约占出口总额的 95.1%。北美洲位列第二，出口金额为 17.8 亿美元，占出口总额的 2.6%。随后为欧洲和拉丁美洲，分别占出口总额的 1.4% 和 0.9%。中国在亚洲的主要出口区域为中国香港、中国台湾、韩国和新加坡，分别占据亚洲地区总出口额的 53.7%、15.7%、13.2% 和 7.5%。2014 年国产移动芯片和通信芯片崛起，在全球范围内发展迅速。拉丁美洲的墨西哥、巴西等国作为新兴的集成电路市场，已经成为我国芯片的重要出口国。虽然国内产业发展较快，出口增幅明显，但是出口产品仍较低端，进出口贸易差额仍高达 1588 亿美元。

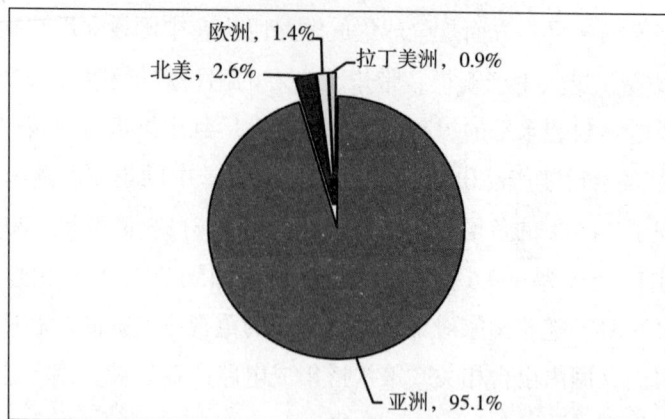

图3-15　2015年中国集成电路市场出口区域结构

资料来源：中国海关，2016 年 3 月。

　　从产品结构来看，2015 年出口数量和金额最多的产品均为处理器及控制器。处理器及控制器出口占比为 44.6%，高达 302.6 亿美元，出口数量为 689.5 亿块，出口占比为 37.9%。存储器出口额位列第二，总出口额为 202.5 亿美元，较 2014 年增长 15.3%，占集成电路产品出口总额的 29.8%，在国内集成电路产品出口中所占比重也呈现逐年增长的趋势。放大器出口金额和出口数量分别为 29.9 亿美元和 59.7 亿块，占总出口的份额分别为 4.4% 和 3.3%。

表 3-4　2015 年中国集成电路市场出口结构

产品分类	出口量		出口额	
	数量（亿片或块）	份额	金额（亿美元）	份额
处理器及控制器	689.5	37.9%	302.6	44.6%
存储器	143.6	7.9%	202.5	29.8%
放大器	59.7	3.3%	29.9	4.4%
其他集成电路	928.4	51.0%	140.3	20.7%
总计	1821.3	100.0%	678.7	100.0%

资料来源：中国海关，2016 年 3 月。

第四节　技术发展

2015 年，我国在集成电路技术方面正在努力缩小与世界先进水平的差距，在集成电路设计、制造、封装测试、装备、材料等方面取得了一系列新的进展。

一、设计业技术发展情况

2015 年是我国集成电路设计业再度高速发展的一年，很多设计公司年营收超过上亿美元。设计公司主要经营业务涉及移动终端领域（包括应用处理器、基频、射频、触控、摄像）的企业约占 40%，与智能卡、RFID 相关的企业占比为 25% 左右，其他应用领域包括电视、平板、机顶盒、电源等。企业的研发人员中 IC 设计工程师的比例也在逐渐增加，占公司总人数半数以上。

随着 SoC 设计技术和纳米加工技术的发展，集成电路设计能力进一步提升，设计线宽逐步缩小，出现了一些新的设计技术。如软硬件协同设计，超大规模、超高性能、超低功耗设计技术，SiP 设计技术，设计 IP 核复用，可测性 / 可调试设计，可靠性技术，芯片综合 / 时序分析和总线架构设计，可制造性设计和成品率驱动设计等技术。特别是 IP 核复用技术已经在中国集成电路设计企业中得到广泛应用，缩短企业设计时间和设计成本，进一步缩小我国和世界先进水平的差距。在模拟集成电路所采用的设计制程上，国内采用 0.18 微米的设计比例明显上升，从 2014 年的 28% 增长到 2015 年的超过 30%；在逻辑集成电路采用的设计制程上，国内目前发展迅速，45nm 和 28nm 及以下设计公司大幅度增加，2014 年占比为 22% 和 29%，2015 年占比分别超过了 25% 和 30%；在混合集成电路设计采用的制程上，采用 0.13 微米设计制程的公司比例变化不大，占比约 30% 左右。模拟集成电路相较于逻辑集成电路对先进制程的要求不高，而是需要成熟的工艺做到更好的品质控制，因此设计制程主要集中在 0.18—0.13 微米。

从应用领域来看，我国自主设计的芯片已经涉及计算机、移动终端、网络通信、消费电子、工业控制、行业电子等多种应用市场，在国产芯片的设计、研发和产业化方面取得了巨大的进展。例如在量大面广的移动终端领域，华为海思、展讯、锐迪科的基带射频芯片得到广泛应用；金融卡领域芯片已经基本实现国产化，中电华大、大唐微电子等公司的芯片已经通过建设银行、农业银行等银行的测试；工业控制领域，中国南车的 IGBT 功率器件已经进入量产阶段；市场爆发的智能硬件领域，上海澜起科技的数字电视芯片、华为海思的机顶盒和主控芯片等产品均占据了一定的市场份额。

二、制造业技术发展情况

2015 年我国集成电路制造业的发展依然保持了先进工艺与特色工艺"两条腿走路"的战略，一方面紧跟世界集成电路先进制程发展趋势，遵循摩尔定律加大研发力度，进一步缩小线宽尺寸，向 20nm 技术节点迈进；另一方面推动特色工艺平台的建设，加大在功率器件、图像传感器、电源管理、嵌入式存储器等多种应用领域的代工技术研发，不断满足国内设计企业的代工需求。

在制程节点方面，国内制程已经覆盖从 0.35 微米到 28 纳米的不同技术节点。2015 年 0.35 微米制程市场占有率进一步下降，从 2013 年的 6% 下降到 4% 以下；0.18 微米制程仍占据最大的市场份额，占比已经超过 40%；90 纳米为过渡技术，市场份额被小尺寸制程不断挤压，份额下降到 5% 以下；65/55 纳米制程目前在先进制程领域占据主要位置，但市场份额也呈现逐年下降趋势；40/45 纳米制程发展迅速，从 2013 年的仅占 1% 市场份额急速扩大到 12%，并有进一步增大的趋势。2015 年底，采用中芯国际 28 纳米制造工艺的高通处理器开始应用于智能手机，中芯国际 28nm 工艺实现量产。

在晶圆尺寸方面，12 寸晶圆以其高性价比成为目前国内集成电路代工主流技术。2015 年，我国 12 寸晶圆产能占全球总产能的 2% 左右。国内晶圆生产线共 68 条，12 寸生产线 8 条，8 寸生产线 17 条，6 寸生产线 20 条，5 寸生产线 9 条，4 寸生产线 14 条。12 寸生产线主要分布在北京、上海、武汉等地。12 寸晶圆由于更小的制程工艺和性价比的提升，市场需求逐步扩大，国内企业结合现有的产能基础，正在进一步扩大产线产能。

在工艺技术方面，我国已经实现大尺寸晶圆、纳米级加工技术，拥有多种工艺模块工艺技术，如射频、数模混合、BCD 和嵌入式等的工艺模块。随着我国集成电路工艺技术的不断提升，许多新的工艺技术在制造过程中得以应用，例如高 K 绝缘层加金属栅工艺（HKMG）技术、硅氧化物绝缘层栅工艺（SiON）技术、铜互连和低 K 介质互联（Low-K）技术、EUV 光刻技术等。许多新材料的应用也提高了器件性能，SOI 硅片、GaN 材料等也逐步实现产业化。

三、封装测试业技术发展情况

随着芯片设计和制造工艺的进步，集成电路产品逐渐朝着微型化、多功能化、智能化的方向发展。伴随着集成电路产品的发展，封装测试技术也经历了三个阶段的变化。第一阶段即通孔插装（THD）时代，但是受封装密度及引脚数难以提高的限制，逐渐被淘汰；第二阶段即表面贴装（SMT）时代，该封装技术具有轻、薄、小的特点，同时由于性价比的优势成为市场使用的主流封装技术；随着集成电路产品的进一步微型化和集成化，封装技术进入了第三阶段的高密度封装时代，代表技术为 3D 堆叠、TSV（硅穿孔）等。三个阶段的封装管脚尺寸、引线间距、管脚结构、连线方式有很大差异，对于不同的应用需求可以选择不同的封装技术。2015 年，中国的集成电路产品市场呈现多元化发展的趋势，不同封装形式也呈现出并存发展的格局。我国目前集成电路封装市场中，小外形封装（SOP）、方形扁平式封装（QFP）、方形扁平无引脚封装（QFN/DFN）等传统封装仍占据我国市场的主体，约占 70% 以上的封装市场份额；球栅阵列封装（BGA）、芯片级封装（CSP）、晶圆级封装（WLCSP）、倒装芯片（FC）、硅通孔技术（TSV）、3D堆叠等先进封装技术只占到总产量的约 20%。

表 3-5　不同应用产品的封装形式

应用类型	产品名称	采用的封装形式
计算机类	手提电脑、平板电脑、显示屏、硬盘等	SOP、SOT、QFP、BGA、CSP、TSV
通信类	手机、网卡、路由器等	SOP、SOT、QFP、TSSOP、BGA、CSP、TSV
消费电子类	电冰箱、数码相机、机顶盒、电吹风、微波炉、吸尘器等	DIP、BGA、SOP、QFP、TSSOP
汽车电子类	汽车整流器、汽车音响、空调、ABS控制器、气囊和导航系统等	SOT、TSSOP、QFP
工业控制类	工业整流器、变频器、机器人等	SSOP、QFP、TSSOP
照明电路	调光灯、节能灯	SSOP、QFP、TSSOP
电源电器类	不间断电源、计算机电源、充电器等	DIP、SOT、SOP、QFN、BGA

资料来源：中国半导体行业协会，2014 年 12 月。

2015 年，国内已经实现 FBGA 封装技术的量产，并在移动基带和平板电脑应用处理器芯片中得到大量应用；铜线、合金线使用率达 95% 以上；12 寸 40 纳米 Low-k 芯片 BGA 封装已经实现规模化量产；用于高像素影像传感器的封装技术实现规模化量产；MIS 细线、超细线和多层板研发取得重大进展，单层板已经成功批量生产；圆片级先进封装从技术到产能已经具有较强的国际竞争力，CSP/WLP/TSV 等技术继续扩产；12 寸铜柱凸块试产成功，进入量产阶段，并形成了 12 英寸铜柱凸块和 FC 封装测试一站式服务能力。

四、装备业技术发展情况

我国是全球集成电路市场大国，但集成电路装备业一直依赖进口。从 2012 年开始，国家设立重大科技专项"极大规模集成电路制造装备及成套工艺（02 专项）"支持集成电路设备的发展。在国家重大科技专项的支持下，一部分集成电路关键装备通过项目验收并在晶圆生产线上得以应用。国产集成电路先进封装生产线上的关键设备也逐步得到产业化。国产集成电路先进封装生产线关键设备得到了集成电路生产厂商的信任和认可，陆续投产使用。例如集成电路先进封装用 3 微米步进式投影光刻机、匀胶机、用于三维芯片封装的硅通孔刻蚀机、TSV 硅通孔物理气相沉积设备（PVD）、高密度深硅等离子刻蚀机等关键装备等技术通过验收，实现设备的国产化，并有力地推进了我国集成电路先进封装产业的发展。同时，部分集成电路产业链上使用的装备和国际水平还存在一定差距，并未实现国产化，包括高精度光刻机、硅片生产设备等。2015 年大硅片生产设备仍处于研发阶段，在 02 专项的支持下，12 英寸集成电路硅片生产设备（硅单晶生长炉、多线切割机、磨片机、抛光机）的 γ 机目前已经通过工艺认证，即将实现产业化并进入生产线使用。

此外，上海微电子装备有限公司已经实现 IC 前道制造、IC 后道、MEMS 制造、AMOLED 显示屏、LED 制造等投影光刻机平台系统，能够提供覆盖前道 IC 制造 90 纳米节点以上大规模生产所需不同分辨率节点要求的 ArF、KrF 及 i-line 步进扫描投影光刻机，并可以兼容 8 英寸和 12 英寸硅片使用。中微半导体公司自主研发了 300 毫米甚高频去耦合反应离子刻蚀设备，可以用于加工 64/45/28 纳米二氧化硅（SiO2），氮化硅（SiN）及低介电系数（low-K）膜层等不同电介质材料，随后又实现了用于流程前端（FEOL）及后端（BEOL）关键刻蚀应用的第二代电介质刻蚀设备，主要用于 22 纳米及以下的芯片刻蚀加工。北方微电子自主研发了等离子刻蚀技术，可以用于集成电路、半导体照明、MEMS、先进封装等领域的刻蚀工艺，并实现了用于磁控溅射技术的 PVD 设备和满足外延生长的 PECVD、MOCVD 和 APCVD 设备开发。

五、材料业技术发展情况

我国 IC 材料业起步较晚，发展基础比较薄弱，但是经过近几年的发展，中国集成电路材料业保持了较快的发展，基本补全了产业链中的每个环节。前端半导体材料方面，硅片、SOI 片、掩膜版、光刻胶、靶材、离子源、高纯化学试剂、电子气体、CMP 研磨垫和抛光液等材料已经实现重大突破；后端半导体材料方面，封装过程中使用的引线框架、键合丝、封装基板、陶瓷基板、塑料基板、粘片胶等材料产量规模不断增加，基本上可以实现自给。

2015 年，我国单晶硅（包括铸锭直拉）总产量持续上升，实现 8 英寸抛光片和外延片的批量生产和销售，广泛应用于集成电路、分立器件等领域，不仅满足国内晶圆制造厂商的使用，更远销美国、欧洲、新加坡、日本、韩国和中国台湾等国家与地区的晶圆厂商。在国家 02 专项的支持下，江苏金瑞泓、北京有研半导体材料公司正在积极开展 12 英寸硅片关键技术的研究。有研半导体已经在硅单晶、抛光片、外延片等方面实现量产，包括 8—18 寸年产 80 吨的硅单晶生产线、年产 60 吨 8 寸以下硅单晶生产线、年产 60 吨 8 寸以下重掺硅单晶生产线、年产 50 吨区熔硅单晶生产线、年产 240 万片 4—5 英寸硅片生产线、年产 120 万片 6—8 英寸硅片生产线，在 12 英寸硅片方面，我国已经拥有中试生产线，包括一条年产 12 万片直径 12 英寸的硅单晶抛光片中试生产线和一条年产 6 万片直径 12 英寸的硅外延片中试生产线。

光刻胶是集成电路生产中使用的关键材料，一直以来都被列为禁运产品。我国一直十分重视国产光刻胶的研发，通过国家重大科技项目、国家高新技术计划予以扶持，近几年来发展迅速，取得了一定的成果。光刻胶专用化学品化学结构特殊、保密性强、用量少、纯度要求高、生产工艺复杂、品质要求苛刻，生产、检测、评价设备投资大，技术需要长期积累。苏州瑞红公司已经研发成功了适用于制造 1M、4M 集成电路的高性能 g 线 stepper、可以用于接触式曝光的正性光刻胶，以及主要应用于 GPP、TSV 工艺，生产制造功率管、晶闸管、光敏电阻、半导体激光器等器件中使用的负性光刻胶。

表 3-6　不用应用领域使用的光刻胶类型

应用领域	使用的光刻胶类型
印刷电路板	干膜光刻胶、湿膜光刻胶、光成像阻焊油墨等
液晶显示器	TFT-LCD光刻胶、彩色滤光片用彩色光刻胶及黑色光刻胶、LCD衬垫料光刻胶等
半导体集成电路	g线光刻胶、i线光刻胶、KrF光刻胶、ArF光刻胶、聚酰亚胺光刻胶、掩膜版光刻胶等
其他用途	CCD摄像头彩色滤光片的彩色光刻胶、触摸屏透明光刻胶、MEMS光刻胶、生物芯片光刻胶等

资料来源：中国半导体行业协会，2014年12月。

第五节　市场情况

2008 年到 2009 年，在全球金融危机的冲击下，我国集成电路市场也表现疲软，呈现 -5.0% 的增长率。2010 年随着市场复苏，互联网的全球化，带动芯片产业有了 29.5% 的增长率，国内集成电路市场规模达到 7349.5 亿元。2011 年以来，市场发展平稳，集成电路市场增长率稳定在平均 8.0% 的增长率。2013 年，我国半导体市场继续快速发展，其规模首次突破 1 万亿，达到 10566 亿元，同比增长 7.5%，在全球的市场份额达到 55.8%。其中集成电路市场也增长迅速，达到 9166.3 亿元，比 2012 年增长 7.1%。2014 年，随着移动互联网的爆发式增长，带

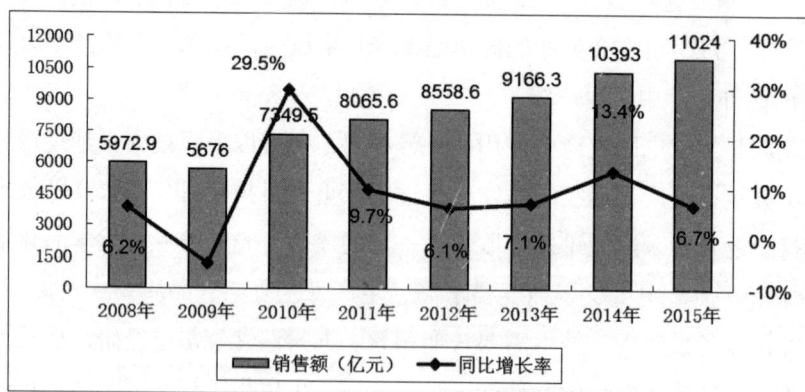

图3-16　2008—2015年中国集成电路市场需求情况

资料来源：中国半导体行业协会，2016年3月。

来了我国集成电路市场的新高峰，集成电路市场需求突破 1 万亿元，达到 10393 亿元，比 2013 年增长 13.4%，这充分显示出中国半导体市场强健的抗风险能力和旺盛的市场需求。2015 年在政策拉动和市场需求带动下，我国集成电路市场规模进一步扩大，达到 11024 亿元，同比增长 6.7%。

在应用结构方面，计算机、通信和消费电子仍然是我国集成电路市场最主要的应用市场，三者销售额合计共占整体市场的 83.3%。从发展速度来看，全球计算机需求放缓、产销量的下滑直接导致国内计算机领域集成电路市场的增速放缓，2015 年计算机类集成电路市场份额进一步下滑至 31.2%，市场增长率为 −12.8%。得益于汽车的智能化和电子化发展，在汽车中传感器、MEMS 等应用需求量增加，汽车电子依然是 2015 年增长速度最快的应用领域。网络通信领域随着 4G 的使用深入，成为 2015 年引领中国集成电路市场增长的重要细分市场，同比增长 22.9%。

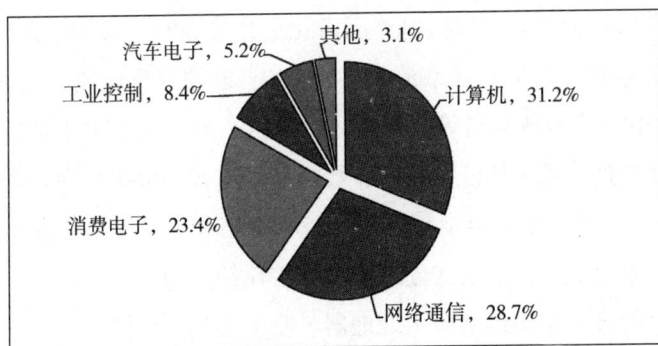

图3-17　2015年中国集成电路市场应用结构

资料来源：赛迪智库整理，2016 年 2 月。

一、移动终端芯片

从 2009 年到 2011 年，我国手机销量平稳增长，带来手机芯片销量的同步增长，在 2011 年手机芯片销量达到 218.9 亿块。但到 2012 年，手机芯片增长幅度放缓，同比增长率为 1.9%。这主要是由于从 2011 年起，随着智能手机的逐步普及，功能机市场受到严重挤压，功能机的出货量大幅减少，而国内智能机研发刚刚起步，导致中国手机芯片市场增长放缓。随着国内智能手机市场的崛起，2015 年我国手机芯片市场销售量为 358.7 亿块，同比增长 12.0%，销售额为 2376.9 亿元，同比增长 10%。2015 年我国智能手机芯片市场呈现一些明显的特点，一是智能手机增长速度放缓，手机芯片增长率比上年降低，但依然是集成电路芯片市场的主要拉动力；二是手机芯片集成度不断提升，芯片功能性增强；三是国内芯片企业保持强势增长，在国际竞争中占据一席之地。

表 3-7　2009—2015 年中国手机芯片市场规模及增长率

年份	2009	2010	2011	2012	2013	2014	2015
销量（亿块）	167.2	194.9	218.9	223.1	278.0	320.3	358.7
增长率（%）	17.9	16.6	12.3	1.9	24.6	15.2	12.0
销售额（亿元）	1214.0	1362.8	1506.5	1582.2	1936.2	2160.8	2376.9
增长率（%）	15.4	12.3	10.5	5.0	22.4	11.6	10.0

资料来源：赛迪智库整理，2016 年 3 月。

　　手机芯片的产品结构包括模拟电路、专用标准电路、逻辑电路、存储器和嵌入式处理器。从销量来看，模拟电路所占比重超过 60%。模拟电路的种类较多，主要包括射频接收和发射、功率放大器（PA）、电源管理电路、电压驱动电路、调频电路（FM）、音频放大器等。专用标准电路（ASSP）占据了销售额的主要地位，专用标准电路主要包括模拟基带、数字基带、音频解码、视频处理、图像信号处理、蓝牙、GPS、手机电视等芯片。逻辑电路和存储器销量在手机芯片产品中所占比重大概为 10%，嵌入式处理器销量占比约为 20%。

　　手机芯片的市场结构包括应用处理器、基带芯片、射频芯片、存储器、无线芯片、多媒体应用等。从销量来看，电源管理芯片销量最高，占比达 30%。这是因为电源管理芯片不仅包括电源管理、直流/直流转换器和低压电源转换芯片，还包括了一些电压驱动芯片。手机用的存储器包括 SRAM、DRAM、NAND Flash、NOR Flash 和 MCP 存储器模块等，从销售额来看，存储器在手机芯片市场中占据了很大的份额。手机中的应用处理器（AP）也在 ASSP 的分类中，应用处理器和基带芯片是手机中的核心芯片，价格较高，两者合计占据了接近 40% 的销售额。

二、网络通信芯片

　　中国通信 IC 芯片近年来发展也很快，2011 年，在 TD-LTE-Advanced 技术标准正式成为 4G 国际候选标准的鼓舞下，全球范围内掀起了 TD-LTE 网络建设的热潮。受此需求拉动，以无线接入设备为代表的用户终端设备成为 TD-LTE

终端芯片的主要应用产品类型。2010 年，在上海世博会和广州亚运会分别建成
TD-LTE 演示网络，并提供高速移动宽带业务。到 2010 年末，中国 TD-LTE 终
端市场尚未形成，绝大多数 TD-LTE 终端产品仅用来进行网络技术测试或业务展
示，产品形态单一且距离真正商用仍有一段距离。中国 TD-LTE 终端芯片也主要
处于技术测试和试用阶段。中国 TD-LTE 终端芯片主要由产业链各环节厂商为测
试设备需要而内部消耗。2010 年到 2013 年中国 TD-LTE 终端芯片市场规模增长
幅度剧烈，从 2010 年的销量为 1288 颗迅速增长到 2013 年的 502.66 万颗，2013
年的增长率更是达到了 4600%。2014 年，芯片仍然成倍增长，达到 1201 万颗，
比 2013 年增长 139%。2015 年增速略有放缓，达到 103%。

第六节　投融资情况

集成电路产业具有资金密度高度集中的特点，2009 年到 2015 年，我国集成
电路行业固定资产投资总量在 3439 亿元左右，呈现出波动性增长的态势。2013
年集成电路固定资产投资增长迅速，投资额从 2012 年的 344 亿元增长到 578 亿元，
同比增长 68.2%，增速比电子信息制造业整体增速高出 55.3 个百分点，成为电子
信息制造业中投资增长最快的领域，2011 年下滑 37.2% 的局面得以改善。2014 年，
我国集成电路产业完成固定资产投资额 644 亿元，同比增长 11.4%，增速比上年

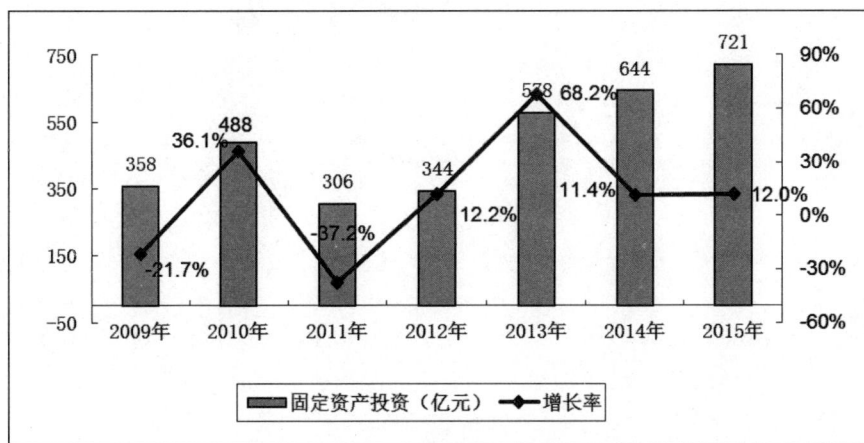

图3-18　2009—2015年中国集成电路产业固定资产投资情况

资料来源：工业和信息化部，2016 年 3 月。

下降56.6个百分点。2015年，我国集成电路产业完成固定资产投资额721亿元，同比增长12%。高于电子信息全行业84.7个百分点；新开工项目数144个，同比增长0.7%，占全行业新开工项目数的1.8%。

与此同时，在政府引导、市场资源配置、企业自身发展需要等因素驱动下，2015年国内集成电路行业又涌现出多宗并购案例，并呈现出大规模"走出去"的新态势。如紫光集团在完成对展讯、锐迪科的收购后，2015年发起了多起海外并购活动，涉及总金额超过400亿元。此外，通富微电等骨干企业以及建广资本、清芯华创、北京闪胜等国内投资机构也完成了一系列海外收购项目。

第四章　2015年中国集成电路产业发展特点

第一节　产业面临重要变革期，关键环节竞争力明显增强

一、下游应用市场驱动、创新要素、竞争格局均在发生改变

（一）市场驱动方面

在过去的几年里，智能终端一直是集成电路市场的主要驱动力，2015年以智能手机为主的智能终端市场需求逐步放缓，其主要原因是中国智能手机市场正在成为换机市场，手机销量同比有所下降。智能终端增速放缓的同时，集成电路下游应用新需求正在酝酿，云计算、大数据、物联网、工业互联网所共同形成的新市场正在爆发式地增长。从计算机到智能手机，从消费电子到工业领域，5G通信、前端传感器、后端显示芯片等展现出蓬勃向上快速发展的趋势。同时，中国正在推动的"中国制造2025"在信息物理系统、工业互联网等方面带动新型传感器芯片、集成电路以及软件系统等融合发展，将进一步拉动新的市场需求。

（二）创新要素方面

新材料、新结构、新工艺带来了重大的技术变革，多技术融合创新，产业链生态融合与商业模式创新成为新的发展契机。当前摩尔定律发展步伐的放缓，人们不再一味追求核心产品线宽下降，CPU、存储器、模拟芯片、传感器、功率器件等的融合集成化成为又一热点，带来了新的市场机遇。超越摩尔定律的发展顺应了工业互联网、物联网的万物互联所带动的新需求，III-V族材料、碳纳米管、石墨烯等新型材料凭借优异的性能正在从实验室加速向产业化发展。在产业生态、技术多级融合的背景下，需要认识并抓住创新要素的变化规律，整合各类资源从

基础层面做大做强集成电路产业。

（三）竞争格局方面

今年全球集成电路领域竞争形势日益激烈，形成了一股并购热潮并发生多起大额并购，涉及交易金额共超过千亿美元。很多领域形成了2—3家企业垄断的新局面，产业格局面临重塑。一方面，强强联合给同领域的其他企业带来了更大的竞争压力，另一方面，为整合业务及避免垄断而进行的业务调整也给我国企业进入把握市场机遇或进入新领域提供了机会。此外，我国国家战略的组织实施及电子信息产业规模的扩大，培养了一批具备自主研发实力的系统集成厂商，而且双创工作持续深入推进，创新创业的氛围逐步形成，国内企业面临着前所未有的发展机遇。

二、产业结构不断调整优化，热点领域竞争力明显增强

近年来，我国集成电路产业发展逐步形成了设计、制造和封装测试三业并举、协调发展的格局。其中，芯片设计业2015年实现销售收入1325亿元，同比增长26.5%，远远超过全球集成电路产业发展增速，为国内的制造和封装测试业提供了更多订单，有效降低了产业链下游对外依存度过高带来的风险。展讯通信、海思半导体、联芯科技等国内IC设计企业成功研制移动处理器芯片及北斗芯片，极大地改善了我国自主移动智能终端芯片市场的地位，有望与高通、MTK、博通等国际芯片厂商竞争；中芯国际、华力微电子双双突破28纳米工艺；长电科技收购星科金朋后又与中芯国际合作布局先进封装，华天科技、通富微电也开展国际并购提升先进封装能力。

第二节　国内市场不断繁荣，国际企业纷纷进驻

一、国内市场充满机遇，为企业提供"市场机会窗"

我国目前拥有全球最大、增长最快的集成电路市场，在全球拥有超过一半的市场份额，且市场占比不断提升。汽车电子、智能家居、可穿戴设备、智慧医疗等新兴领域将为我国市场带来新的增长。以汽车电子为例，智能网联汽车对芯片的需求量远超以往，尤其是在包含wifi、蓝牙、NFC、无线充电等无线连接技术的驱动下，汽车电子将以每年10%—15%的复合增长率快速发展。在可穿戴设

备领域，将各种功能芯片贯穿到生活的方方面面和日常用品中，需要的集成电路产品极多。在世界半导体产业向亚太地区转移的大趋势下，巨大的应用市场，"中国制造2025"、"互联网+"行动计划、"双创"等顶层的政策支持及产业投资基金设立，都将中国推向世界集成电路发展的"风口"。国际地位的日益突出，使得越来越多的海外巨头谋求与国内企业合作。

二、国际企业高度关注中国市场，纷纷加码或进驻

为了更贴近市场需求，优化资源配置，Intel、IBM、高通等跨国企业纷纷通过战略投资、技术授权、先进产能转移等方式开始深度参与中国集成电路产业的发展。继厦门联电公司落户后，2015年6月，台湾半导体厂力晶宣布在合肥新区合资成立12英寸合肥晶合集成电路公司，投资金额达135.3亿元，生产线初期开展LCD驱动芯片代工业务，布局0.15、0.11微米与90纳米制程，月产能4万片。10月，英特尔宣布将其与美光合资开发的最新非易失性存储技术引入中国，并投资55亿美元升级原有的英特尔大连工厂以生产非易失性存储芯片。英特尔大连工厂在2007年建造，2010年正式投产，此次改造项目将于2016年底实现正式投产。12月，台积电正式宣布传闻已久的12英寸晶圆厂将落户南京江北新区浦口园区，该生产线采用16nm工艺，投资金额约为980亿新台币（30亿美元），预计2018年正式投产。国际企业看重大陆的市场和资源，是本轮生产线投资热潮的主要原因。想要发展集成电路产业，自主可控的核心技术必然可少。我国政府有关方面也是希望借合资之机，向国际巨头学习技术，做大做强产业。同时，也应看到全球半导体主要制造厂商纷纷在国内建厂，必将与本土制造企业形成竞争。

第三节　投融资瓶颈逐步缓解，跨国合作并购频发

一、大基金引领地方基金、社会资本开拓企业投融资渠道

经过多年的快速发展，我国已经具有不少具备实力的收购主体企业和营收在一亿元左右的IC设计标的公司，只不过很多企业缺乏合适的融资途径。国家集成电路产业投资基金成立后，不仅各类集成电路地方基金和专项基金纷纷出台，而且集成电路产业也引起了风险投资、主权投资等社会资金的关注。有了基金和

政策的支持，国内很多企业可以获得更多的发展资金或通过并购实现快速做大做强，实现集成电路领域的突破。可以看到投资并购潮不仅限于国内企业之间，也会向海外公司蔓延；同时，这一领域也有很多创业创新团队，投资渠道的打开会为这一领域注入新的活力。相信在各类基金及国家积极的财政政策的共同努力下，经过国内外的行业并购整合，五到十年内我国会出现规模位居全球前列的集成电路公司。

二、海外投资并购开启，布局高技术、高价值领域

继收购展讯和锐迪科后，紫光集团大举开展并购活动，布局"从芯到云"的整体战略。2015 年 5 月，紫光收购惠普旗下新华三通信技术有限公司 51% 的股权，成为控股股东，将业务拓展到数据存储、服务器等 IT 领域。11 月，紫光入股内存封测厂台湾力成科技股份有限公司，投资 6 亿美元获得力成约 25% 的股份，成为该公司最大股东。12 月，紫光投资 24 亿元成为台湾南茂科技股份有限公司第二大股东，并获得一个董事席位。此外，紫光还曾宣布对沈阳机床、西部数据以及矽品进行投资，但由于这些公司所处行业环境和资本市场的较大变化，使得几项投资计划均未完成。

除紫光外，2015 年中国资本对海外集成电路公司的投资并购还有多起。其中包括建广资本收购恩智浦 RF Power 部门、清芯华创收购豪威科技以及近期清芯华创联合华润微电子向仙童半导体发出收购要约等。12 月 8 日，芯成半导体正式从纳斯达克退市，表明以武岳峰为首的中国资本联合体对美国芯成半导体的收购案顺利完成。

封测领域，继长电科技收购星科金朋公司后，通富微电也出资约 3.7 亿美元收购 AMD 位于苏州和马来西亚槟城的高端集成电路封测厂，其主要产品包括 CPU、APU、GPU 以及游戏主机处理器等。设备领域，亦庄国投宣布以 3 亿美元收购美国半导体设备供应商 Mattson Technology。国内资本海外投资并购步伐的逐步加快，将逐渐缩小我国与世界龙头企业的技术差距。

第四节　系统集成商趋向自研芯片，增强竞争优势

终端市场竞争激烈，整机厂商自研芯片有望脱颖而出。当前，大部分终端设

备除在工业设计和其他一些小的方面之外并没有太多的实质性差异，各生产厂商所选择的核心芯片也大都来自 Intel、高通等几家主流芯片厂商，产品竞争优势并不明显。整机厂商通过自主研发芯片，可以根据自身产品的定位与特定性能在功率和性能方面做出调整，不仅能和其他厂商区分开来，而且能节约成本。"三业"分离的集成电路产业模式为终端厂商做芯片提供了良好的条件。在之前的 IDM 模式下，整机厂商自研芯片的成本极高，不仅需要巨额的投资，而且生产周期和产能利用率也无法保障。在设计业、制造业、封测业"三业"分离高度发展的今天，整机厂商根据自身市场需要设计芯片，并外协加工的模式，大幅降低了投入成本，竞争优势明显。2015 年国内很多系统集成商采用了自研芯片的发展模式。

华为是中国自行开发芯片最成功的企业之一，华为之所以在通信行业能够迅速崛起，关键得益于芯片开发，产品成本大幅降低，竞争力大大加强。从 1993 年华为研发程控交换机芯片开始，其不断储备技术和人才，通过自己设计芯片，提高了整机产品的竞争力。经过多年的积累，海思半导体开发出了自己的 4G 芯片，填补了国内高端手机芯片的空白，其麒麟系列芯片的自主技术优势有效地支撑了华为手机业务的发展。除此之外，许多非传统的半导体公司也陆续开展了集成电路芯片设计。小米此前借助联芯科技的芯片进一步降低成本取得了巨大的成功，提升了小米在中低端特别是低端手机的市场竞争力。当前市场上也传出小米与联芯合作研发自主处理器的消息，预计该处理器将于 2016 年初问世。海信也发布自主研发 SOC 级画质芯片，并表示将成立专门研发芯片的独立子公司，在芯片、模组、软件、系统、云服务五个方面逐步完善闭环。这些终端整机厂商自行设计芯片获得的巨大成功，使得国内其他整机企业也纷纷表示要研究自己的芯片。

整机厂商进入芯片研发给集成电路产业的竞争格局带来了巨大影响。首先，很多设计公司可能降为整机厂商的第二或第三供货源，那么设计厂商主导产业发展的力量就会不断降低。同时这也会让传统芯片厂商逐渐调整自己的战略定位，将自己变为多家系统整机厂商的第二或第三供货商。其次，EDA 工具与 IP 核的发展也将围绕系统整机厂商做出必要的调整。

第五节　联合研发趋势兴起，示范性微电子学院人才培育体系逐步落地

一、设计企业和制造企业不断开展联合研发

随着产业技术革新难度的加大，大企业要想保持竞争优势则需要更大的研发投入，单一企业的投资强度将无法满足未来产业发展的需求。在市场竞争及巨额投资的双重压力下，产业模式也开始产生变化，设计企业需要与制造企业开展紧密的合作，逐步走向联合研发模式。与此前的 IDM 拆分剥离减轻企业负担不同，现在的设计与制造结合是优势资源的集中利用。高通与中芯国际在 28nm 芯片制程上开展过合作。上海华力微电子最近也宣布与联发科合作的 28nm 芯片顺利设计定案。随着工艺制程的进一步提升，企业合作将更为广泛。2015 年 6 月，国内的中芯国际、华为与高通和比利时微电子研究中心（IMEC）联合投资成立中芯国际集成电路新技术研发（上海）有限公司，开发 14nm 先进工艺，该项目是集成电路制造企业与整机企业、研究机构充分整合优势资源，开展的全新合作模式。

二、示范性微电子学院落地，建设联合研发生态体系

2015 年 8 月，工业和信息化部、教育部、国家发改委等六部委联合发布关于支持有关高校建设示范性微电子学院的通知，确立支持清华大学、北京大学、中国科学院大学等 9 所高校建设示范性微电子学院，同时支持北京航空航天大学、北京理工大学等 17 所高校筹建示范性微电子学院。示范性微电子学院的建设是我国应对日趋激烈国际竞争，主动适应产业发展变革期，实施创新驱动发展战略所采取综合性人才培养计划。11 月，国家示范性微电子学院产学研融合发展联盟成立，进一步表明我国当前着重建设联合研发培养体系的决心。关注人才培养，深入推进教育教学体系改革，加强微电子学院可持续发展的各项保障，充分发挥产学融合发展联盟的作用，对我国集成电路产业生态体系建设具有重要作用。

行业篇

第五章 集成电路设计业

第一节 全球集成电路设计业

一、行业规模

近年来，全球集成电路设计业销售收入稳步增长，2010 年到 2015 年复合增长率为 6%。集成电路设计业受应用牵引，和整个集成电路市场增长趋势相近。2011 年受全球经济危机影响，设计业增长大幅放缓，由 2010 年的 19.2% 下降到 6.7%。随后在移动互联网的带动下，智能手机、平板电脑等移动终端兴起，使得集成电路设计业增速回升，2014 年设计业销售收入为 882 亿美元，同比增长 8.6%。2015 年由于传统 PC 销售收入出现负增长，移动智能终端应用需求速度增长放缓，

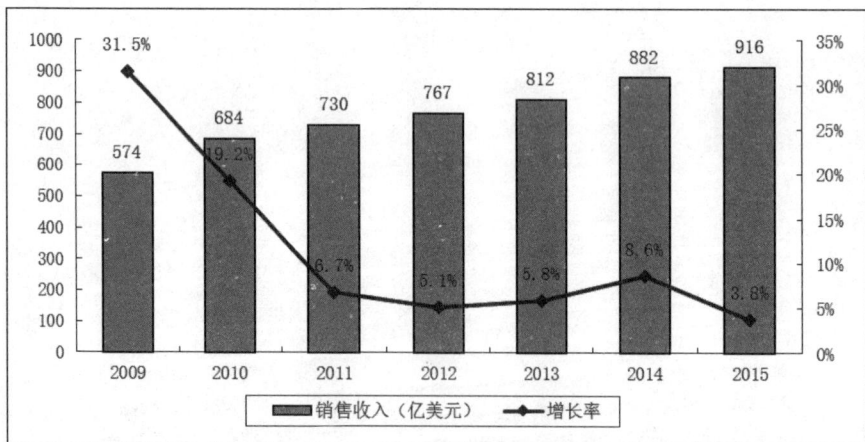

图5-1 2009—2015年全球IC设计业产值

资料来源：IC Insights，2015 年 10 月。

集成电路设计业增长速度随之下降，2015年设计业销售收入为916亿美元，增长率下降到3.8%，但是依然高于全球半导体市场的平均增速。预计随着云计算、大数据、物联网、可穿戴设备等新兴应用领域的兴起，集成电路设计业将在未来两年迎来新一轮发展机遇，销售收入突破千亿美元。

全球设计企业的产业规模和技术水平逐年提升，使得设计产业占全球半导体产业的比重保持较高水平，2010年以来稳定在26%左右。2015年设计业占比有小幅提升，从2014年的26.5%提升到26.6%。

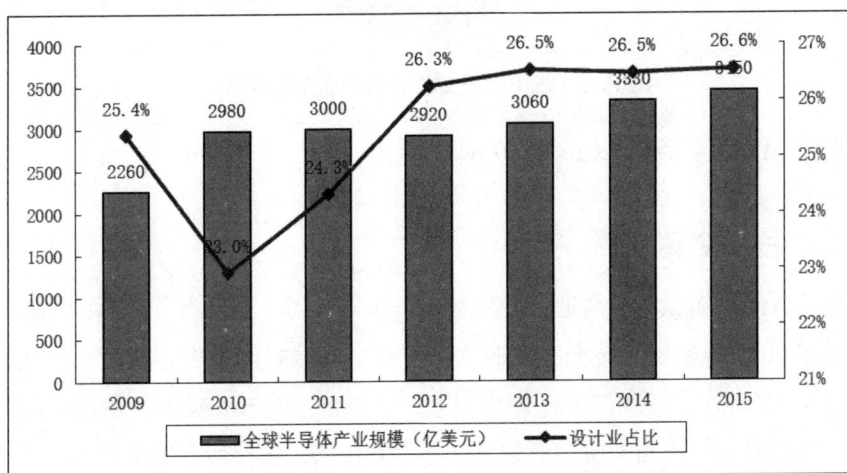

图5-2　2009—2015年IC设计产业占全球半导体产业规模比例

资料来源：WSTS，2015年10月。

二、行业布局

从区域分布看，全球集成电路设计业主要分布在美国、中国台湾、中国大陆、欧洲四大地区。美国设计业涉及领域广泛，企业数量众多，有高通、英伟达、AMD、美满等龙头企业，销售收入占全球比重最高，2015年市场份额高达63%。中国台湾地区排名第二，在消费电子、网络通信、计算机等领域拥有一批设计企业，其中联发科位列全球十大设计企业第三名，2015年市场占比为17%。中国大陆地区近年来设计业异军突起，海思、展讯跻身全球十大设计企业之列，在移动智能终端芯片领域市场占有率逐年提升，使得中国大陆地区集成电路设计业与国际先进水平的差距进一步缩小，市场占有率增长到9%，即将超过中国台湾地区成为全球第二大集成电路设计业聚集区。欧洲地区近年来受经济环境不景气影响，设计业占比逐渐下降，2015年在全球的市场份额占比为3%。

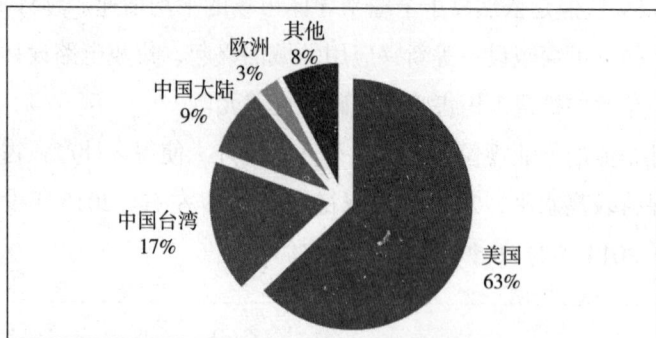

图5-3　2015年全球IC设计产业区域分布

资料来源：赛迪智库整理，2015年10月。

三、技术发展

移动智能终端领域，高通、联发科、三星等公司分别发布了最新的芯片。高通公司在2015年初发布骁龙810芯片，针对中高端智能手机，随后在年底发布新款骁龙820芯片，采用14nm制程工艺，高通自主的Kro架构，是高通首款64位4核处理器，性能和能效方面较810均提升两倍，支持所有网络制式，并在视觉、听觉以及连接性三个方面都有较强的性能。另外高通今年为进军无人机市场，基于骁龙801芯片开发了骁龙Flight平台，配备2.26GHz的四核处理器，能够提供更好的视频解码和支持双影像处理。联发科年底发布Helio X20处理器芯片，采用Tri-Cluster处理器架构，包含两颗ARM Cortex-A72组成的单架构，以及两个内含四颗ARM Cortex-A53的架构，比以往传统双丛集架构处理器降低30%的功耗。终端企业自主研发芯片的趋势逐渐明显，包括苹果、三星和华为都发布了新款处理器芯片。苹果今年九月推出了A9处理器，采用64位ARM架构，基于16/14nm工艺制程，比上一代A8在CPU效能高70%，绘图效能高90%，已经在苹果iPhone 6s手机上得到应用。同时苹果下半年成功研发A10处理器，预计在2016年第一季度量产。三星在高通发布骁龙820之后，发布了新一代Exynos 8 Octa 8890芯片和14nm FinFET工艺制程，基于ARM 64位架构设计，与上一代Exynos 7 Octa相比，性能和用电效率分别提升了30%和10%。

计算机芯片领域，英特尔推迟了2014年应推出的Broadwell架构，在2015

年中期推出，是 Haswell 微架构的 14nm 制程改进版。新架构采用多芯片模组设计，电压调节模组从 CPU 分离出来，以减少热量产生，Broadwell 可配合 Intel 9 系芯片组使用。英特尔分别推出了适用于笔记本电脑的 Broadwell–U 处理器和适用于台式电脑的 Broadwell–C 处理器。AMD 新版架构为 Carrizo APU，主要发布了移动版和低功耗移动版，将 CPU 升级到第四代模块化架构 Excavtar，GPU 升级到新一代 GCN 架构，工艺制程仍采用 28nm，2016 年 AMD 将发布新一代 Zen 架构处理器。

消费电子领域，随着苹果发布 Apple Watch 智能手表，可穿戴设备市场热度提升，相关企业陆续发布可穿戴设备的 MCU、MEMS 新款芯片。瑞萨电子发布 32 位 MCU，用于工业、医疗以及可穿戴设备，采用 RXv2 CPU 核心，提供 DSP/FPU 运算能力组合，可降低电流耗用量，并以较快的速度处理高运算负载作业。意法半导体发布 STM32L4 系列 MCU，采用 32 位 Cortex-M4 架构，内置 FPU 和支持 DSP 指令，具有超低功耗，128KB SRAM，1MB Flash。Atmel 发布 SAM C 系列 MCU 芯片，Cortex-M0+ 架构，整合 DMA、PTC 和防水性能，32KB SRAM，256KB Flash，具备 EMI 和 ESD。

四、重点企业排名

2015 年由于半导体领域兼并重组事件频发，使得企业排名变化较大。全球十大设计企业中，有 6 家来自美国、1 家来自中国大陆、1 家来自新加坡、2 家来自中国台湾。2014 年的前十大设计企业中有两家被并购，排名第五的安华高收购第二的博通，排名第十的 Altera 被英特尔收购，使得进入前 20 的中国大陆企业增加到 2 家。2015 年有 6 家设计企业销售额出现负增长，营收出现不同程度的减少。高通连续十年高居全球设计企业第一的宝座，2015 年由于大客户三星采用了自主研发的 Exynos 系列处理器，使得高通的手机芯片产品销量下滑，营收同比下降 17%。安华高通过收购博通排名上升至第二位，同时通过业务整合和全产业链布局，营收达到 153.8 亿美元，同比增长高达 22%。联发科排名保持不变，虽然在智能手机处理器芯片方面抢占了高通一定的市场份额，但是由于智能手机需求放缓，产品相对高通偏中低端等因素影响，2015 年销售收入也降低 5% 至 67 亿美元。AMD、美满电子、Xilinx 等公司受市场环境和竞争压力的影响，营业收入也都出现不同程度的降低。芯片设计营收增长最快的公司为苹果，在自有品牌 iPhone 系列手机、iWatch 等产品的拉动下，苹果处理器销售收入暴增

104%至29.9亿美元，排名位居前十大设计企业的第7位。中国大陆的两家设计公司海思和展讯表现良好，海思半导体排名上升两位至全球设计企业前六，展讯从15名跃升到第14名。华为的智能手机中近半数采用了海思自主研发的处理器芯片，为海思半导体提供了稳定的市场空间。展讯在获得英特尔入股后，研发实力大增，同时由于英特尔先进制程的代工便利，未来将继续保持快速发展。

表 5-1　2015 年全球十大设计企业排名（单位：亿美元）

排名	公司名称	总部所在地	2015年销售收入	2014年销售收入	增长率
1	Qualcomm	美国	160.3	192.9	−17%
2	Avago/Broadcom	新加坡	138.8	129.6	22%
3	MediaTek	中国台湾	67.0	70.3	−5%
4	Nvidia	美国	46.3	43.8	6%
5	AMD	美国	39.9	55.1	−28%
6	HiSilicon	中国	32.7	23.8	38%
7	Apple/TSMC	美国	29.9	14.6	104%
8	Marvell	美国	28.8	37.3	−23%
9	Xilinx	美国	22.1	24.3	−9%
10	Novatek	中国台湾	16.1	17.8	−10%

资料来源：IC Insights, 2016 年 2 月。

第二节　我国集成电路设计业

一、行业规模

2015 年，在国家政策的扶持和市场的带动下，我国集成电路设计业继续保持了良好的增长态势，产业规模稳步扩大，产业生态环境进一步得到优化。从 2005 年到 2015 年，中国集成电路设计业规模扩大了 10 倍以上，年均复合增长率高达 26.6%，成为产业链各环节中增长速度最快的部分。中国拥有全球最大、增长速度最快的集成电路市场，集成电路设计业主要受市场需求驱动，随着传统 PC 市场的逐渐萎缩和移动智能终端的增长趋稳，云计算、物联网、大数据等新兴应用市场成为集成电路设计业的增长点。根据半导体行业协会的统计数据显示，2015 年集成电路设计业销售收入为 1325 亿元，比 2014 年的 1047.4 亿元增长了 26.5%，占全球设计业的比重从 2014 年的 18.7% 提升到 22.6%。

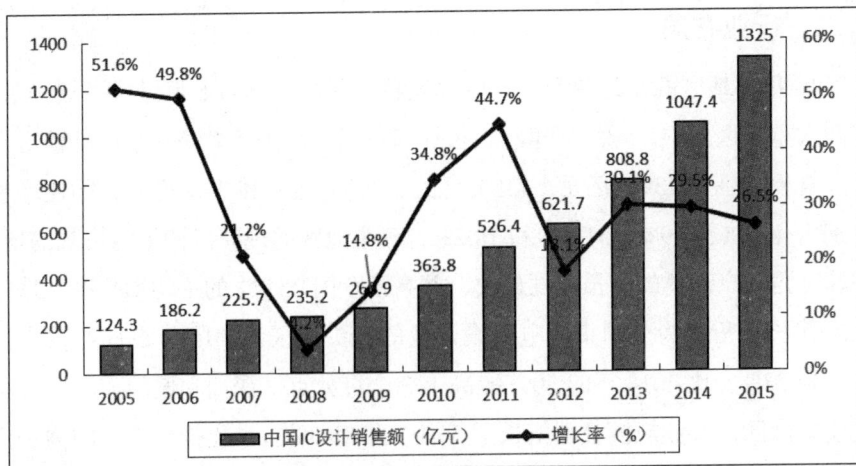

图5-4 2005—2015年中国集成电路设计业销售收入

资料来源：中国半导体行业协会，2015年12月。

中国集成电路产业在发展初期，主要以技术含量低、资金门槛适中的封测业为切入口，其在整体产业中的比重一度接近80%。随后经过一段时间产业的积累，技术水平逐步提升，2005年以来，产业带动性强、技术含量高的设计环节快速发展，占集成电路产业的比重从17.7%提高到36.6%，产业发展呈现良性互动的良好格局。

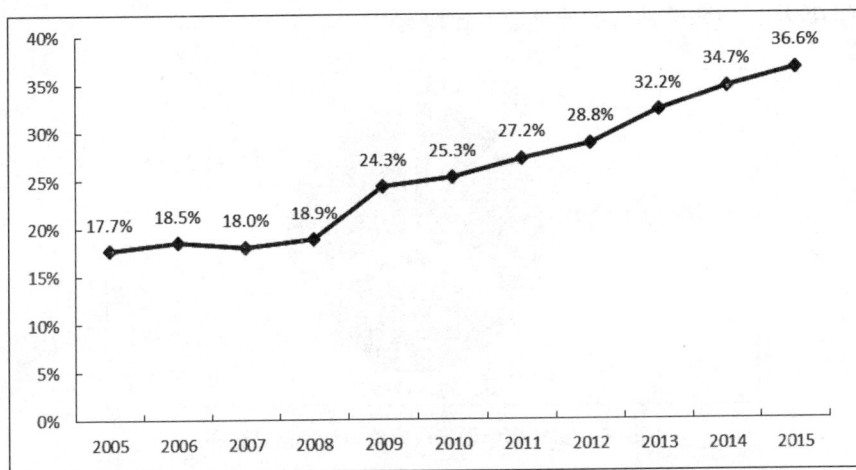

图5-5 2005—2015年中国设计业占集成电路产业销售收入的比重

资料来源：中国半导体行业协会，2015年12月。

二、行业布局

2015年各地区的设计业产业规模发展趋于平衡，总体上都保持了较快增长。全国四大重点区域中，珠江三角洲、长江三角洲、京津环渤海和中西部地区设计业产业规模分别为439.9亿元、425.8亿元、295.2亿元和73.2亿元，同比增长速度分别为46.1%、7.9%、31.4%和18.2%，三个地区的规模保持了两位数的增长。其中珠三角和京津冀的增长速度最快，并高于全国25.6%的平均增长率。珠三角地区取代长三角成为全国集成电路设计业的龙头地区，2015年设计业占全国的比例达到33%，比2014年的30%提高了3个百分点，深圳和厦门成为设计企业的主要集聚区，产业规模分别增长了56.1%和28.8%。占比排名第二的为长三角地区，设计业占比为32%，但是增长速度放缓，比全国平均增速低了18个百分点，苏州和上海为长三角设计企业的主要分布地区，无锡设计业产值下降明显，呈现负增长，其中合肥为今年新增的统计城市，由于为集成电路企业提供了优越的发展环境，吸引了一批设计企业进驻。京津环渤海地区占比为23%，设计业增长速度较快，比全国平均速度高出6个百分点，其中北京的设计业更是大幅上涨59.8%。中西部地区产业规模占比较小，主要以成都、西安等城市为主，长沙为今年新增的统计企业，由于今年大基金投入国科微电子以及IGBT产业的发展，使得产业规模稳步提升。各地区的产业发展各有增减，使得国内的设计业产业分布更加均衡，中西部地区的设计业开始崛起。

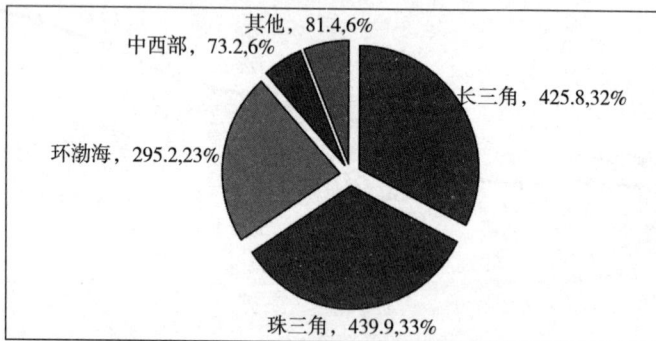

图5-6 2015年中国集成电路设计业区域分布

资料来源：中国半导体行业协会设计分会，2015年12月。

表 5-2　2015 年各地区集成电路设计业情况（单位：亿元）

地区	城市	2014年	2015年E	增长率
长三角	上海	241.5	278.2	15.2%
	杭州	35.8	36.8	2.7%
	无锡	60.0	48.6	−19.0%
	苏州	22.0	25.8	17.2%
	南京	35.3	35.0	−0.8%
	合肥	—	1.38	—
	小计	394.6	425.8	7.9%
珠三角	深圳	243.5	380.0	56.1%
	珠海	19.2	17.8	−7.4%
	香港	9.2	9.2	0.7%
	福州	15.3	14.9	−2.7%
	厦门	14.0	18.0	28.6%
	小计	301.2	439.9	46.1%
京津环渤海	北京	170.2	272.0	59.8%
	天津	39.5	12.0	−69.6%
	大连	8.0	6.1	−23.7%
	济南	7.1	5.1	−27.5%
	小计	224.7	295.2	31.4%
中西部	成都	31.2	31.0	−0.7%
	西安	22.5	28.6	27.1%
	重庆、绵阳	8.2	9.5	15.1%
	长沙	—	4.14	—
	小计	61.9	73.2	18.2%
总计		982.5	1234.2	25.6%

资料来源：中国半导体行业协会设计分会，2015 年 12 月。

　　从产品领域分布来看，2015 年设计业主要产品分布在通信、消费电子和模拟三大领域，占据了近 80% 的市场份额。在通信、模拟、消费电子、多媒体、功率、计算机、智能卡和导航八大领域中，其中有 5 个领域的企业数量增加，3 个领域的企业数量下降。通信领域由于巨大的市场容量和良好的成长性，吸引了大批企业进入该领域，2015 年企业总数从 109 家增长到 157 家，销售总额大幅增长 45.4%，达到 597.8 亿元，占国内设计业营收总额的 48%。受移动智能终端、可穿戴设备、物联网等应用领域的带动，消费电子类设计企业营收为144.3亿元，同比增长42.2%，增长速度仅次于通信领域，占设计总额的比例为12%，设计企业数量从104家增长到113家。第三大产品领域为模拟芯片，由于模拟芯片市场相对稳定，技术需要长期的积累，同时我国企业在这个领域的技术积累达到了一定的阈值，呈现出突破增长的态势，2015年销售收入大幅增长36.5%，企业数量从139家增长到164家。八大领域中计算机、多媒体、功率类产品营收降低，分别降低3.8%、5.4%和10.4%。计算机在智能手机的冲击下，销量逐渐下降，进而影响了CPU、存储、外设等芯片设计企业的营收，企业数量也出现相应的下降，从58家减少到51家。

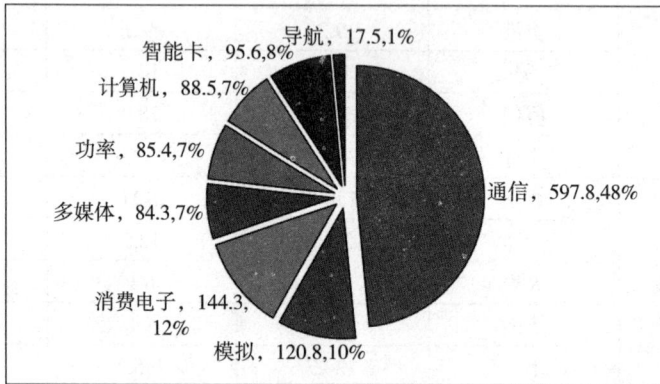

图5-7 2015年集成电路设计业产品分布

资料来源：中国半导体行业协会设计分会，赛迪智库整理，2015年12月。

表5-3 2014—2015年不同产品领域设计企业分布（单位：亿元）

序号	领域	2015年			2014年			同比增长
		企业数	比例	销售收入	企业数	比例	销售收入	
1	通信	157	21.3%	597.8	109	16.0%	411.1	45.4%
2	模拟	164	22.3%	120.8	139	20.4%	88.5	36.5%
3	消费电子	113	15.4%	144.3	104	15.3%	101.4	42.2%
4	多媒体	93	12.6%	84.3	98	14.4%	89.1	−5.4%
5	功率	86	11.7%	85.4	115	16.9%	95.3	−10.4%
6	计算机	51	6.9%	88.5	58	8.5%	92.0	−3.8%
7	智能卡	39	5.3%	95.6	35	5.1%	90.4	5.8%
8	导航	33	4.5%	17.6	23	3.4%	14.7	19.3%

资料来源：中国半导体行业协会设计分会，赛迪智库整理，2015年12月。

三、技术发展

2015 年，在《国家集成电路产业发展推进纲要》、"中国制造 2025"等政策环境的推动下，中国集成电路设计业总体发展态势良好，技术水平不断提升，在一些领域与国际先进水平的差距逐渐缩小，移动智能终端、CPU、智能电视芯片等领域出现重大突破。随着 PC 出现负增长，智能手机增长速度放缓，云计算、大数据、物联网、可穿戴设备、智能制造等新兴领域成为集成电路设计业的主要增长点。

移动智能终端芯片领域：紫光集团通过相继并购国内前两家通信企业展讯通信和锐迪科，迅速成长为国内重点企业，展讯目前拥有高、中、低端产品搭配的完整产品线，移动智能终端芯片产品年出货量近 6 亿个，市场占有率达到 30%，成为继高通、联发科之后全球第三大智能终端芯片企业，在获得英特尔入股后，更是发展迅速，今年发布了 SC9830A 和 SC7731G 两款产品，采用 28nm 的四核 SoC 平台，支持五模 LTE，集成了展讯自主研发的 WIFI/ 蓝牙 /GPS/FM 连接芯片，在中国及全球市场实现了大规模量产；海思半导体依托华为的整机产品优势，不断改进产品性能，今年发布了最新的手机处理器芯片麒麟 950，采用台积电 16nm 工艺制程，ARM 的"A72+A53"核心架构，全新的 MaliT880 图形处理器，芯片在提升数据和图形性能的同时，整体功耗降低 20%，产品性能比肩高通骁龙 820 以及三星的猎户座 7420，并在华为最新的 Mate8 手机中得以应用。

CPU 芯片领域：龙芯系列 CPU 芯片在市场应用局面逐渐打开，今年正式推出了名为"LoongISA"的龙芯自主指令系统，新一代高性能处理器微结构"GS464E"，新一代处理器"龙芯 3A2000"、"龙芯 3B2000"以及龙芯基础软硬件标准及社区版操作系统"LOONGNIX"，使得国产 CPU 的自主研发水平跃升到了一个新的台阶，部分芯片在数控机床等专用领域获得批量应用，向产业化迈出了坚实的一步；上海兆芯通过"引进、消化、吸收再创新"研发自主的桌面计算机 CPU、GPU 和芯片组等产品，兆芯的 Elite2000 被用在机顶盒上，该 GPU 和英伟达 X1 的 GPU 一样拥有 256alus，芯片面积性能足以和国际先进水平媲美，在特定市场领域的应用有较大进展；海思半导体基于 ARM 架构，采用 16nm 工艺研发服务器 CPU 芯片，产品已经问世，在华为的服务器上得到使用；杭州中天以嵌入式 CPU 为核心积累了丰富的软硬件设计和 SoC 设计经验，包括自主指令系统、高性能低功耗体系结构、处理器设计与验证平台等，CK 系列嵌入式微处理器累计出货超过 2 亿颗，2015 年在国产嵌入式 CPU 的市场占有率超过 70%。

存储器领域：紫光集团通过资本运作，收购同方国芯和西安华芯，入股台湾力成、南茂等存储器封测企业，进军存储器芯片领域；国内上海澜起拥有高速、低功耗的设计技术，为新一代服务器平台提供高性能的内存接口解决方案，研发的 DRAM 存储器控制芯片是通过英特尔认证的两个产品之一，在该领域占据全球第一的市场份额，先后推出了完全符合 JEDEC 标准的 DDR2 高级内存缓冲器（AMB）、DDR3 寄存缓冲器及内存缓冲器（MB）、DDR4 寄存时钟驱动器（RCD）及数据缓冲器（DB）等芯片，缓存控制芯片的设计水平处于国际领先水平。在闪存芯片方面，北京兆易创新继续深耕 NOR Flash 市场，在 45nm 工艺下继续开发 256MB、512MB、1GB 等大容量 NOR Flash 产品，全年出货量超过 15 亿只，占据全球 29% 的市场份额，在国内的市场占有率超过 55%。

CMOS 图像传感器芯片领域：今年 8 月，以清芯华创为首的中国财团收购了全球第二大图像传感器芯片企业 OmniVision，大大增强了国内的研发和技术实力，OV 在国内图像传感器领域具有最大的市场份额；上海格科微电子已经成为国内规模最大、技术最先进的 CMOS 图像传感器设计公司，近日基于台积电的 12 寸90nm 逻辑平台研发的"透硅成像"（TSI）图像传感器制造技术取得成功，即将进入量产阶段，格科微全年出货量超过 10 亿颗，同比增长 10%，占据全球近30% 的市场份额；北京思比科主攻中低端市场，今年出货量达到 4 亿颗，全球的市场占有率约为 10%，成功开发了多款国内领先的高性能图像传感器芯片。

智能电视芯片领域：海思半导体主导研发的智能电视芯片达到国际领先水平，打破了国外厂商垄断，在创维等电视整机企业得到批量应用，出货量达到百万颗量级，有望在 2016 年获得更多电视厂商的订单，冲击千万颗出货水平；Amlogic在 2015 年推出一系列的 64 位芯片，有高性价比的 S905，同时也推出更高性能的 S912。其中，S905 系列芯片是 64 位高性价比芯片，能满足目前以视频播放为主的 OTT 的应用，具有高性能、高集成度、低功耗和低成本等综合优势。

光通信芯片领域：厦门优讯公司成功研发出 2.5G 和 10G 光通信系列芯片，产品批量进入市场，2.5G 芯片国内市场占有率超过 40%，光纤宽带 PON 传输芯片国内市场占有率达到 20%，2015 年出货量超过 3000 万颗，累计出货 1.3 亿颗，表现出极强的市场竞争力和发展潜力。

四、重点企业排名

2015 年，我国设计企业的整体实力稳步提升。从企业经营情况看，全年有143 家企业销售收入过亿元，同比 2014 年增长 6.7%，超过 1 亿元的企业销售收入总和达到 990 亿元，占设计业销售收入总额的 80.2%，比上年的 799.1 亿元增加了 23.9%；销售额在 5000 万元到 1 亿元规模的企业数量也逐渐增长，从去年的 158 家增加到 169 家，同比上涨 7%；企业收入在 1000 万元到 5000 万元的数量从 198 家增长到 204 家，出现小幅上涨；企业收入小于 1000 万元的数量同样有所增加，从 191 家增长到 220 家。受整个经济环境的影响，2015 年盈利企业的总数为 409 家，比去年减少了 18 家,不盈利的企业从 254 家增加到今年的 327 家。通过对排名前 100 的设计企业进行分析，得到设计企业平均毛利率为 29.6%，同比上年下降了 1.3 个百分点。

表 5-4　2015 年中国设计企业销售收入情况统计

销售额	>1亿元	5000万元—1亿元	1000万元—5000万元	<1000万元
2015年企业数	143	169	204	220
2014年企业数	134	158	198	191
增长率	6.7%	7.0%	4.0%	15.2%

资料来源：中国半导体行业协会设计分会，赛迪智库整理，2015 年 12 月。

从设计企业从业人员规模来看，人员规模大于 500 人的设计企业总数较为稳定，大于 1000 人的企业数和 2014 年持平，人数在 500 到 1000 人的设计企业数量比去年减少 1 家。但是企业人员规模在 100 到 500 人的总数变化较大，从2014 年的 60 家增加到 113 家，在整个设计企业的占比提升到 15.3%，主要是因为这一规模的企业在发展中迅速扩张，人员规模随之扩大。人员规模在 100 人以下的企业数量为 601 家，在总体设计企业增加 55 家的情况，小微企业的比例出现明显下降，比上年减少了 6 个百分点，说明我国设计业的企业质量有所提升。

表 5-5　2015 年设计企业人员规模情况

人员规模	n≥1000	1000>n≥500	500>n≥100	n<100	总计
2015年企业数	7	15	113	601	736
占比	1%	2%	15.3%	81.7%	100%
2014年企业数	7	16	60	598	681
占比	1.0%	2.3%	8.8%	87.8%	100%

资料来源：中国半导体行业协会设计分会，2015 年 12 月。

2015 年，我国设计业集中度进一步提升，十大设计企业的销售总额从 416 亿元增加到 554 亿元，占整个设计业总额的比重提升到 43.8%，比上年提升了 2.5 个百分点。十大设计企业排名的门槛提升到近 20 亿元，销售收入平均增长率为 33.1%，比全行业的平均值高出 7 个百分点，平均毛利率为 40.3%，比 2014 年的 37.1% 提高了 3.2 个百分点。从分布来看，长三角地区有 4 家，珠三角地区有 3 家，京津环渤海地区有 3 家。深圳海思半导体连续 6 年蝉联中国设计企业排名榜首位置，2015 年销售收入高达 221 亿元，同比增长 51.4%。根据 IC Insights 的排名显示，海思进入全球十大设计企业第 6 名。2015 年展讯和锐迪科合并成立清华紫光展锐公司，销售收入达到 109.9 亿元，同比上年增长 16.9%，在被紫光收购私有化退市后，获得英特尔的入股，研发实力和产品技术水平快速提升，今年有望进入全球前十大集成电路设计企业的行列。从增长速度来看，前十大企业中有两家出现负增长，分别为大唐半导体和上海格科微电子；深圳中兴微电子增长速度最快，排名上升 2 位为国内第 3，销售收入增长率达到 66.7%；深圳敦泰科技成为首次进入榜单的十大设计企业，销售收入增长速度 11.1%，排名第 7。

表 5-6　2015 年中国十大集成电路设计企业排名（单位：亿元人民币）

排名	公司名称	2015年销售收入	2014年销售收入	增长率
1	深圳海思半导体有限公司	221.0	146.0	51.4%
2	清华紫光展锐	109.9	94.0	16.9%
3	深圳中兴微电子技术公司	51.0	30.6	66.7%
4	华大半导体有限公司	33.8	32.1	5.3%
5	大唐半导体设计有限公司	31.0	31.3	−0.9%
6	北京智芯微电子科技公司	29.2	24.8	17.7%
7	敦泰科技（深圳）有限公司	22.0	19.8	11.1%
8	杭州士兰微电子有限公司	20.1	19.6	2.6%
9	北京中星微电子有限公司	18.5	17.5	5.7%
10	格科微电子（上海）公司	17.9	20.4	−12.3%
	合计	554.4	416.3	33.2%

资料来源：中国半导体行业协会设计分会，赛迪智库整理，2016 年 3 月。

第六章　集成电路制造业

第一节　全球集成电路制造业

一、行业规模

2015 年，全球集成电路制造环节竞争加剧，主流制造工艺由之前的 28nm 向 16/14nm FinFET 工艺延伸。2015 年全年，全球集成电路晶圆代工业的产业规模为 503 亿美元，同比 2014 年规模增长 6.0%。

二、行业布局

据 IC Insight 统计，2015 年底全球集成电路已装机月产能中，中国台湾首度超越韩国排名全球第一。其中折合成 8 英寸晶圆，中国台湾月产能达 354.7 万片，占全球比例为 21.7%；韩国折合成 8 英寸晶圆的月产能为 335.7 万片，占全球市场比例为 20%。从 2011 年起，中国台湾超越日本成为全球第一大晶圆制造地区，主要因为台积电近年来积极扩建 12 英寸晶圆厂（韩国三星及 SK 海力士等集成电路大厂，在美国及中国大陆设立的晶圆厂产能没有计算在韩国地区，也是重要的影响因素）。2015 年，日本的 8 英寸晶圆（折合）月产能达到 282.4 万片，全球市场占有率为 17.3%，排名全球第三；北美地区的月产能为 232 万片（折合 8 英寸），占全球市场 14.2%，排名全球第四；中国大陆地区的 8 英寸（折合）月产能达到 159.1 万片，全球市场占有率为 9.7%，超越欧洲地区排名全球第五。欧洲的 8 英寸晶圆月产能为 104.6 万片，全球市占率为 6.4%。

三、技术发展

（一）制程节点

全球晶圆代工技术制程节点正在朝着摩尔定律继续演进，2015 年已实现 14 纳米半导体制造工艺，部分企业正在研发 7 纳米及以下制程节点技术。从全球范围来看，截至 2014 年底，有 7 条产线 16/14 纳米制程技术实现量产，25 条产线 25/19 纳米技术实现量产，23 条产线 32/28 纳米制程技术实现量产。从代工产品来看，处理器芯片和 NAND Flash 存储器制造对线宽要求较高。2014 年 14 纳米处理器芯片已经实现量产，并朝着 10 纳米以下技术演进。NAND Flash 存储器也已经进入 1y 纳米制程范围，目前正在向 3D 堆叠技术发展，以寻求降低成本和扩大存储容量。DRAM 存储器目前实现 22 纳米制程的量产，正在进一步缩小制程线宽，研发 20 纳米工艺制程技术。大规模逻辑电路和模拟电路芯片数量很大，品种繁多，一般为专用电路芯片，对制程的要求较低，目前主要集中在 90/65 纳米制程范围。

（二）FinFET 晶体管结构和 FD-SOI 制程技术

当半导体器件特征尺寸向着 20nm 以下方向推进时，传统的平面 MOS 晶体管的特性遇到了多方面的挑战。在这决定半导体制造技术发展方向的重要历史拐点上，Intel 提出了发展 FinFET 的技术路线，而 IBM 提出了 FD-SOI 的解决方法。

Intel 早在 2011 年就突破了 FinFET 的制造工艺技术。2012 年 3 月 Intel 宣布采用最小线宽为 22nm 的 FinFET 成功量产了 IVY Bridge 处理器。该 CPU 芯片面积为 25×25 平方毫米，拥有 14 亿只晶体管。与 32nm 平面晶体管 CPU 相比，开关速度提高了 37%，功耗降低了 50%。目前，Intel 正在开发 14nm 制程技术，但 2014 年已经实现量产。从 2015 年起 Intel 将陆续进入 10nm、7nm 和 5nm 等更新的技术节点。Intel 对于集成电路制造技术的积极推进可使摩尔定律再延续至少 10 年。

与此同时，三星和格罗方德也分别提出了研发 14nm FinFET 的行动计划。据 EETimes 报道，2012 年 7 月台积电与 ARM 签署了一项长期合作协议，协议规定双方以 ARM V8 微处理器作为研究对象合作使用 FinFET 技术来研发 ARM V8 生产工艺。台积电计划在 2015 年实现 16nm FinFET 制程量产。

近两三年来全球还在探索另一种工艺技术以实现 14nm 及以下线宽制程，即全耗尽绝缘层上硅（FD-SOI）技术。这是一种基于目前平面 CMOS 芯片制造工艺的结构延伸。IBM、ST、格罗方德和联电等正在同时积极研究这种技术。台积电一方面在进行 FinFET 制程工艺研发，同时又加入 IBM 阵营合作进行 FD-SOI 工艺技术研发。FD-SOI 技术的要点在于要制造出绝缘层上超薄体单晶硅（UTB-SOI）上很薄的硅单晶膜。膜的厚度应限制在 MOS 晶体管栅长的 1/4 左右，这在工艺上难度很大。但是，2009 年以来法国 Soitec 公司开始推出 300mm UTB-SOI 晶圆样品。这为 UTB-SOI 技术的实用化铺平了道路。台积电会在 14nm 节点开始采用 FinFET 技术，同时也会向需要低功耗产品的用户推出 UTB-SOI 技术制程的工艺服务。而由于 FinFET 的投资较高，联电也表示有可能转向开发 UTB-SOI 技术制程。业界认为在未来一段很长时间内，FinFET 和 FD-SOI 两种技术将会长期并存，这给予芯片设计者以可选择的余地。

四、重点企业排名

（一）产能情况

全球集成电路制程产线产能从 2000 年的较为分散，发展到 2015 年主要集中在少数几家制造业巨头手中。不论是 IDM 企业还是纯代工企业，2015 年几家龙头企业的产能占有率达到 70%—80%。根据 IC Insights 的最新预测数字，2015 年全球芯片供应商排行榜上，将出现 25 年以来第二次集成电路制造商整体业绩表现超过芯片设计提供商的情形。造成这种情况的主要原因之一，是三星决定舍弃高通的产品，改用自家 Exynos 应用处理器。2015 年，全球前十大 IDM 业者的销售额总计总体呈现持平。根据 IC Insights 的统计数据显示，上一次全球 IDM 厂业绩成长表现超越芯片设计提供商，是在 2010 年，两大阵营各自成长 35% 与 29%，那一年芯片制造环节正从 2009 年的大衰退中复苏。从 SEMI 的统计结果可以看出，2015 年，全球集成电路 IDM 厂商前五家变为英特尔、三星、海力士、美光、德州仪器，可以预计，随着集成电路制程节点的进一步缩小，制造技术难度成倍增加，使得半导体制造厂商呈现大者恒大的态势，未来产能将进一步集中在少数几家企业中。

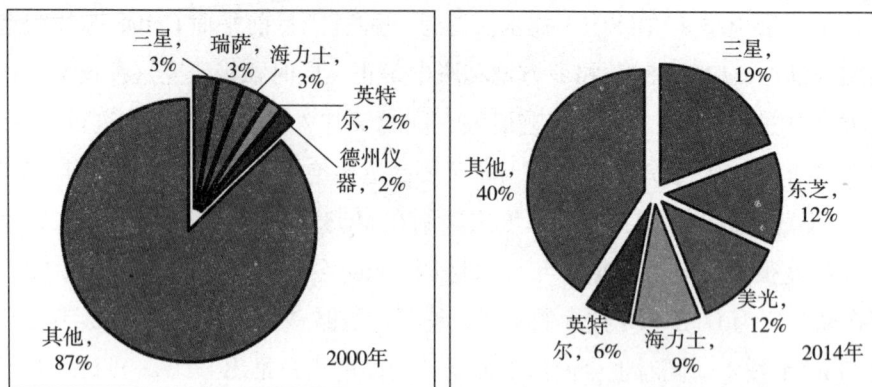

图6-1 2000年和2014年IDM企业产能占比情况

资料来源：SEMI，2015年1月。

全球代工企业产能变化也呈现相似的特征。2000年全球前四家代工企业产能占比仅为40%，但是2014年增加到60%。从2014年情况来看，台积电产能一家独大，占全球总产能的30%。格罗方德、联电、三星分别占比11%、10%和7%。

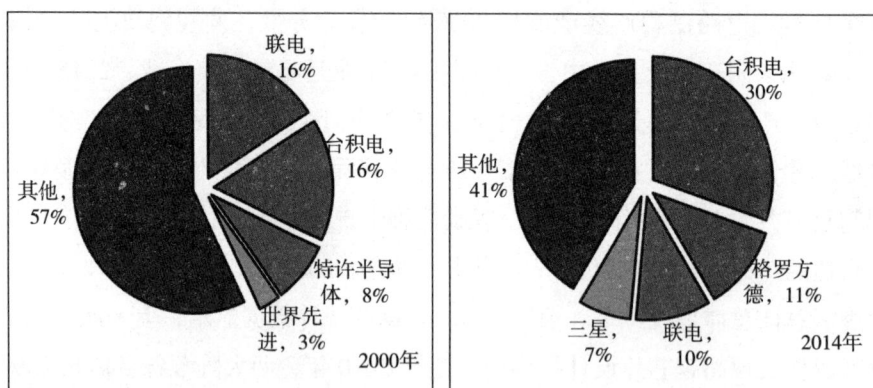

图6-2 2000年和2014年Foundry企业产能占比情况

资料来源：SEMI，2015年1月。

IC Insights发布了2014年全球主要芯片厂商12英寸晶圆产能的具体情况。其中三星、美光、东芝/闪迪、海力士、台积电占全球12英寸晶圆产能的前5位，其中前四位都是存储器企业。前11位的企业占据了全球93.2%的产能份额，八家企业的月产能超过10万片，2010年前十大制造企业产能份额为85%，说明IC制造业产能更加集中。三星以高达98.5万片/月的产能情况位居榜首，并且在 2015 年进一步扩充产能，占据了全球 23.5% 的产能份额，主要生产 DRAM 和 Flash 存储器。美光在收购日本尔必达公司以后，得到尔必达在日本的两条产能，因此产能也有所增加，月产能增长到 62.7 万片，同比增长 17%。格罗方德的 12 英寸晶圆产能增长迅速，从 2013 年的月产能 14.5 万片迅速增长到 19.3 万片，增长率高达 33%。

表 6-1 2014 年全球 12 英寸晶圆产能情况

排名	厂商	2014年	
		月产能（千片）	占比
1	三星	985	23.5%
2	美光	627	15.0%
3	东芝/闪迪	525	12.5%
4	海力士	470	11.2%
5	台积电	430	10.3%
6	英特尔	350	8.4%
7	格罗方德	193	4.6%
8	联电	110	2.6%
9	力晶	90	2.2%
10	德州仪器	61	1.5%
11	南亚科	61	1.5%
	合计	3902	93.2%

资料来源：IC Insights，2015 年 1 月。

（二）销售收入

从销售收入情况来看，2014 年全球重点晶圆代工厂排名情况如表 6-2 所示。中国台湾的代工大厂台积电以 253.7 亿美元的销售收入高居榜首，比 2013 年增长了 27.8%，市场份额高达 52.9%。美国的格罗方德排名第二，销售收入同比增长 10.0%，达到 46.9 亿美元，在全球的总销售额中占比为 9.8%。排名第三的公司为来自中国台湾的联华电子，市场份额近 9.3%。中国大陆的中芯国际排名第五，销售收入比 2013 年小幅下降，2014 年销售收入为 19.7 亿美元。2014 年全球制造业企业中销售收入增长幅度最大的是以色列的 TowerJazz，从 2013 年到 2014 年增长率高达 57.2%，排名大幅度上升，2014 年实现销售收入为 8.0 亿美元，排名全球第七。中国大陆另一家上榜企业为排名第十的华虹宏力，2014 年销售收入为 5.6 亿美元，排名有所下滑。

表 6-2 2014 年全球重点晶圆代工厂商排名（单位：亿美元）

2014排名	厂商	总部所在地	代工类型	2014年营收	2013年营收	增长率	市场份额
1	TSMC	中国台湾	纯代工	253.7	198.5	27.8%	52.9%
2	Global Foundries	美 国	纯代工	46.9	42.6	10.0%	9.8%
3	UMC	中国台湾	纯代工	44.8	39.6	13.1%	9.3%
4	Samsung	韩 国	IDM	44.2	39.5	11.2%	9.2%
5	SMIC	中国大陆	纯代工	19.7	20.7	−4.8%	4.1%
6	Powerchip	中国台湾	纯代工	12.8	11.8	8.5%	2.7%
7	TowerJazz	以色列	纯代工	8.0	5.09	57.2%	1.7%
8	Vanguard	中国台湾	纯代工	7.7	7.1	8.0%	1.6%
9	Dangbu	韩 国	纯代工	6.1	5.7	7.2%	1.3%
10	HHGR	中国大陆	纯代工	5.6	7.1	−21.1%	1.2%
前十家合计				449.5	376.7	19.3%	93.6%
其 他				30.5	51.7	−41.0%	6.4%
合 计				480.0	428.4	14%	100%

资料来源：IC Insights，2015 年 1 月。

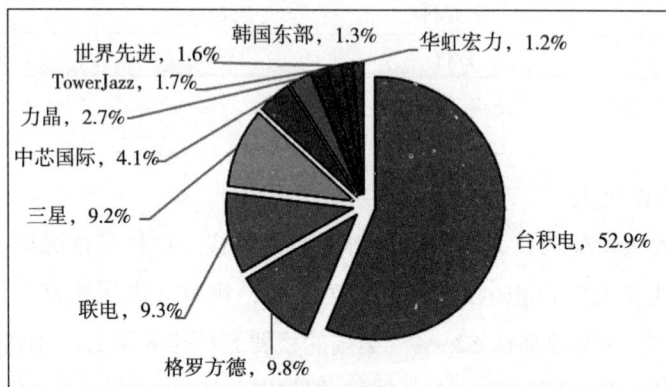

图6-3 2014年全球重点晶圆代工厂市场份额情况

资料来源：公司财报，2015 年 3 月。

第二节　我国集成电路制造业

一、行业规模

从销售收入情况来看，2009 年到 2015 年中国集成电路制造业情况如下。受金融危机影响，2009 年我国制造业销售额比 2008 年小幅下降 13.2%，销售收入为 341.1 亿元。从 2011 年开始，全球经济复苏，我国集成电路制造业也呈现稳步增长。2013 年销售收入规模超过 600 亿元，同比 2012 年的 501.1 亿元增长了 20%。2015 年，我国集成电路制造业仍保持了稳定增长的势头，销售收入为 900.8 亿元，同比增长率高达 26.5%。

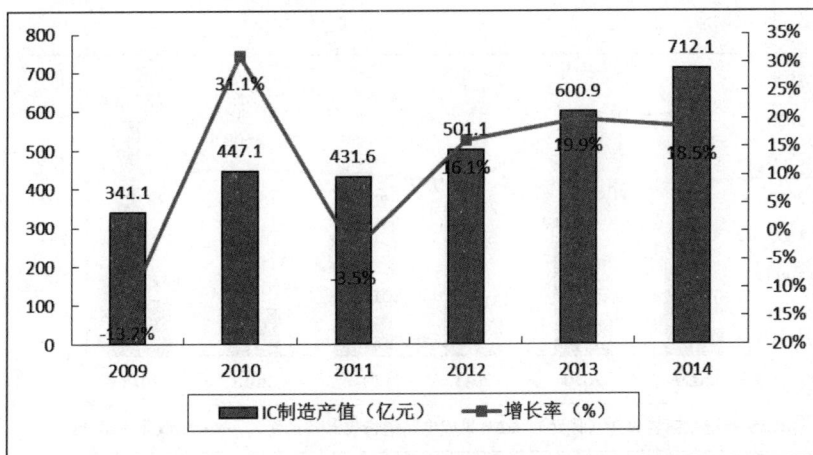

图6-4　2009—2014年中国集成电路制造业销售额及增长率

资料来源：中国半导体行业协会，2014 年 12 月。

中国集成电路晶圆制造业从 2009 年的销售收入为 341.1 亿元，发展到 2015 年的 900.8 亿元，复合年平均增长率高达 17.6%。这种高速增长的态势主要得益于几个重要原因。一是我国是重要的集成电路消费大国，有旺盛的集成电路产品市场需求，随着可穿戴设备、智能家居等新型应用的兴起，极大地拉动了我国集成电路制造业的发展；二是我国是集成电路生产大国，近几年来以中芯国际、华虹宏力、华润微电子等为代表的本土企业发展迅速，提升国内制造业的整体水平，随着国家对信息安全和自主可控芯片发展的重视，相关政策措施的出台将会进一步增强我国集成电路制造业的研发实力；三是国际大厂来华投资，包括英特尔、海力士、三星等企业陆续在中国建厂，8英寸线、12英寸线的陆续投产促进了中国集成电路制造业技术实力的提升。

我国集成电路制造业销售收入在2009年到2010年间，一直约占集成电路产业总销售额的三分之一。但是从2011年以来，随着集成电路设计业的迅速发展，封装测试业的销售额基数依然巨大，集成电路制造业的销售额占比已经下降到20%左右，从2011年的22.32%缓慢增加到2014年的25.0%。晶圆制造业是集成电路产业的核心组成部分，掌握先进制造技术可以加快上游的设计业对高端芯片的研发速度，同时对下游的封测业提供市场保障，因此在今后一段时间，加大我国晶圆制造业的产业规模和技术研发升级，是我国发展集成电路产业的重要任务之一。

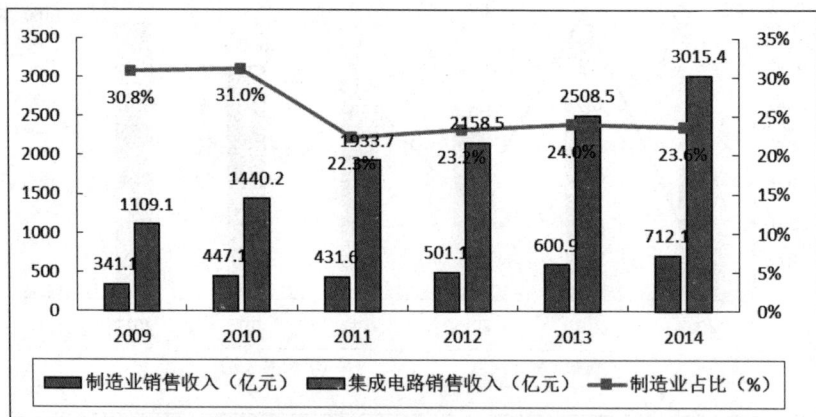

图6-5　2009—2014年中国集成电路制造业占比情况

资料来源：中国半导体行业协会，2015年1月。

二、行业布局

从产线尺寸分布情况来看，2014年我国4英寸以上集成电路晶圆生产线共有69条，4英寸以上企事业单位有58家。其中12英寸生产线达到9条，8英寸生产线17条，6英寸生产线20条，5英寸生产线9条，4英寸生产线14条。从晶圆尺寸分布来看，6英寸和8英寸的晶圆生产线仍为我国主流技术，产线占比超过50%。

表 6-3 2014 年我国主要集成电路芯片制造企业生产线分布

晶圆尺寸（英寸）	序号	企业名称	生产线（名称）	计划产能（万片/月）	工艺技术水平（μm）
12	1	中芯国际（北京）	Fab4	3.5	0.09–0.065 CMOS
			B1/B2	各3.5	0.065–0.028CMOS
	2	中芯国际（上海）	Fab8	1.0	0.09–0.04 CMOS
	3	上海华力微电子	Fab1	2.0	0.06–0.04 CMOS
	4	武汉新芯		2.5	0.09–0.065 CMOS
	5	SK海力士（无锡）	Fab1	10.0	0.065–0.04 DRAM
	6		Fab2	6.0	0.09–0.03 CMOS
	7	英特尔（大连）	Fab68	6.0	0.065CMOS
	8	三星（西安）		10.0	0.02–0.01FLASH
8	1	中芯国际（上海）	Fab1	12.0	0.35–0.11 CMOS
	2		Fab2		
	3		Fab3	3.0	0.13–0.11 Cu制程
	4	中芯国际（天津）	Fab7	4.0	0.35–0.18 CMOS
	5	台积电（中国）	Fab1	11.0	0.25–0.13 CMOS
	6	上海华虹宏力	Fab1	8.0	0.35–0.11 CMOS 数模混合
	7		Fab2	2.0	
	8		Fab3	5.0	0.35–0.09 CMOS
	9	和舰科技（苏州）	Fab1	6.0	0.35–0.13 CMOS
	10		Fab2	4.0	0.13 CMOS
	11	上海先进	Fab3	1.5	0.35–0.25 CMOS 数模混合
	12	华润上华（无锡）		6.0	0.35–0.11 CMOS 数模混合
	13	渝德半导体（重庆）	3.0	0.35–0.18 CMOS	数模混合
	14	成芯半导体（德州仪器）（成都）	Fab11	3.0	0.35–0.18 CMOS 数模混合
	15	晶诚半导体（郑州）		3.0	0.35–0.18 CMOS
6	1	华润上华（无锡）	Fab1	6.0	0.5–0.35 BCD
	2	华润晶芯（无锡）	Fab5	3.5	0.5–0.35 BCD
	3	华润华晶（无锡）		5.0	1.2–0.8 模拟
	4	上海先进	Fab2	4.0	1.5–0.5 BCD
	5	上海新进		5.0	1.5–0.5 BCD

（续表）

晶圆尺寸（英寸）	序号	企业名称	生产线（名称）	计划产能（万片/月）	工艺技术水平（μm）
	6	上海新进芯		3.0	1.0–0.35 数模混合
	7	无锡KEC		3.0	1.5–0.5 BCD
	8	首钢NEC（北京）		3.0	1.0–0.35 数模混合
	9	北京燕东		2.0	1.0–0.35 数模混合
	10	杭州士兰		3.0	1.0–0.35 数模混合
	11	杭州立昂		1.5	0.8–0.5 数模混合
	12	比亚迪半导体（宁波）		3.0	0.8–0.5 BCD
	13	江苏东光		1.5	0.8–0.35 数模混合
	14	珠海南科		3.0	0.5–0.35 CMOS
	15	深圳方正		2.5	0.5–0.35 CMOS
	16	西岳电子（西安）		1.7	0.5–0.35 数模混合
	17	福建福顺（福州）		1.8	0.8–0.5 数模混合
	18	乐山菲尼克斯（四川乐山）		3.0	0.5 双极
	19	厦门集顺		6.0	0.5–0.35 数模混合
	20	中科院微电子所		2.0	0.35–0.18 CMOS

资料来源：赛迪智库整理，2015年1月。

从产线区域分布来看，2014年国内晶圆生产线主要集中在长三角地区（上海、江苏、浙江）、环渤海地区（北京、天津、大连）、珠三角地区（深圳、珠海、福建）和中西部地区（武汉、成都、重庆、西安）等。12英寸生产线主要分布在长江三角洲地区和京津冀环渤海地区，分别有4条和3条生产线。8英寸生产线主要分布在长江三角洲地区，共有11条，分布在上海和苏州等地。6英寸生产线也主要分布在长江三角洲地区，共有11条，分别在上海、杭州、宁波、无锡等地。长三角地区产线占全国总产线数量的52.2%，主要是国内重要集成电路企业基本都集中在上海。

表 6-4　2014 年中国集成电路 4 英寸以上晶圆生产线分布

区域＼生产线条数	12英寸	8英寸	6英寸	5英寸	4英寸	合计
长江三角洲地区	4	11	11	6	4	36
京津环渤海地区	3	1	3	2	5	14
珠江三角洲地区	0	1	4	1	2	8
中西部地区	2	4	2	0	3	11
合计	9	17	20	9	14	69

资料来源：赛迪智库，2015 年 1 月。

从产能区域分布来看，2014 年国内 4 英寸以上晶圆生产线总产能为 241 万片 / 月，其中 12 英寸月产能为 50.5 万片，8 英寸月产能为 76.6 万片，6 英寸月产能为 73.5 万片，5 英寸月产能为 19 万片，4 英寸月产能为 21.4 万片。长江三角洲地区由于占有全球多数 12 英寸和 8 英寸生产线，总产能为 153.2 万片 / 月，在全国总产能中占比为 63.57%。京津环渤海地区占比为第二位，2014 年产线月产能为 36.3 万片，占全国总产能的 15.06%。珠江三角洲和中西部地区产能占比较小，分别为 9.25% 和 12.12%，产线总产能分别为 22.3 万片 / 月和 29.2 万片 / 月。

表 6-5　全国生产线产能区域分布　　　　（单位：万片 / 月）

区域＼生产线产能	12英寸	8英寸	6英寸	5英寸	4英寸	合计
长江三角洲地区	21.5	60.6	48.5	14	8.6	153.2
京津环渤海地区	16.5	4	7	1.5	7.3	36.3
珠江三角洲地区	0	3	13.3	3.5	2.5	22.3
中西部地区	12.5	9	4.7	0	3	29.2
总生产能力	50.5	76.6	73.5	19	21.4	241

资料来源：赛迪智库，2015 年 1 月。

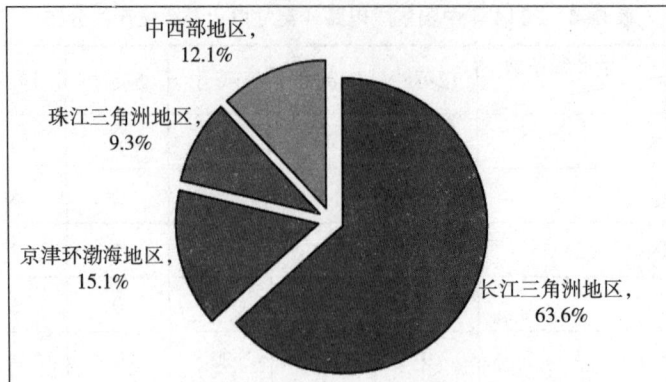

图6-6 2014年国内集成电路产能区域分布

资料来源：赛迪智库，2015年1月。

三、技术发展

2014年中国集成电路晶圆业技术持续进步，12英寸生产线技术水平达65–40–28nm，8英寸生产线技术水平达0.25–0.18–0.13–0.11μm，6英寸生产线技术水平达1.0–0.8–0.35μm。

中芯国际主攻先进工艺，并在2014年末实现28nm制程技术量产，并且与美国高通达成28nm工艺制程以及晶圆制造服务，为高通公司制造专为移动终端而设计的骁龙处理器。在存储器代工方面，开发出38nm NAND Flash工艺制程，可为客户代工NAND产品。同时，中芯国际与华大电子合作，开发基于55nm工艺制程的智能卡芯片，该芯片采用中芯国际55纳米低功耗（LL）嵌入式闪存（eFlash）制造平台，具有小尺寸、低功耗、高性能的特点。在射频工艺方面，中芯国际也成功开发出55nm的蓝牙射频IP，可为物联网、手机及平板市场提供优质的IP解决方案。2014年，中芯国际在深圳建设的200mm晶圆厂正式投产，这也标志着中国华南地区第一条8英寸生产线投入使用。该生产线月产能为1万片，在2015年底达到每月2万片，产品主要应用方向为图像感测器、逻辑电路和电源管理电路等消费及通信电子领域。

上海华力微电子公司实现55nm大生产，主要技术包括55nm低功耗工艺、40nm低功耗工艺、28nm低功耗工艺、55nm高压工艺、55nm嵌入式闪存和特殊应用工艺等。华力微电子于2014年1月取得赛普拉斯55nm SONOS嵌入式非挥发性闪存（NVM）技术授权，提升物联网和智能卡产品大批量生产的可靠度和高效性。2014 年底与联发科在 28nm 工艺技术和晶圆制造服务方面紧密合作，加速完善 28nm 工艺平台。

华虹宏力工艺技术覆盖 1μm 至 90nm 各节点，在标准逻辑、嵌入式非易失性存储器、电源管理、功率器件、射频、模拟和混合信号等领域形成了具有竞争力的先进工艺平台，并正在持续开发多种微机电系统（MEMS）工艺解决方案。2014 年与 IP 提供商矽视觉联合，基于华虹宏力 0.11μm 混合信号 / 射频技术制造平台推出了蓝牙低功耗 IP，并应用该蓝牙技术开发了无线键盘鼠标等人机接口设备。与 MEMS 传感器公司上海矽睿科技合作联合开发和生产新一代 MEMS 传感器。与汉芝电子联合开发的空调用与智能电表用单片机产品采用高效能、低功耗单片机核心，支持高达 9 种的多样化系统工作模式，且内含高精准度的十位 ADC、高精准度的内部晶振及完整的各式通信接口。

华润上华自主研发的"跑道形 NLDMOS 晶体管及其制作方法"专利技术，为国内的创新型突破，实现了国内首个可应用于单片智能开关电源制造的集成电路工艺技术，技术达到国际领先水平。该项专利采用圆环形结构在 N 型漂移区形成 P 型同心环，通过调整 P 型同心环的半径控制 P 型杂质总量，从而与 N 型杂质达到电荷平衡，提高跑道形器件结构弯道部分耐压的方式。目前，此专利已应用于华润上华 8 英寸晶圆生产线，累计月产出已达 24 万片，大幅提升了企业销售收入，两年内为华润上华新增直接营业收入 3.8 亿元，新增利润 4500 万元。

以中芯国际、上海华力微电子、华虹宏力、华润微电子、上海先进等为代表的我国本土集成电路晶圆制造企业正迅速崛起。中国集成电路产品技术已具有 90nm 嵌入式存储器工艺技术，28nm 逻辑电路制造工艺技术，0.11μm 图像传感工艺技术，MOSFET 功率场效应工艺技术，0.18 － 0.25μm 高超压 BCD 成套工艺技术，55nm 低功耗逻辑电路工艺技术，65nmCMOS 工艺以及代工的数模混合、射频、高压工艺、模拟工艺 VDMOS、IGBT 等特色技术实现规模化大生产。

四、重点企业排名

从销售收入情况来看，2015 年我国重点集成电路制造企业排名如表 6-6 所示。前十名集成电路制造企业中，有四家为外资企业，分别为无锡海力士、西安三星、英特尔大连和台积电上海。2015 年中芯国际实现销售收入 145.2 亿元，同比增长 20.8%，排名全国第一，市场占有率 16.1%。中芯国际主要进行先进工艺的

CMOS代工，已经实现28纳米工艺量产。西安三星排名第二，2015年销售收入为144.7亿元，占国内集成电路制造业销售收入的16.1%。三星主要生产FLASH存储器，工艺水平已经达到20纳米。无锡海力士排名第三位，2015年销售收入为127.0亿元，市场份额为14.1%。排名第四位的企业为华润微电子，主营业务为特色工艺代工，包括模拟电路、数模混合、电源管理、功率器件等产品，2015年销售收入为47.8亿元，占全国市场份额的5.3%。

表6-6　2015年我国重点半导体制造企业排名

排名	企业名称	2015年销售额（亿元）	市场份额
1	中芯国际集成电路制造有限公司	145.2	16.1%
2	三星（中国）半导体有限公司	144.7	16.1%
3	SK海力士半导体（中国）有限公司	127.0	14.1%
4	华润微电子有限公司	47.8	5.3%
5	台积电（中国）有限公司	43.6	4.8%
6	上海华虹宏力半导体制造有限公司	42.7	4.7%
7	英特尔半导体（大连）有限公司	22.1	2.5%
8	西安微电子技术研究所	22	2.4%
9	上海华力微电子有限公司	20.0	2.2%
10	和舰科技（苏州）有限公司	18.1	2.0%
合　计		633.2	70.3%

资料来源：中国半导体行业协会，2016年3月。

第七章　集成电路封装测试业

第一节　全球封装测试业

一、行业规模

封装测试是集成电路产业链必不可少的环节。以近两年全球半导体市场每年 3000 亿美元左右规模计算，封装测试业占到其中 16% 的份额，拥有超过 480 亿美元的市场规模。据 Gartner 的统计，2008 年到 2015 年全球集成电路封装测试业市场规模在经历了大幅波动后，逐渐恢复平稳增长。受 2008 年经济危机影响，封装测试业市场规模出现大幅下滑，之后在 2010 年出现了一次回暖的迹象，但在 2011—2012 年全球半导体市场低迷的形势下，产业规模再次大幅下降。从 2011 年开始，随着产业发展环境的不断向好，全球半导体封装测试业开始出现平稳增长态势。2011 年专业封装测试代工企业规模与 IDM 封装测试业务的总市场规模为 480.2 亿美元，2012 年在全球 IC 市场为 4% 的负增长的情况下，封装测试市场规模进一步增长到 490.4 亿美元，增长率为 2.5%。2013 年开始，移动互联网、物联网等新兴产业带来了芯片需求大幅上升，带动了封装测试业的发展，市场规模上升到 508 亿美元，比 2012 年上涨 7.2%。其中半导体封装测试代工市场的产值为 250.8 亿美元，仅比 2012 年增长 2% 左右；IDM 封装测试市场产值为 257.2 亿美元，比 2012 年增长 5%。2014 年、2015 年随着汽车电子、可穿戴设备、医疗电子等新兴应用的快速崛起，芯片市场进一步回升，受上游市场拉动，封装测试业增速趋稳于 6%—7%。

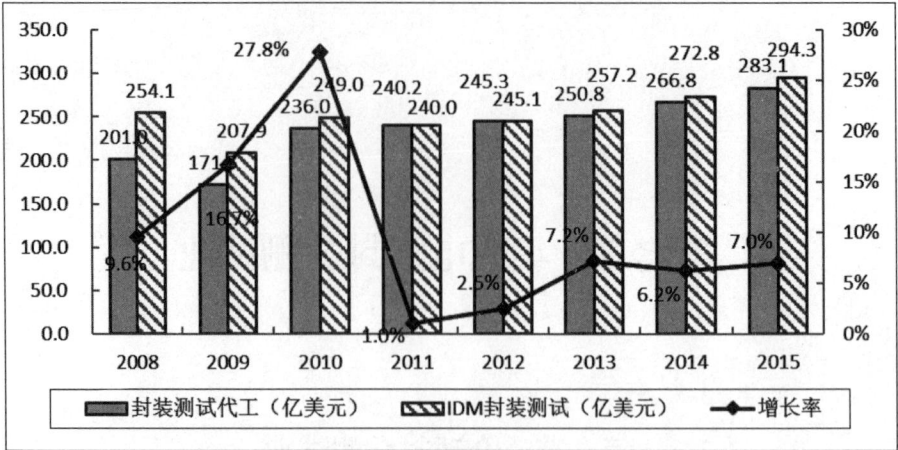

图7-1　2008—2015年全球半导体封装测试市场规模

资料来源：Gartner 数据整理，2016 年 3 月。

表 7-1　2008—2015 年全球集成电路封装测试业市场规模

年份	2008	2009	2010	2011	2012	2013	2014	2015
封装测试代工（亿美元）	201.0	171.5	236.0	240.2	245.3	250.8	266.8	283.1
IDM封装测试（亿美元）	254.1	207.9	249.0	240.0	245.1	257.2	272.8	294.3
合计	455.1	379.4	485.0	480.2	490.4	508.0	539.6	577.4
增长率（％）	9.6	16.7	27.8	1.0	2.5	7.2	6.2	7.0

资料来源：Gartner 数据整理，2016 年 3 月。

二、产业布局

　　全球封装测试业的产能主要集中在亚太地区，尤其以中国台湾地区的封装测试业最为发达，拥有日月光、矽品、京元电、力成等多家排名全球前十的封装测试厂商。2015 年，全球专业封装测试业市场份额中台湾地区的占比超过 50%，占据市场的主导地位。台湾地区的封装测试业主要得益于其全球领先的晶圆代工厂台积电的带动。随着中国大陆骨干企业的技术突破以及国际 IDM 企业封测业务的不断向大陆转移，中国大陆地区的封测业经过近几年的快速发展，已经成功取代新加坡，占据全球第二的市场份额。其余封装测试市场占比较大的国家和地区分别为美国、新加坡、日本、韩国等。

　　近几年由于全球经济恢复缓慢、人力成本不断攀升等原因，欧洲、美国、日本的半导体巨头陆续退出封装测试领域。国际半导体大公司持续调整业务布局，一方面将封装测试业务从发达国家和地区向发展中国家和地区不断转移，另一方面频频关停转让下属封装测试企业。以日本松下集团为例，松下已将在新加坡、马来西亚、印度尼西亚的 3 家半导体工厂出售。与此同时，英特尔也表示要将其已关闭工厂的部分业务整合转移至位于中国等地现有的封装和测试工厂中。全球排名第四的封装测试大厂星科金朋（Stats ChipPAC）被排名第六的长电科技收购更是成为 2014 年最令封装测试业界震撼的整合兼并事件。2015 年末，台湾日月光公司频频出手，旨在入股矽品公司，全球封装测试业格局在 2016 年将迎来重大调整。

三、技术发展

封装业务是指在工艺线上对通过测试的晶圆进行划片、装片、键合、封装、切筋成型、打标筛选等一系列工序，从而获得集成电路产品的过程。随着科技的进步，集成电路封装技术已由传统封装向芯片级（CSP）、圆片级（WLP/WLCSP）、系统级封装（SiP）以及 2.5D/3D（TSV）封装方向发展。当前，主流先进封装技术包括凸点互联（Bumping）、圆片级芯片规模封装（WLCSP）和 TSV 封装，这三项技术不仅市场前景广阔，而且也是未来 3D SiP 封装技术发展的基础。

在过去几十年的时间里，集成电路封装测试技术与设计和制造技术保持着同步的发展，其技术进展主要体现在两个方面：

第一，支持的芯片输入输出引脚不断增加。

最早集成电路芯片的输入输出引脚数量非常少，如英特尔 4004、8008、8086、8088 等早期 CPU 型号的引脚都不超过 100 个，此时采用的是双列直插式封装（DIP）技术。

随后技术的进步不仅使芯片的输入输出引脚数增加到了 1000 多个，而且引脚之间的间距也不断缩小，应运而出的球形触点陈列（BGA）封装技术大大提高了产品生产的良率，这一时期英特尔奔腾系列处理器都是采用这一技术进行的封装。

当芯片制作工艺达到 40nm 及以下时，芯片的焊盘间距很小，很难通过之前的引线键合（Wire Bonding）和倒装芯片（Flip Chip）的方法实现芯片与外部的全部正常连接。此时出现的铜凸点互联（Copper Bumping）技术可以做到 50—100

微米焊盘间距芯片的正常互联，将引脚密度从原本的 100—200 微米缩小了约一倍。因此，全球各大封装测试厂商纷纷开始引进这一先进制程。铜凸点互联技术最为领先的 IDM 厂商英特尔年产能近 300 万片，超过全球半数以上；在专业封装测试代工厂中安靠科技技术达到 40—50 μm 的领先水平，年产能近 90 万片；国内长电科技的子公司长电先进也到达了 48 万片的年产能。

根据 Yole Developpement 的预测数据显示，到 2017 年，全球铜凸点互联技术的市场占比将从 2012 年的 37% 提升至 69%，产量规模从 500 万片 / 年提升到达到 2300 万片 / 年（12 英寸晶圆折算），市场规模将近 60 亿美元。这一高速增长一方面来源于凸点互连技术市本身 20% 以上的高增长率，另一方面则是由于铜凸点互联逐渐替代其他材料互联技术所致。

第二，芯片的内核面积占封装后总面积比例不断提高。

随着移动便携设备的广泛应用，小体积芯片的需求不断增长，这就对芯片封装技术提出了更高的要求。使用双列直插式封装技术，产品最终面积是内核芯片面积的大约 100 倍。之后为减小芯片的重量和体积，提高电路板上的芯片密度，开发出的芯片级封装标准提出封装后面积不大于内核芯片面积的 1.2 倍，此前的球形触点陈列封装技术已经达到了这一标准。为了进一步提高内核面积占封装总面积的比例，现在的封装技术已经开始从平面封装逐渐向 2.5D、3D 的立体封装演进。

在后摩尔时代，芯片制程工艺已逐渐缩小至接近其理论极限值，此时 3D 技术成为延续摩尔定律的最优选择。3D 封装技术通过堆叠将更多裸芯片垂直封装在一块芯片内，成倍增加了芯片内晶体管数量，使摩尔定律得以延续。近两年，3D 封装技术发展快速，叠层间垂直互联的最小间距由数百微米迅速减小到数十微米，并且其应用领域不仅包含结构单一的存储器和图像传感器，而且出现向微处理器和逻辑电路发展的趋势。

Yole Developpement 统计数据显示，2012 年 3D TSV 封装技术的市场规模为 8 亿美元，受益于存储器和逻辑 IC 对 3D TSV 技术的应用，近年来呈现出高速增长的态势，预计 2017 年其市场规模将达到 93 亿美元，年均复合增长率高达 64%。

四、重点企业排名

由于全球封装集成电路封装代工市场较为集中，近几年市场排名情况也比较稳定。表7-2梳理了2015年全球重点集成电路封装制造企业的销售收入和增长情况。从销售收入情况来看，除中国台湾的日月光公司外，其他重点企业均出现了不同程度的下滑。其中，日月光公司以85.8亿美元的销售收入高居榜首，比2014年增长了5.7%。美国的安靠科技以28.8亿美元的销售额排名第二，较2014年同比下降8.0%。中国台湾的矽品公司排名第三，销售额为25.1亿美元，较2014年同比下降5.6%。中国台湾的力成公司排名第四，销售额为12.8亿美元，较2014年没有变化。新加坡的星科金朋由于2014年已经被大陆封装测试龙头长电科技收购，故暂时没有列入该排名。

表7-2　2015年全球封装测试代工市场主要厂商排名

排名	厂　商	总部所在地	2014年营业收入（亿美元）	2015年营业收入（亿美元）	增长率
1	日月光（ASE）	中国台湾	81.2	85.8	5.7%
2	安靠科技（AmkorTechnology）	美国	31.3	28.8	−8.0%
3	矽品（SPIL）	中国台湾	26.6	25.1	−5.6%
4	力成（PTI）	中国台湾	12.8	12.8	0%

资料来源：各公司财报，2016年3月。

第二节　我国封装测试业

一、行业规模

当前，我国集成电路封装测试业正进入重大调整发展期。一方面，随着国内外集成电路封装测试市场快速发展，为国内封装测试企业提供了前所未有的发展机遇，国内封装测试骨干企业的迅速崛起，改变了以往国内封装测试行业外资企业独大的格局。另一方面，随着世界封装技术从传统的插装式、贴装式等封装形式向先进的高密度封装形式转变，封装测试的技术竞争进一步加剧。

长期以来，我国集成电路封装测试市场主要来源于计算机、通信和消费类等三大集成电路领域，三者合计约占我国封装测试市场的一半以上。近年来，随着移动智能终端、无线网络设备、MEMS器件和新型功率器件等产品迅猛发展，对封装测试也提出了更小型化、新型化和高密度化等要求。同时，国内外终端厂商对集成电路产品的要求显著提高，以BGA、FC、WLP、SIP、CSP、WLCSP、2.5/3D

TSV 等中高端技术封装的产品市场需求量也不断增大。

我国集成电路封装测试业多年来一直占据我国集成电路产业市场的将近半壁江山，领先其他集成电路产业环节。除了 2008 年和 2009 年我国封装测试业有所下滑以外，在 2001 年以来的十年中每年的我国封装测试业都以高于 8% 的增长率增长。2012 年以来，相比于集成电路设计业和制造业的快速发展，我国集成电路封装测试业保持了相对稳定的增长。半导体行业协会数据显示，2012 年我国封装测试业销售额已超过 1000 亿元，2013 年同比增长 6.1%，达到 1098.85 亿元。2014 年增速再度增长，销售额规模高达 1255.9 亿元，同比增长 14.3%。2015 年继续保持高速增长，规模达到 1384 亿元，同比增长 10.2%。

表 7-3　2011—2015 年我国集成电路封装测试业销售额情况

年份	2009	2010	2011	2012	2013	2014	2015
销售额（亿元）	498.2	629.2	975.7	1035.7	1098.8	1255.9	1384
增长率（%）	19.5%	26.3%	55.1%	6.1%	6.1%	14.3%	10.2%

资料来源：半导体行业协会，赛迪智库整理，2016 年 3 月。

我国集成电路封装测试企业正在随着高速增长的消费类终端产品和智能电子产品（如智能手机、平板电脑等）领域对高端封装的需求进行着快速调整，企业实力不断提高，先进封装占封装测试业的总值已逐步超过 20%。但同时还应注意到，国内封装测试业的发展也面临整机对元器件微小型化封装要求大增、国际组装封装业大量向国内转移、制造业人力成本提高等重大挑战。只有通过提升管理能力、加大成本控制、增强技术创新能力等措施，国内封装测试企业才能在市场竞争中取得胜利。

二、产业布局

从集成电路产业链来看，上游设计环节的技术壁垒最高，晶圆制造和集成电路设备环节的技术壁垒次之，封装测试环节技术壁垒相对较低，适合国内企业快速追赶，所以各地本土封装测试企业发展较为快速。从人力成本来看，封装测试业人力成本要求较高，所以欧美厂商也多在国内布局其封装测试业务。例如，国内企业长电科技在苏北宿迁、安徽滁州等地投资扩产，天水华天公司分别在西安、昆山等地建厂扩展业务，南通富士通微电子公司扩建 3 期封装测试厂房；外资企业如三星电子在西安投资建厂，英特尔在成都投资建厂等。此外，随着市场竞争日益激烈，企业成本不断提高，国内主要封装测试企业已开始向低成本的中西部地区转移。未来这一趋势还将加速。中部地区交通便利的中心城市（如西安、武汉等）将成为承接封装测试业转移的重点地区。

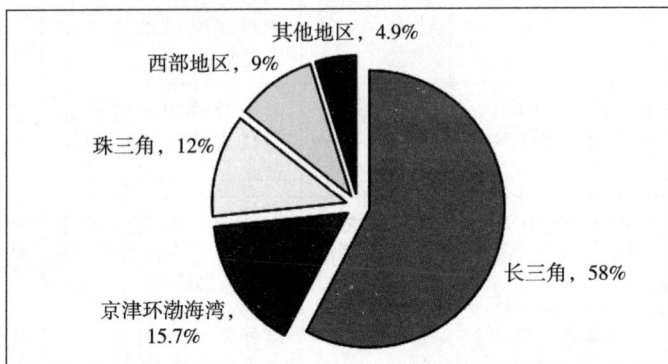

图7-2　我国封装测试企业的区域分布

资料来源：半导体行业协会，2015年5月。

从地域分布上看，目前，我国封装测试业已形成了长三角、京津环渤海湾、珠三角、西部地区，以及其他地区几大区域。从封装测试企业数量分布看，长三角地区（上海、江苏、浙江）约占57%；京津环渤海湾地区（北京、天津、大连）约占15%；珠三角地区（深圳、珠海、福建）约占12%；西部地区（武汉、成都、重庆、西安、甘肃）约占10%。

就企业技术布局来说，目前 DIP、QFP、SOP、QFN/DFN 等传统封装技术依旧占据我国封装市场约占70%以上的市场份额，市场竞争最为激烈，大量的中小企业、部分技术领先的企业是市场的主要竞争者。BGA、FC、CSP、WLCSP、3D TSV 等先进封装技术市场份额约20%。我国长电科技、华天科技、南通富士通等企业凭借国家重大科技专项的支持和其自身的多年的技术积累，在表面贴装的面积阵列封装领域逐步接近甚至部分超越了国际先进水平，在高密度封装工艺领域我国与国外的技术差距也在逐渐缩小。

表7-4　我国集成电路封装测试企业的技术布局

封装类型		型产品/技术	市场状况	参与企业主体	核心竞争要素
直插封装		TO、DIP等	市场容量大，但逐步萎缩	大量技术和市场较弱小企业、有一定技术和市场基础的技术应用型企业	成本
面贴装	两边或四边引线封装	SOP、PLCC、QFP、QFN、DFN等	市场容量大，保持平稳	以中等规模内资企业为代表的技术应用型企业	成本+工艺技术
	面积阵列封装	WLCSP、BGA、LGA、CSP等	市场较大，增长速度较快	以外资、合资及内资领先企业为代表的技术创新型企业	产品技术+工艺技术
高密度封装		3D堆叠、TSV等	市场逐渐扩大	以外资、合资及内资领先企业为代表的技术创新型企业	产品技术+工艺技术

资料来源：赛迪智库整理，2016年3月。

三、技术发展

近几年，国内封装测试企业的先进封装测试技术取得大幅提升，一改以往落后于业内领先的外资、合资企业的状态，产能不断扩大并且海外客户不断增多。

国内集成电路封装企业，如长电科技、华天科技、通富微电等在国家重大科技专项的推动下，多年来研究的先进封装技术已经有了大幅提升，如已经成功开发或规模导入量产国际领先的FBGA、FC-BGA、RF-SiP、Wafer Bumping、TSV-CIS、WLCSP等先进封装技术。近期，长电科技、华天科技、通富微电等企业在"多圈FCQFN封装技术""FCCSP封装技术产品"和"3D-MIS封装技术（被动元器件叠装于FC芯片MIS封装技术）"等新兴领域也取得了突破。

在国家科技重大专项支持下，国内封装测试产业的先进封装技术研发和产业升级力度不断增强。封装系统集成技术、大功率器件封装技术、高密度封装技术的开发及产业化初见成效；具有自主知识产权的新型封装技术获得国际认可，开始进入规模量产；高端封装的规模及市场占比不断增加，与国内外设计企业的配套能力全面提升。同时，"高端封装工艺及高容量闪存集成封装技术开发与产业化"等一批重大科研项目通过验收并成功获得了国内外订单。"十二五"期间，封装测试工艺、材料及装备研发及产业化项目和通信、多媒体芯片封装测试设备与材料应用工程项目开展顺利，例如：芯片级、系统级、多芯片、叠层、无引脚、细节距、TSV 等先进封装技术的研发陆续取得成绩，产学研用与产业链各环节间的联系进一步增强，创新体系与创新效果大为改善，进一步推动了我国集成电路封装测试业的发展。

四、重点企业排名

据半导体行业协会统计，目前，国内共有 83 家规模以上集成电路封装测试企业，其中内资企业占 32.5%，外资及合资企业占 67.5%。国内企业多为封装测试代工企业，外资企业多为 IDM 型公司。目前，长电科技、南通富士通、华天科技三家内资封装测试企业在生产规模、技术创新能力、客户服务能力甚至在资金实力等方面都与业内领先外资、合资企业一并位于我国封装测试行业的第一梯队。第二梯队则是一些具有一定的技术创新能力、快速发展的中等规模企业，该类企业专注于技术应用和工艺创新，主要优势在于低成本和高性价比产品的生产。第三梯队是规模较小的中小型企业，他们往往专注于开发和生产特殊封装产品，形成多品种、小批量的经营特色。这类企业以满足客户服务为主，营业收入规模不大，但有一定数量企业存在。

表 7-5　国内三个梯队封装测试企业的比较

企业类型	主要特征	主要优势	典型企业
第一梯队（技术创新型企业）	规模大，综合实力强，引领行业技术和产品创新，目前以 BGA、CSP、WLCSP、Flip-chip、Bumping 等封装形式为主，但仍有 QFP 和 QFN 等封装产品	技术领先，产能规模大，市场占有率高，综合实力强	日月光（上海）英特尔（成都）飞思卡尔（中国）长电科技通富微电华天科技等
第二梯队（封装技术应用型企业）	规模中等，具备一定的技术实力，专注于技术应用和工艺创新，以 DIP、SOP、QFP、QFN 和 DFN 等系列产品为主，正在逐步向先进封装的 BGA、CSP、Flip-chip 和 MEMS、新型功率器件封装形式过渡	适合于新技术的推广应用和工艺技术研发创新	以华润安盛科技为代表的中等规模企业
第三梯队（封装服务型企业）	规模小，技术和经营管理一般，主要为小批量生产，目前仍以 TO、DIP、SOP 等传统封装形式为主	提供客户的特殊要求，适合于多品种、小批量生产	一般的中小型企业

资料来源：集微网，2016 年 3 月。

　　2015年国内骨干封装测试企业，纷纷通过海外并购的方式实现了扩大经营。如，长电科技、天水华天分别完成了对新加坡星科金朋公司、美国Flip chip公司的收购，正在进行业务整合。南通富士通在2015年10月与美国AMD公司达成协议，成立合资公司并整合了AMD在马拉西亚槟城和中国苏州两家封装测试工厂。整合完成后，南通富士通将持有合资公司85%股份，AMD占15%股份。2016年，随着上述的并购活动后续工作的持续推进，以及国内企业和资本"走出去"步伐不断加快，中国集成电路封装测试业发展将持续向好。

表7-6　2015年我国主要半导体封装测试企业排名

排名	企业名称	2015年销售额（亿元）
1	江苏新潮科技集团有限公司	92.2
2	威讯联合半导体（北京）有限公司	62.0
3	南通华达微电子集团有限公司	56.4
4	飞思卡尔半导体（中国）有限公司	54.2
5	天水华天电子集团	47.8
6	英特尔产品（成都）有限公司	40.5
7	海太半导体（无锡）有限公司	37.2
8	上海凯虹科技有限公司	30.1
9	安靠封装测试（上海）有限公司	29.5
10	晟碟半导体（上海）有限公司	27.6
合　计		477.5

资料来源：中国半导体行业协会，2016年3月。

第八章　集成电路设备业

第一节　全球集成电路设备业

一、行业规模

　　2015 年 12 月，国际半导体设备与材料协会（SEMI）发布了半导体制造设备的市场预测，可以看出设备市场与半导体产业景气程度紧密相连。2008 年世界经济危机导致当年全球半导体产业大幅度减少设备投资，2010 年全球半导体产业复苏，设备市场出现了高达 150.8% 的大幅度增长，其后，2011 年设备市场总量直冲历史高点。2012—2013 年设备市场再受抑制，2014 年恢复后形势基本持平。2014 年半导体制造设备的销售额达到 374.9 亿美元，比上年增加 17.8%。2015 年全球半导体业形势较此前预估严峻，大额投资并购频现导致设备业投资有所下滑，销售额为 373 亿美元，比上年下滑 0.5%，而预计 2016 年与 2015 年基本持平并有望出现增长。预估将上扬 1.4%。

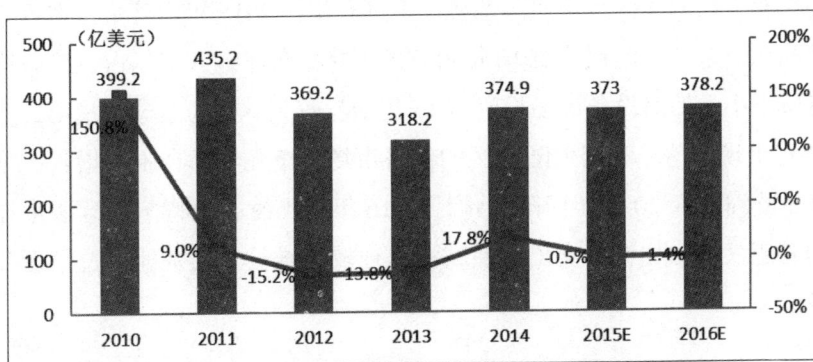

图8-1　2010—2016年全球半导体设备市场规模情况及预测

资料来源：SEMI，2015 年 12 月。

按设备的种类来看，2015 年芯片制造设备及其他半导体前段设备的销售有所增长。芯片制造设备在销售额中占比最大，预计其销售额将达到 295 亿美元，同比增加 0.7%；其他半导体前段设备（生产、掩模及中间掩模制造设备等）的销售额将达到 20.9 亿美元，比上年增长 20.6%；组装及封装设备的销售额为 26 亿美元，同比衰退 16.4%；测试设备的销售额为 33 亿美元，同比萎缩 7.4%。

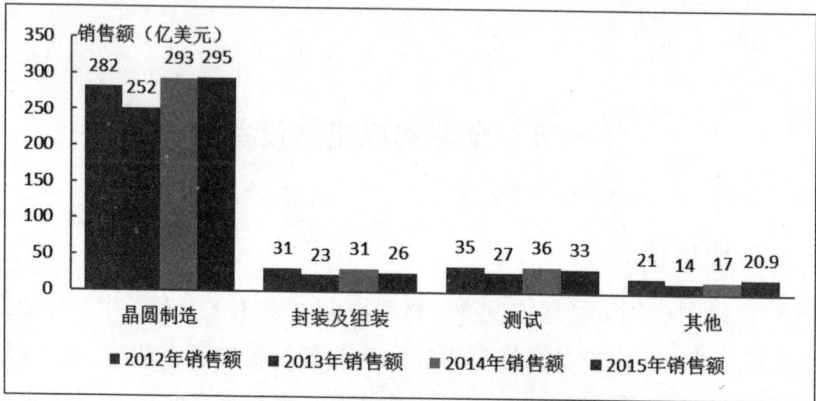

图8-2 2012—2015全球半导体各类设备销售额

资料来源：SEMI，2015 年 12 月。

二、行业布局

SEMI 发布了 2015 年全球半导体设备区域市场情况。销售区域主要包括北美、欧洲、日本、韩国、中国台湾地区和中国大陆地区。从近几年各地区的设备销售额走势来看，北美地区呈现回落态势，不过有望在 2016 年回升；日本近年来始终呈平稳上升趋势，但预计 2016 年将有所下降；台湾地区市场占比蝉联第一但规模有所缩小；韩国设备市场投资 2015 年增长较大，成为全球销量第二，预计 2016 年将出现回落；我国大陆地区的设备市场连续几年都在不断增长，可见势头良好；欧洲地区 2015 年回落，预计 2016 年英飞凌、英特尔与意法半导体等公司均有望大幅增加设备支出，使欧洲出现较大增长；其余地区总量近几年基本持平。

表 8-1　2015 年全球半导体设备销售区域市场（单位：亿美元）

区域	2012年	2013年	2014年	2015年E	2016年E	2016年预计增长率
北美	81.5	52.7	81.6	55.9	59.3	6.1%
日本	34.2	33.8	41.8	55.5	45.8	−17.5%
台湾地区	95.3	105.7	94.1	91.4	87.6	−4.2%
韩国	86.7	52.2	68.4	80.8	73.6	−8.9%
中国大陆	25.0	33.8	43.7	48.8	53.2	9.0%
欧洲	25.5	19.2	23.8	20.7	33.7	62.8%
其他	21.0	20.8	21.5	19.9	25.0	25.6%
合计	369.2	318.2	374.9	373.0	378.2	1.4%

资料来源：SEMI，2015 年 12 月。

从各地区的 2015 年销售额占比方面可以看出，中国台湾、韩国和北美占比仍排在前三位（如图 8-3 所示），不过北美投资金额已下降至与日本相近。台湾地区占比 24.5%，较上年下降 0.9 个百分点；北美占比 15%，较上年下降 6.9 个百分点；韩国占比 21.7%，较上年提升 4.8%；我国大陆地区占比 13.1%，较上年提升 0.8 个百分点。预计台湾地区 2016 年半导体制造设备市场规模将达到 87.6亿美元，回落 4.2%；韩国的市场规模将达到 73.6 亿美元，同比下降 8.9%；而日本则出现 17.5% 的规模下降；预计欧洲将以 62.8% 的增长率成为成长最快的地区，可见半导体制造正在由传统强国向新兴市场转移。

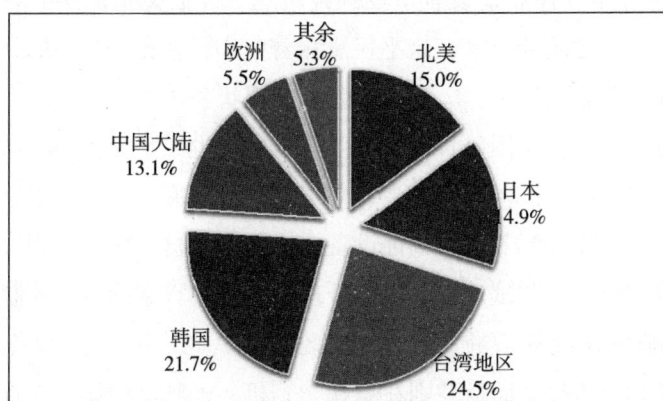

图8-3　2015年全球集成电路设备区域分布情况

资料来源：SEMI，2015 年 12 月。

三、技术发展

集成电路设备的技术进展始终领先制造技术 3—5 年开发下一代产品。各大集成电路制造公司为推动先进工艺纷纷与设备制造商合作进行开发，先进制程的步伐并没有因半导体产业增长放缓而停步。随着制程尺寸的不断缩小，以 ASML 为代表的设备生产商的技术已经达到了商用极紫外光刻（EUV）设备 13nm 分辨率；在 16/14nm 制程已经突破量产的同时，10nm 制程的设备已基本成熟，台积电、三星与英特尔均在开发 10nm FinFET 制程。由于 FinFET 器件和 3D NAND 等新兴技术变革的推动，各家制造商与设备商合作开发的各类 12 英寸先进设备及应用服务已进入生产阶段。应用材料的全新硬掩膜材料技术已可在 10 纳米及以下确保紧凑型薄互连的大规模图形生成。台积电认为未来 7nm 可能比 10nm 更持久，但目前下一代 EUV 光刻技术尚未到位，预计要到 7 纳米后才会上线，现阶段要通过材料创新与制程进展来实现目标。在封装设备方面，伴随 TSV 封装技术的推广，大量 2.5 及 3 维封装设备已应用于国际大厂。伴随着芯片尺寸及线条的缩小，用于检验和测量 FinFETs、3D NAND 等生产中薄膜及图形的检测设备也应运而生。3D NAND 预计将在 2018 年达到 100 万片/月的产能，并随着层数从 36 层增加到 48 层，带来 50%—70% 的市场规模成长。

四、重点企业排名

2015 年全球半导体制造设备市场预计可达 373 亿美元，其中前五大半导体设备厂的市占率也已超越 60%，这不仅意味着中小厂在竞争当中的失利，同时也反映出设备业资源愈发集中，厂商大者愈大的现状。

从企业分布来看，美国、日本、荷兰等国家是世界半导体装备制造的三大强国，全球知名的半导体设备制造商主要集中在上述国家；从企业主要的半导体设备产品看，美国主要控制等离子刻蚀设备、离子注入机、薄膜沉积设备、掩膜板制造设备、检测设备、测试设备、表面处理设备等，日本则主要控制光刻机、刻蚀设备、单晶圆沉积设备、晶圆清洗设备、涂胶机/显影机、退火设备、检测设备、测试设备、氧化设备等，而荷兰则在高端光刻机、外延反应器、垂直扩散炉等领域处于领导地位。

从半导体设备大厂 2014 年销售排名来看，应用材料公司（Applied Materials）凭着沉积（deposition）及刻蚀（etch）领域的优势保持了其龙头地位，而阿斯麦

（ASML）则依靠光刻方面的优势维持在第二名。泛林半导体（Lam Research）因为刻蚀和沉积的强劲表现排名第三。东电（Tokyo Electron）排名第四。2015年设备企业也发生了一起大型并购，泛林半导体以股权置换及现金的方式收购科磊（KLA-Tencor）的全部股份，由于并购尚未结束，所以在2015年排名中留其位但并未将其排出。泛林半导体提供包括薄膜沉积、电浆刻蚀和晶圆清洗解决方案，科磊半导体是工艺控制与成品率管理解决方案提供商，专注开发先进的检测与计量技术，双方业务不重合，合并能帮助他们应对开发鳍式场效晶体管（FinFET）、3D NAND芯片及多版图芯片等方面的挑战。排名第五的迪恩仕（Dainippon Screen）则在清洗设备方面具有领先优势。

表8-2 2015年全球重点半导体设备厂商排名

2015年排名	2014年排名	厂 商	主要产品领域	2015年销售收入（亿美元）	2014年销售收入（亿美元）	同比增长
1	1	Applied Materials应用材料	沉积、刻蚀、离子注入、化学机械研磨等	96.6	90.7	6.5%
2	2	ASML阿斯麦	光刻设备	70.3	65.5	7.3%
3	3	Tokyo Electron东京电子	沉积、刻蚀、匀胶显影设备等	53.9	53.9	0%
4	4	Lam Research泛林半导体	刻蚀、沉积、清洗等	52.6	46.1	14.2%
—	5	KLA-Tencor科磊	硅片检测、测量设备	28.1	29.3	-4.1%

资料来源：各公司财报，2016年3月。

第二节 我国集成电路设备业

一、行业规模

整体来看，我国集成电路设备业市场规模走势如图8-4所示，与国际走势基本一致，只是我国集成电路设备业体量较小，一些关键技术装备仍未攻克，还处在发展阶段。我国当前使用中的大规模集成电路生产线装备大都依赖进口，8英寸和12英寸的先进硅片和制造设备基本依靠进口，8英寸以下的生产线也有大量进口翻新的二手设备。

　　2008年之前我国设备材料基本全进口，工艺技术全进口，因此设立国家科技重大专项——极大规模集成电路制造装备及成套工艺科技项目（简称02专项）研发设备与材料核心技术。截至2015年，受惠于02专项多年来的支持以及国内集成电路产业发展基金的牵引，国内集成电路制造的投入不断加大，设备制造能力有所改善，我国15种12英寸主要工艺设备通过大生产线验证。总体上看，2015年国内集成电路设备市场规模约为48.8亿美元，相比2014年同比增长11.7%，增量主要来自薄膜制造设备、离子注入设备以及封装设备。

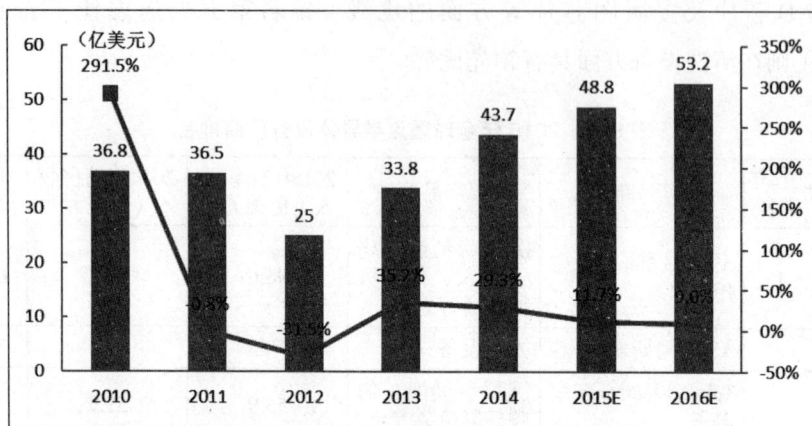

图8-4　2010—2016年我国半导体设备市场规模

资料来源：SEMI，2015年12月。

　　从我国集成电路设备产业化发展的角度来看，虽然在国家重大专项的支持下，12英寸集成电路设备实现了从无到有，配套零部件等产业链逐渐完善，一些设备进入了大生产线，在与进口设备的竞争中，长期以来高端人才缺乏，技术攻关周期长等问题严重影响了芯片制造商对国产设备没有信心，为规避风险，很少大规模应用国产设备，因此国产设备的产业化进程十分缓慢，我国集成电路设备业做大做强仍需寻找新的路径。当前传感器、功率芯片等产品越来越重要，开拓超越摩尔的市场将是我国设备业发展的新契机。

二、行业布局

　　我国集成电路设备业布局从产业链分布来看，由于受制于技术研发难度，多数企业偏重封测类设备与度量检测设备。在前端制造关键设备领域也已有多家企业布局，并主要集中在刻蚀和沉积设备。在前段光刻及电气检测领域设备仍有待突破。

从设备生产商所在地来看，我国设备企业主要分布于北京、上海及其周边地区、沈阳以及深圳。北京主要依托国有大型国资背景企业与科研院所，组织研发力量进行关键设备的技术攻关，七星华创、北方微电子、中电装备等公司已取得了一定突破。上海地区依托海外归国技术人才，形成了一批具有一定发展潜力的公司，已在光刻、刻蚀、光学检测等关键设备领域取得重要突破，与此同时也带动了江苏、浙江等地的一批封装测试设备及材料企业的发展。沈阳地区作为老工业基地，具备设备制造所需的机械加工生产技术优势，以此为基础，在一批高技术人才的带领下研发了不少工艺设备及关键零部件。深圳地区则以其电子加工制造技术为基础，催生了一批配套加工设备供应商。总体来看，由于设备制造对技术与资金需求要求较高，因此产业布局也相对集中。

三、技术发展

集成电路设备涉及自动控制、精密加工、精密光学、化工材料、表面处理等众多学科，技术要求非常高。目前，我国在高端零部件、加工工艺、表面处理能力等相关领域的技术实力虽然有所发展，但与国外相比仍然较为薄弱。

在先进制造生产线关键设备方面，我国虽然仍在追赶国际上 16/14nm 量产的步伐，但在 02 专项的支持下，我国在等离子刻蚀机、离子注入机、氧化炉、清洗设备方面均取得了较大的突破。02 专项支持各领域的立项包含装备整机 33 项，成套及特色工艺 36 项，关键材料 26 项，关键技术及零部件 13 项，封装测试 20 项，光刻机及核心部件 14 项，其中有部分设备完成了 28nm 验证，见表 8-3。

在先进封装生产线关键设备方面，国产设备取得了较大突破，产业化进展迅速。国产先进封装生产线的关键设备已经获得国内外封装厂商的认可，其中包括步进式投影光刻机、先进封装用匀胶机、高密度深硅等离子刻蚀机、用于三维封装的硅通孔物理气相沉积设备、刻蚀设备等。这些国产关键装备的推广极大地推进了我国先进集成电路封装业的发展。

随着集成电路生产技术的进步，设备研发难度也越来越大。我国作为集成电路设备研发的追赶国，虽然面对研发基础与技术跨度等困难，但近几年仍取得了一定的成绩。2008 年以前我国 12 英寸国产装备空白，只有 2 种 8 英寸设备。02

专项实施 7 年，参加研发人员共 17549 人，其中海外引进人才 407 人，"千人计划"专家 102 人。2015 年，15 种 12 英寸主要工艺设备通过大生产线验证，申请设备类专利 5100 余件。截至目前，国内前道设备已销售 233 台，后道封测设备累计销售 600 多台。下一步的技术发展目标将向高精度光刻、刻蚀等前端制造设备发展。

集成电路设备生产技术的发展需要在生产线中不断改进。对于已有设备的推广应用将是我国设备产业面临的关键问题。基于当前我国现有设备技术水平，通过建设国产 12 英寸集成电路硅片生产线、集成电路先进封装生产线、8 英寸 90nm 集成电路特色生产线三种生产线来运行国产设备，将会对我国的推动设备技术发展起到非常积极的作用。

表 8-3　部分国产装备大生产线验证情况

序号	任务	厂商	技术节点	主要应用工艺	当前状态
1	介质刻蚀机	中微半导体	28nm	AIO ETCH	已销售
2	栅刻蚀机	北方微电子	28nm	STI ETCH	已销售
3	PVD设备	北方微电子	28nm	HM DEP	已销售
4	掩膜清洗设备	瑞择微电子	90nm	Mask Clean	已销售
5	低能大束流离子注入机	北京中科信	28nm	IMP	测试中
6	LPCVD	七星华创	28nm	Poly DEP	通过验证，采购审批中
7	立式氧化炉	七星华创	28nm	AA OX	通过验证，采购审批中
8	中束流离子注入机	北京中科信	28nm	WELL IMP	已销售
9	光学尺寸测量设备	睿励科学仪器	28nm	Film Thickness	已销售
10	清洗设备	七星华创	65nm	Post-Et clean	通过验证，采购审批中
11	Sorter设备	北京自动化研究所	65nm	wafer transfer	已销售
12	PECVD设备	沈阳拓荆	65nm	PEOX DEP	已销售
13	栅刻蚀机	北方微电子	65nm	STI ETCH	已销售
14	立式氧化炉	七星华创	65nm	AA OX	已销售
15	中束流离子注入机	北京中科信	66nm	WELL IMP	已销售
16	化学机械研磨设备	天津华海清科	—	wafer reclaim	入线前审核
17	清洗机	盛美半导体	—	wafer recycle	已销售

资料来源：02 专项小组，赛迪智库整理，2015 年 10 月。

四、重点企业排名

我国集成电路设备企业取得了显著进展，但由于很多企业的设备用于MEMS、光伏、LED 等领域，规模难以统计，仍未有明确的排名。表 8-4 列出了我国集成电路设备领域取得突出成绩的重点企业。这些企业对完善国内半导体重要装备的产业链，打破国外产品的技术和市场垄断，提升我国 IC 制造装备的自主创新能力和国际竞争力具有重要的战略意义。

我国半导体设备业也发生了几件投资并购事件。2015 年 12 月 2 日，北京亦庄国际投资发展有限公司（简称"亦庄国投"）宣布旗下北京屹唐盛龙半导体产业投资中心（E-TownDragon）以 3 亿美元收购美国半导体设备供应商MattsonTechnology。Mattson 主要经营刻蚀、快速热处理 (RTP)、光刻胶剥离及清洗技术等设备，该交易开启了我国半导体设备领域国际并购的新篇章，并于2016 年第一季度完成。2015 年 12 月底，北京七星华创电子股份有限公司（上市名称七星电子）发布公告斥资 9.3 亿元购买北京电控、七星集团、圆合公司和微电子所合计持有的北方微电子 100% 股权。交易完成后，北方微电子将成为七星电子的全资子公司。同时，公告称公司募集 9.3 亿元配套资金，用于北方微电子"微电子装备扩产项目"建设并补充上市公司流动资金。其中，国家集成电路基金认购 6 亿元，北京国资背景的京国瑞基金认购 2 亿元，芯动能基金认购 1.3 亿元。北方微电子重点研发刻蚀机、物理气相沉积和化学气相沉积三大类半导体设备，应用于集成电路制造、先进封装、MEMS、LED、功率半导体、化合物半导体等领域，预估 2016 年净利润为 6317.05 万元。此次并购重组将整合集成电路设备研发与生产业务，完成后将丰富七星电子的产品种类，完善设备成套结构并有利于扩大生产规模。

表 8-4　我国集成电路专用设备重点企业

序号	企业名称	主要产品
1	北京七星华创电子股份有限公司	清洗机、氧化炉等集成电路设备及太阳能电池生产设备
2	北京北方微电子基地设备工艺研究中心有限责任公司	离子刻蚀设备、薄膜生长设备
3	中微半导体设备（上海）有限公司	12英寸离子刻蚀设备、12英寸电介质刻蚀设备、8英寸硅通孔（TSV）刻蚀设备
4	睿励科学仪器（上海）有限公司	光学检测设备

（续表）

序 号	企业名称	主要产品
5	盛美半导体设备（上海）有限公司	单晶圆清洗设备
6	北京中科信电子装备公司	离子注入机
7	沈阳拓荆科技有限公司	PECVD设备
8	沈阳芯源微电子设备有限公司	涂胶显影设备
9	上海微电子装备有限公司	光刻机包括扫描投影光刻机、封装光刻机

资料来源：赛迪智库，2016年1月。

第九章　集成电路材料业

第一节　全球半导体材料业

一、行业规模

受全球半导体产业增速放缓，终端应用市场走弱的大背景影响，2015年全球半导体材料的整体销售额缓慢增长，达到461亿美元，与2014年的443亿美元相比同比增长4.1%。其中，半导体制造材料和封装材料市场规模分别为250亿美元和212亿美元，而2014年晶圆制造材料销售额为240亿美元，封装材料为204亿美元，同比均有小幅增长。

2015年，随着半导体制造生产线的密集建设，对半导体材料的需求也在不断增加，但是受到PC等半导体应用市场放缓和产品成熟度提升导致的产品价格下降等影响，市场规模增速缓慢。在具体材料方面，制造材料中硅原材料价格受光伏器件用多晶硅材料的影响而出现下跌，导致硅片的价格持续走低，据SEMI最新公布的数据显示，2015年全球半导体硅晶圆出货面积达到10434 MSI（百万平方英寸），较2014年的10098 MSI增长3.3%，而营业收入则下降5.6%。封装材料中键合材料对整体影响较大，从金键合丝过渡到铜键合丝对整体的封装材料销售额产生了负面影响，近年来铜键合丝的用量显著提升，大量替代了原有的金键合丝，目前铜键合丝用量占键合丝总量50%左右。

表9-1　2010—2015年全球半导体制造材料市场规模（亿美元）

	2010	2011	2012	2013	2014	2015E
硅片	97.3	98.8	86.8	75.4	76.3	72.0
SOI	4.5	5.2	4.3	3.9	3.6	3.8
掩膜版	30.4	32	31.1	31.4	32.2	33.1

（续表）

	2010	2011	2012	2013	2014	2015E
光刻胶	11.6	12.8	13.5	12.2	13.7	14
光刻胶配套试剂	13	14.1	15.1	14.3	17.1	17.8
电子气体	28.9	31.1	31.2	33.2	34.8	35.6
工艺化学品	8.5	9.1	9.7	10	10.6	11.2
靶材	6	5.8	6	6	6.3	6.4
CMP材料	12.5	12.7	13.8	14.4	15.7	16.8
其他材料	17.7	20.6	23.2	25.9	29.4	31.8
总计	230.4	242.2	234.7	226.7	239.7	249.4

资料来源：SEMI，赛迪智库整理，2016 年 1 月。

表 9-2　2010—2015 年全球半导体封装材料市场规模（亿美元）

	2010	2011	2012	2013	2014	2015E
引线框架	33.9	34.6	35.3	33.4	34.8	34.8
封装基板	90	85.7	77.8	74.1	76.1	82
陶瓷基板	13.8	17	19	20.1	20.8	21.6
键合丝	49.7	57.3	50.4	41.5	33.8	32.6
包装材料	19.3	21.7	23.3	24.5	27.1	29.2
芯片粘接材料	6.6	6.7	6.8	6.7	7	7.3
其他封装材料	4.8	5.6	3.4	3.7	4.1	4.5
总计	218.1	228.6	216	204	203.7	212

资料来源：SEMI，赛迪智库整理，2016 年 1 月。

二、产业布局

亚洲依然是半导体材料最大的市场。依托其庞大的半导体晶圆代工和世界先进的封装基地，中国台湾地区连续六年成为半导体制造材料和封装材料的最大客户。日本和韩国的市场相差不多，分列二、三位。中国是未来引领全球半导体材料市场增长的动力源，晶圆制造厂不断落地，有望在未来挑战日韩的市场地位。中国台湾地区市场和中国大陆市场未来将占据亚洲市场的主导地位。

从增速来看，中国台湾地区和日韩市场依然增长快速，均实现了 10% 以上的增长。北美市场一直保持平稳发展，增幅为 2%，排名第四。中国的市场下滑了 6% 左右。

表 9-3　2011—2015 年全球半导体材料市场区域分布（单位：亿美元）

	2012	2013	2014	2015E
中国台湾地区	89.7	89.1	95.8	108
日本	82.4	71.7	71.9	82
韩国	72.2	68.7	70.3	80
中国大陆	55	56.6	58.3	55
美国	47.5	47.6	49.8	51
欧洲	29.5	30.4	30.8	32
其他地区	71.7	66.4	66.6	85
合计	448	430.5	443.5	493

资料来源：SEMI，赛迪智库整理，2016 年 1 月。

三、重点企业

表 9-4　全球半导体材料重点企业

材料种类	企业	总部所在地
硅片	信越化学工业株式会社（Shinetsu）	日本
	三菱住友株式会社（SUMCO）	日本
	世创电子材料有限公司（Siltronic）	德国
	美国休斯电子材料公司（Sunedison）	美国
	LG Siltron公司	韩国
	中美矽晶制品有限公司	中国台湾地区
光刻胶	住友化学株式会社	日本
	东京应用化学公司（TOK）	日本
	信越化学工业株式会社（Shinetsu）	日本
	JSR株式会社	日本
	富士胶卷公司	日本
	陶氏化学公司	美国
	台湾安智电子材料有限公司	中国台湾地区
高纯化学试剂	巴斯夫公司	德国
	E.Merck公司	德国
	Ashland公司	美国
	Arch公司	美国
	Mallinckradt Baker	美国
	Wako公司	日本
	和光纯药工业株式会社	日本
	住友化学工业株式会社	日本

（续表）

材料种类	企业	总部所在地
电子气体	美国空气化工产品有限公司	美国
	普莱克斯公司	美国
	林德气体公司	德国
	法国液化空气集团	法国
	大阳日酸株式会社	日本
抛光材料	美国卡博特公司	美国
	Fujimi公司	日本
靶材	霍尼韦尔公司（Honeywell）	美国
	Nikko材料公司	日本
	东曹株式会社（Tosoh）	日本
	普莱克斯公司	美国
	住友化学工业株式会社	日本
	日本真空技术株式会社（ULVAC）	日本

资料来源：赛迪智库整理，2016年1月。

第二节　我国半导体材料业

一、产业规模

材料产业是半导体产业的支撑，在我国半导体产业高速发展的带动下，半导体材料产业也得到了快速发展。首先是随着国内半导体制造生产线和封装测试线的密集建设，我国的半导体材料的市场规模年年攀升，其次是由于国产半导体材料逐步进入先进生产线，使得我国产业规模也不断扩大，逐渐形成了部分产品自产自销的局面。

根据集成电路材料产业技术创新战略联盟的统计，我国半导体材料的整体市场规模为535亿元，同比增长10.7%，增速加快。其中国内半导体制造材料的市场规模为317亿元，同比增长15.2%，国内封装材料的市场规模为274亿元，同比增长5.8%。根据我国的产业现状和发展趋势，集成电路材料产业技术创新战略联盟预测我国半导体材料在2016年的市场规模将达到647亿元。

半导体制造材料方面，2015年，我国半导体制造材料产业整体规模为133亿元，同比增长5.6%，增速回升，整体规模平稳增长。我国半导体制造材料产业的发展除了国内市场占比较大的原因外，离不开近年来国家政策的扶持，使得一大部分产品实现了国产替代。

表 9-5　2010—2015 年中国半导体制造材料产业规模（单位：亿元）

	2010	2011	2012	2013	2014	2015
硅和硅基材料	53.6	62.3	47.6	53.3	55	58
光刻胶	1.3	1.9	2.2	2.8	3	3.3
工艺化学品	17.8	39	38.9	42.2	44	46
电子气体	10.8	15.4	14.2	16.3	17.8	19
抛光材料	0.6	0.6	0.9	1.4	1.6	1.8
靶材	1.8	2.5	3.1	4.2	4.7	5
合计	85.9	121.7	106.9	120.2	125.1	133.1

资料来源：ICMtia，2015 年 11 月。

表 9-6　2011—2016 年中国半导体制造材料市场规模及预测（单位：亿元）

	2011	2012	2013	2014	2015	2016E
硅和硅基材料	86.7	91.0	98.8	104.6	116.7	118.9
光刻胶	10.8	11.7	13.6	15.4	18.0	18.8
光刻胶配套试剂	10.2	11.5	14.3	16.2	19.0	19.5
工艺化学品	8.0	8.7	10.4	12.0	14.0	14.2
电子气体	26.5	28.9	33.4	37.7	44.4	46.2
抛光材料	10.8	11.8	14.8	18.1	21.2	23.1
靶材	5.0	5.5	6.6	7.3	8.4	8.8
掩膜版	26.3	28.6	32.9	36.6	43.8	45.7
其他材料	15.1	19.1	22.2	27.3	31.7	35.1
合计	199.4	216.8	247	275.2	317.2	330.3

资料来源：ICMtia，2015 年 11 月。

在半导体封装材料方面，集成电路材料产业技术创新战略联盟的统计数据显示，2014 年半导体销售收入达到 80.5 亿元，预计 2015 年将超过 85 亿元，2010—2015 年平均复合增长率达到 12.4%。而市场规模方面，2015 年国内半导体封装材料市场规模达到 274 亿元，经历了连续两年的下降后重现增长，同比增长 5.8%，显示出国内密集建设的封装测试项目导致的市场需求的增长。预计 2016 年我国封装材料市场规模有望突破 300 亿元，达到 318 亿元。

表9-7　2011—2016年中国半导体封装材料市场规模及预测（单位：亿元）

	2011	2012	2013	2014	2015	2016E
引线框架	67	64	65	68	70	81
封装基板	51	51	52	56	62	72
陶瓷基板	12	13	14	15	17	19
键合丝	66	94	83	63	61	71
包装材料	30	38	40	46	52	61
芯片粘接材料	7	7	7	8	9	10
其他封装材料	3	2	3	3	3	4
总计	236	269	264	259	274	318

资料来源：ICMtia，2015年11月。

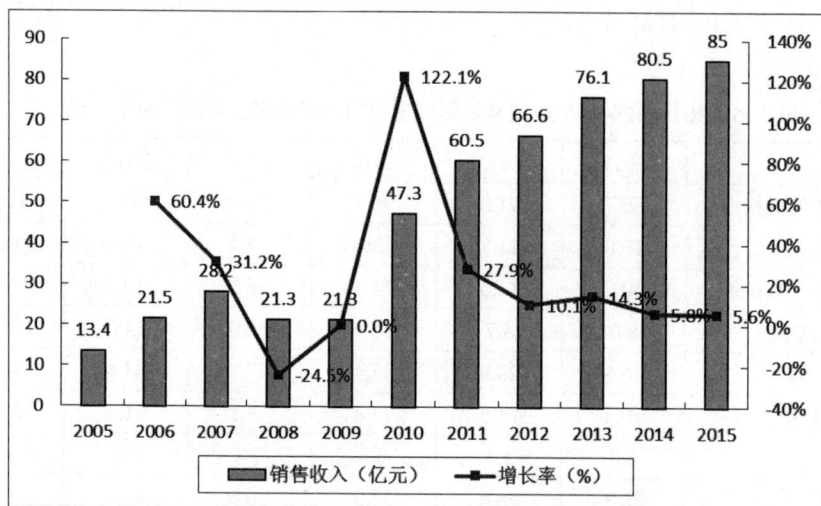

图9-1　2005—2015年半导体封装材料销售收入情况

资料来源：ICMtia 赛迪智库，2016年1月。

近几年来我国半导体材料取得了巨大进步。2008年以前，我国8英寸和12英寸的半导体制造所需的材料全部依赖进口，而2015年，抛光剂、金属靶材、部分化学试剂和特种气体等已实现国产化，部分化学试剂的国内市场占比超过50%，金属靶材在国际市场的份额超过了10%，部分半导体材料进入了台积电、中芯国际、SK海力士、英特尔、TI、日月光等国际一流生产线。我国晶圆制造类半导体材料企业的数量也从2005年的29家增加到2014年的55家，增长近一倍。封装类材料企业也从 10 家增长到 17 家。

表 9-8 2008 年和 2014 年实现的国产化半导体材料产品对比

生产线	2008年实现国产化产品	2014年实现国产化产品
12英寸	无	CMP抛光液、溅射金属靶材、铜电镀液、部分特种气体
8英寸	无	重掺外延片、SOI片、248nm光刻胶、I线光刻胶、CMP抛光液、溅射金属靶材、部分特种气体和工艺化学品
6英寸	硅片、靶材、化学品	除个别特殊品种材料外，大部分材料都已实现国产化

资料来源：赛迪智库整理，2015 年 10 月。

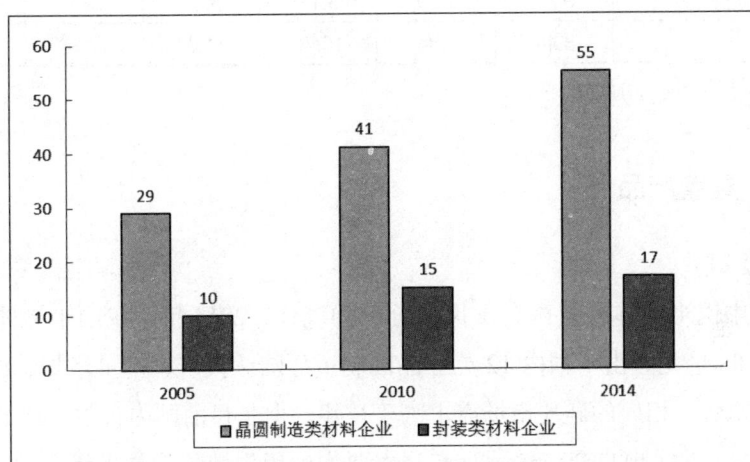

图9-2 2005—2014年国内半导体材料企业数量变化

资料来源：赛迪智库整理，2015 年 10 月。

半导体材料产业的快速发展与国家实施的一系列扶持政策紧密相关，尤其是 02 专项对全行业研发的引导。根据集成电路材料产业技术创新战略联盟的统计，2005 年到 2009 年的 5 年间，半导体材料产业累计研发投入 15.2 亿元，年均投入只有 3 亿元，而 2010 年到 2014 年的 5 年间累计投入 61.6 亿元，年均投入 12.3 亿元。2014 年研发投入达到 15.2 亿元，创历史新高。

巨大的研发投入也带来了巨额的回报，我国半导体材料不仅实现了国产化突破，还积极布局专利，2005 年到 2014 年间累计获得发明专利授权 1247 项，其中衬底材料（硅和硅基材料）和专用封装材料的占比较大，电子气体、抛光材料和金属靶材等方面也取得显著成果。

表 9-9 2008—2013 年中国半导体材料研发投入（亿元）

	2008	2009	2010	2011	2012	2013
硅和硅基材料	1.7	2	5.4	4.7	3.3	2.3
光刻胶	0.01	0.04	0.12	1	1	0.48
高纯化学试剂	0.27	0.42	0.74	0.94	1.51	1.65
电子气体	0.4	0.45	0.64	1.03	0.89	1.5
抛光材料	0.12	0.12	0.46	0.33	0.61	0.63
靶材	0.07	0.18	0.29	0.36	0.3	0.46
掩膜	0	0	0	0	0	0.31
专用封装材料	0.87	1.59	3.11	3.11	2.98	4.59
总合计	3.44	4.84	10.76	11.73	10.83	12.45

资料来源：ICMtia，2014 年 5 月。

二、重点产品

（一）硅片

根据中国半导体行业协会支撑业分会的统计，2014 年，我国半导体硅材料市场达到 88 亿元。由于国内 12 英寸晶圆制造厂陆续投产，产量增加，8 英寸生产线产能紧张，相应的硅片市场需求高于往年。但是目前国内自主生产的硅片以 6 英寸为主，并实现自产自销，且产品主要的应用领域仍然是光伏电池，所以 8 英寸和 12 英寸的大尺寸集成电路级硅片依然强烈依赖进口，是我国集成电路产业发展的制约因素之一。

我国硅片产品虽以太阳能电池为主，但依然是未来国产大尺寸集成电路级硅片实现突破的基础。中国电子材料行业协会统计数据显示，2014 年，我国硅锭 / 硅棒总产量约 17 万吨，同比增长 26%，其中直拉单晶硅产量约 4.5 万吨，与 2013 年基本持平。国内目前多家企业从事半导体硅片生产，主要生产企业有天津中环、有研硅股、浙江金瑞泓、上海新傲、河北普兴、万向硅峰等。如天津中环目前太阳能级硅片产能已经达到近 2GW，产量进入全球前 3 位，河北晶龙集团硅片产能也超过 1GW，产量位居全球前 10。

近年来，我国在 8 英寸和 12 英寸集成电路级硅片的研发和生产上取得了重要成绩。虽然 12 英寸大尺寸硅片的生产技术和市场份额被日本信越、Sumco、德国 Siltronic、美国 Sunedison、韩国 LG 和中国台湾地区的中美晶等公司控制，但是国内企业依然在 12 英寸硅片技术上取得了显著进步。目前利好的背景是全球集成电路产业对 18 英寸晶圆制造厂的投产持保守和谨慎的态度，普遍预期 18 英寸晶圆制造将在 2020 年前后才会来临，另外从 8 英寸导入 12 英寸晶圆制造经历了 8 年时间，所以 18 英寸的导入将更久，这就为国内技术的赶超争取了时间。2014 年成立的上海新昇半导体科技有限公司建设了用于 40—28nm 制程的 12 英寸抛光硅片生产线，规划到 2017 年时年产能达到 15 万片。有研新材料股份有限公司在国家支持下积极投入 12 英寸大尺寸硅单晶生长、加工及外延技术的研发，已建成月产能 1 万片的 12 英寸硅片试验线，技术水平和性能标准满足 90nm 制程工艺集成电路制造的要求。有研新材和金瑞泓的 8 英寸硅单晶片目前都已实现 10 万片 / 月的产能，其他还有多家从事硅外延片生产的企业，如河北普兴、上海新傲、南京国盛和浙江金瑞泓等。

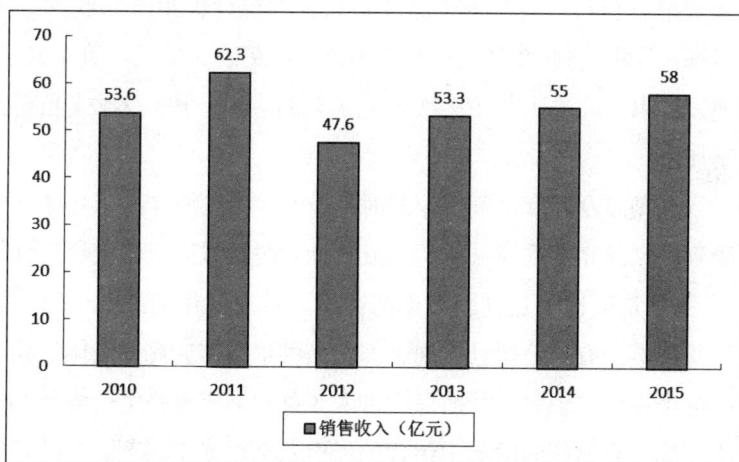

图9-3　2010—2015年中国半导体制造用硅材料销售收入

资料来源：ICMtia，2015 年 11 月。

（二）光刻胶

光刻胶是光刻工艺中的关键材料，光刻胶要求具备高分辨、抗刻蚀和离子注入、粘附性好等性能。光刻胶的产品种类较多，根据紫外光的波长分为 G 线、H 线、I 线、DUV、VUV 和 EUV。从全球光刻胶的应用发展趋势看，G 线正胶的销售今后仍将占 50% 以上的份额，I 线正胶将占 40% 左右的市场份额，DUV 光刻胶将占约 10% 的市场份额，随着国内 90nm 以下生产线的陆续建设，未来高端的

DUV 光刻胶所占的比重将越来越大。

表 9-10　2014 年实现的国产光刻胶材料分类

光刻胶种类	对应紫外光波长（nm）	光线产生来源
G线	436	Hg灯
H线	405	Hg灯
I线	365	Hg灯
DUV-1	248	Hg/KrF准分子激光
DUV-2	193	ArF准分子激光
VUV	157	F2准分子激光
EUV	10—14	通电激发紫外线管的K极

资料来源：赛迪智库整理，2015 年 10 月。

　　根据集成电路材料产业技术创新战略联盟的统计，2015 年我国半导体制造用光刻胶市场预计将达到 18 亿元，产业销售额已突破 3 亿元。随着 12 英寸生产线的密集建设，以及先进工艺中多次曝光工艺的应用，193 浸没式光刻胶的需求量将快速增加。

　　我国进入光刻胶及配套试剂产业的时间较晚，光刻胶作为半导体产业的核心原材料，受到国家的高度重视，从"六五"计划时就被列入国家科研计划，尤其 02 专项的实施更是促进了光刻胶技术的突破。目前苏州瑞红电子化学品有限公司和北京科华微电子有限公司已实现了部分品种半导体光刻胶的国产化，但技术水平仍与国际水平相差较大，目前只能进入 8 英寸集成电路生产线和 LED、光伏等产品的生产线。光刻胶的组成中包含的光引发剂、光增感剂、光致产酸剂和光刻胶树脂等专用化学品是体现光刻胶性能的最重要原料，长期以来也是被国外企业垄断。我国的光刻胶产业从 LCD、LED 和光伏电池等产品切入，已取得了重要的成绩，但是 12 英寸集成电路和先进制程需要的高端光刻胶产品的缺失依然制约我国集成电路产业的发展。至今我国的全部高端光刻胶产品和一部分低端光刻胶产品还需要从日本和欧美等大型化工企业进口。

　　国内光刻胶生产企业中，北京科华主要生产紫外负性光刻胶和紫外正性光刻胶（G 线和 I 线）及配套试剂。在 02 专项扶持下和自身研发经费的支持下，累计投资 5 亿人民币，于 2014 年建成了深紫外高档光刻胶（KrF）248nm 光刻胶生产线，产品目前已成功进入中芯国际的 8 英寸生产线，其 I 线光刻胶也在 6 英寸以下集成电路生产线和LED生产线中取得良好的市场表现。苏州瑞红的主要产品为紫外负性光刻胶、G线光刻胶及配套试剂、TN-STN光刻胶等，I线光刻胶产品正处于产业化过程中。另外潍坊星泰克、飞凯材料、强力新材、苏州华飞微电子材料、常州华钛化学、无锡化工研究院等也有不同档次的光刻胶产品。其中飞凯材料与中芯聚源共同投资聚源恒泰集成电路产业基金，共同发展集成电路用光刻胶产品。

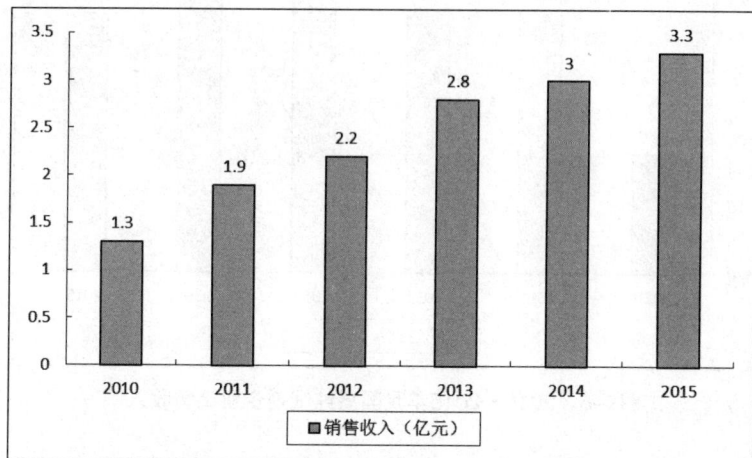

图9-4　2010—2015年我国光刻胶销售收入

资料来源：ICMtia，2015年11月。

（三）高纯化学试剂

半导体制造过程离不开各类高纯化学试剂，湿法清洗、湿法腐蚀、掺杂以及铜互连电镀等工艺步骤均需要各类无机酸类、无机碱类和有机溶剂。我国半导体制造用高纯化学试剂2015年市场规模约为14亿元，同比小幅增长。通过02专项的大力支持和国有优秀企业的不断研发，铜电镀液及添加剂已达到12英寸生产线性能要求，国产硫酸铜电镀液已经可以满足28nm的工艺制程，电镀添加剂和铜互连清洗液也已完成了45/40nm的验证，并正在开发28nm工艺。同时国产铜电镀液和镍电镀液也在TSV和BUMP等集成电路先进封装中得到应用。此外氢氟酸、氟化铵、BOE、硫酸、硝酸、盐酸、过氧化氢等试剂也已实现了高度国产化。

目前国内生产超净高纯试剂的企业主要有上海新阳半导体材料股份有限公司、浙江凯圣氟化学有限公司、多氟多化工股份有限公司、贵州威顿晶磷电子材料有限公司、杭州格林达化学有限公司、湖北兴福电子材料有限公司、江阴江化微电子材料股份有限公司、江阴润玛电子材料股份有限公司、江阴市化学试剂厂有限公司、昆山艾森半导体材料有限公司、上海华谊微电子材料有限公司、苏州晶瑞化学有限公司等。

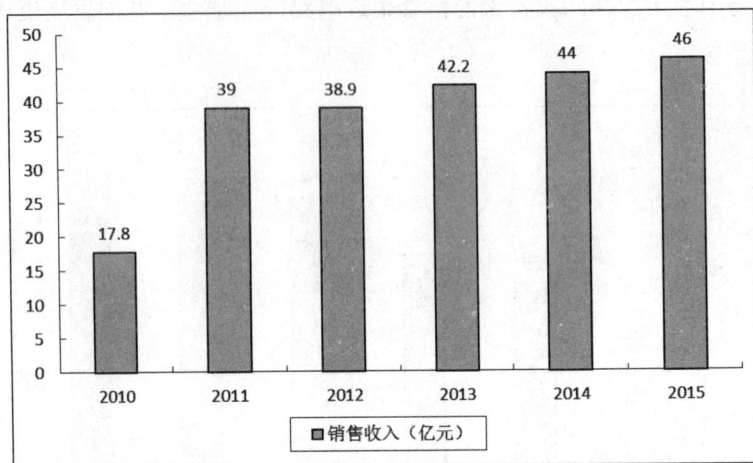

图9-5 2010—2015年我国高纯试剂企业销售收入

资料来源：ICMtia，2015年11月。

（四）电子气体

超高纯电子气体是半导体制造环节中沉积、掺杂、刻蚀、扩散、溅射和保护步骤所必不可少的原材料。由于半导体工艺的精密要求，电子气体也许需要高品质并达到足够高的纯度。集成电路材料产业技术创新战略联盟的统计数据显示，2014年我国电子气体的产业规模达到17.8亿元，同比增长9.2%，2015年可接近20亿元大关。另外，我国2014年电子气体的市场规模达到了37.7亿元，同比增长12.9%，2015年可突破40亿元，达到44.4亿元。同时可以看出我国电子气体的对国外进口产品的依赖性。虽然我国电子气体已摆脱了完全依赖进口的时代，部分气体已应用于12英寸集成电路产线，但普莱克斯、林德、法国液化空气以及大洋日酸等国外跨国巨头通过多年的技术和市场积累，形成了垄断形势。

国内从事高纯电子气体生产的企业主要有中船重工718所、黎明化工研究设计院有限责任公司、中昊光明化工研究设计院有限公司、苏州金宏气体股份有限公司、大连保税区科利德化工科技开发有限公司、江苏南大光电材料股份有限公司、佛山市华特气体有限公司、绿菱电子材料（天津）有限公司、南京特种气体厂有限公司等。

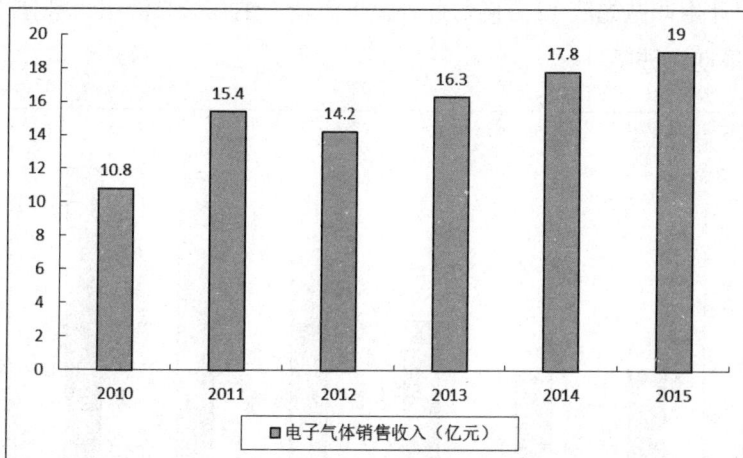

图9-6　2010—2015年我国电子气体企业销售收入情况

资料来源：ICMtia，2015年11月。

（五）抛光材料

化学机械抛光平坦化技术（CMP）是集成电路晶圆制造中重要的后序环节。CMP技术是一种全局平坦化技术，其利用化学液体与衬底表面的化学和物理双重作用实现半导体晶圆的抛光、光阻去除和表面处理。随着器件特征尺寸不断减小带来的光刻精度的提高，互连层数的增加和MEMS等新型器件结构的要求，CMP技术也需要在抛光工艺的可控性等方面做出改进。CMP抛光材料包括多晶硅、二氧化硅介电层、浅沟槽隔离、钨、铜、阻挡层用抛光液、抛光垫和修整盘等。

集成电路材料产业技术创新战略联盟的统计数据显示，2014年我国CMP抛光材料的产业规模为1.6亿元，2015年可达到1.8亿元。2014年我国CMP抛光材料的市场规模则达到了18亿元，同比增长22%，2015年将突破20亿元，未来随着12英寸晶圆厂的不断投产，CMP抛光材料还将引来一轮较快增长。

我国从事CMP抛光液的企业中以安集微电子（上海）有限公司为主要代表。2007年，公司生产的抛光液的投产实现了国内高端半导体用抛光液零的突破。目前安集公司的铜/铜阻挡层抛光液已经进入国内外12英寸生产线，主要客户包括台积电、英特尔、日月光、中芯国际等。安集已经实现了130—40nm制程产品的量产，28nm 产品达到技术要求，16—10nm 进入研发阶段的产品布局。安集目前已实现稳定产量超过 8 年，累计加工芯片近 1 千万片（12 英寸和 8 英寸各半），累计生产抛光液 12 万吨。此外，上海新安纳在抛光液用磨料等产品的开发方面取得良好进展。

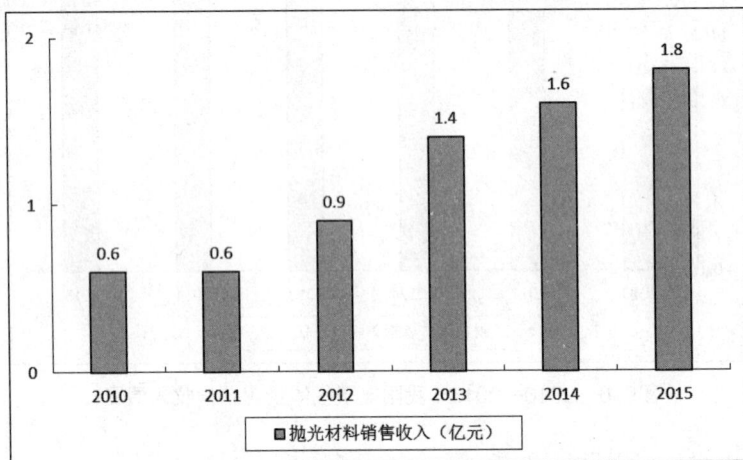

图9-7　2010—2015年我国抛光材料企业销售收入情况

资料来源：ICMtia，2015 年 11 月。

（六）靶材

溅射工艺是集成电路制造过程中重要环节，而溅射靶材是溅射工艺的关键材料。溅射工艺主要用于集成电路中互连线、阻挡层、通孔、背面金属化层等薄膜的制备。溅射靶材分为铝、钛、铜、钽、金等金属及其合金以及 ITO 等氧化物靶材。我国的溅射靶材的生产长期被 Honeywell、Nikko Materials、Tosoh、Praxair、Sumitomo Chemical 和 ULVAC 等美国和日本的企业所垄断，限制了我国半导体制造技术的进步和成本控制。近年来，在国家的重视和我国靶材企业的努力下，我国的溅射靶材产业已实现从完全依赖进口到实现国产化并出口国外市场。在 02 专项的推动下，多家企业在超高纯材料领域取得重大突破，中色宁夏东方集团是世界钽三强之一，研发的超高纯度钽纯度达到 4N 以上；新疆众合研发的高纯铝可达到 5N5 的水平；遵义钛业可制造 4N5 的高纯度钛铸锭；金川集团、有研总院已实现 6N 的高纯铜；宁波江丰电子、北京有研亿金在靶材制造等技术实现重大突破，建立了自主可控的溅射靶材生产线。江丰电子的铝、钛、铜、钽靶材符合 14nm 12 英寸生产线的要求，已批量进入台积电、海力士、东芝、中芯国际等主流半导体制造企业。

集成电路材料产业技术创新战略联盟的统计数据显示，2014 年我国溅射靶材的产业规模为 4.7 亿元，2015 年可达到 5 亿元。2014 年我国溅射靶材的市场规模则达到了 7.3 亿元，2015 年可达到 8.4 亿元。

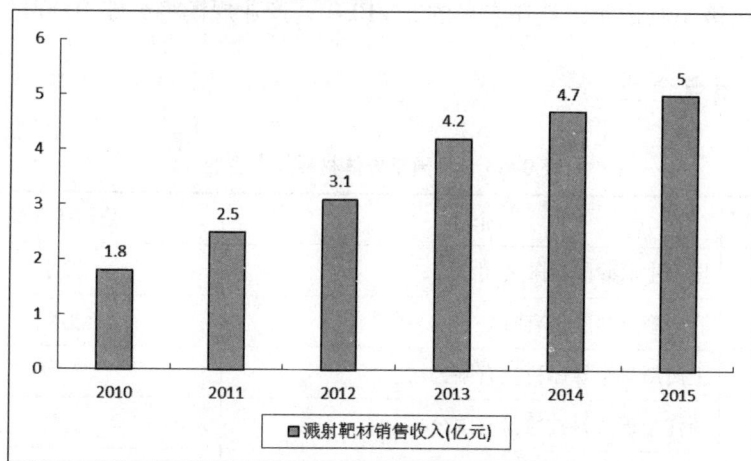

图9–8 2010—2015年我国溅射靶材销售收入情况

资料来源：ICMtia，2015 年 11 月。

（七）化合物半导体和石墨烯

半导体制造中除了 Si 材料，还有化合物半导体和石墨烯等新型材料。化合物半导体包括砷化镓（GaAs）、磷化铟（InP）、氮化镓（GaN）、碳化硅（SiC）、氧化锌（ZnO）、钙钛矿（CaTiO$_3$）、氧化镓（Ga2O$_3$）等。化合物半导体相对于 Si 普遍具有直接禁带、禁带宽度更大，电子饱和飘移速度更高等特点，制作出的半导体器件具有优异的光电性能、高速、高频、大功率、耐高温和高辐射等特征，在光电器件、微波器件和电力电子器件具有先天优势。随着近年来基于砷化镓和氮化镓的微波射频通信器件、基于氮化镓和碳化硅的电力电子器件受到持续关注，我国也在化合物半导体材料领域发力，三安光电已投产砷化镓和氮化镓外延和制造的生产线，山东天岳、天科合达、河北同光等企业也在 SiC 单晶衬底上取得重要突破，已可掌握高质量 6 英寸衬底片的制造技术。

石墨烯具有比金属还高的电子迁移率，所以导电性和导热性都非常优越，加之具有六边形网状的化学结构，其强度非常高，并且具有高比表面积和高透光性，可应用于工程复合材料、锂离子电池电极、透明电极、触摸屏、传感器、半导体器件等。我国近几年大力推动石墨烯产业化的快速发展，基本具备了完整的石墨烯产业链，涵盖石墨开采、石墨烯制备以及多种应用产品，有潜力引领全球石墨烯产业发展。中国石墨烯产业技术创新战略联盟预计，2015年中国石墨烯产业规模有望突破100亿元，并在未来的5—10年，产业规模将突破1000亿元。

三、重点企业

表9-11 我国半导体材料重点企业

材料种类	企业	公司所在地
硅片	昆山中辰矽晶有限公司	江苏
	有研新材料股份有限公司	北京
	上海新昇半导体科技有限公司	上海
	浙江金瑞泓科技股份有限公司	浙江
	南京国盛电子有限公司	江苏
	上海新傲科技有限公司	上海
	河北普兴电子科技股份有限公司	河北
	天津中环半导体股份有限公司	天津
	陕西天宏硅材料有限责任公司	陕西
	沈阳硅基科技有限公司	辽宁
	洛阳单晶硅集团有限责任公司	河南
光刻胶	苏州瑞红电子化学品有限公司	江苏
	北京科华微电子材料有限公司	北京
	潍坊星泰克微电子材料有限公司	山东
	上海飞凯光电材料股份有限公司	上海
	常州强力电子新材料股份有限公司	江苏
	苏州华飞微电子材料有限公司	江苏
	常州华钛化学股份有限公司	江苏
	无锡市化工研究设计院有限公司	江苏

（续表）

材料种类	企业	公司所在地
高纯化学试剂	上海新阳半导体材料股份有限公司	上海
	贵州威顿晶磷电子材料股份有限公司	贵州
	多氟多化工股份有限公司	河南
	浙江凯圣氟化学有限公司	浙江
	杭州格林达化学有限公司	浙江
	江阴江化微电子材料股份有限公司	江苏
	湖北兴福电子材料有限公司	湖北
	上海华谊微电子材料有限公司	上海
	昆山艾森半导体材料有限公司	江苏
	江阴市化学试剂厂有限公司	江苏
电子气体	邯郸派瑞化工科技有限公司	河北
	江苏南大光电材料股份有限公司	江苏
	中昊光明化工研究设计院有限公司	辽宁
	中核红华特种气体股份有限公司	四川
	苏州金宏气体股份有限公司	江苏
	黎明化工研究设计院有限责任公司	河南
	大连保税区科利德化工科技开发有限公司	辽宁
	绿菱电子材料（天津）有限公司	天津
	广东华特气体股份有限公司	广东
抛光材料	安集微电子(上海)有限公司	上海
	上海新安纳电子科技有限公司	上海
	天津晶岭微电子材料有限公司	天津
	成都时代立夫科技有限公司	四川
靶材	宁波江丰电子材料股份有限公司	浙江
	有研亿金新材料有限公司	北京
	宁夏东方钽业股份有限公司	宁夏

资料来源：赛迪智库整理，2016 年 1 月。

区 域 篇

第十章　环渤海地区集成电路产业发展状况

第一节　总体发展情况

一、产业规模

近年来，国内集成电路产业在高速发展的同时，地区集聚效应也日益凸现，已形成长江三角洲、珠江三角洲、京津环渤海和中西部地区四大产业集聚区。上海、安徽、湖北、天津、四川、江苏等地方产业投资基金纷纷设立，极大带动了集成电路投资与产业整合。京津环渤海区域主要包括北京、天津、山东、大连等地，在设计、装备、材料等环节有较强的实力，2015年集成电路产业规模超过300亿元，约占全国总产值的8.4%。

二、产业结构

京津环渤海地区设计实力较强，产值占比约为50%；制造业产线规模较小，主要有中芯北方、北京燕东和首钢日电等产线，产值占比约为25%；封测以引进外资企业为主，如英特尔大连封测厂、瑞萨封测厂等，以特色封装和配套为主，产值占比约为15%；装备和材料业依托02专项的优势产业优势明显，北方微电子、北京科华、有研总院等自主研发的集成电路专用设备和材料已经在部分生产线上投入使用，产值占比约为10%，产业链各环节形成了集聚发展的态势。2015年集成电路设计业销售收入为295.2亿元，同比2014年大幅增长31.4%。其中北京市集成电路设计业优势明显，2015年销售收入为272亿元，占全国设计业总收入的21%，成为仅次于深圳、上海的第三大城市；天津市设计业受经济环境影响，2015年销售收入为12.0亿元，比2014年的39.5亿元减少69.6%；大连市设计业多为中小企业，2015年产值为6.1亿元，同比减少23.7%；山东济南受整机企业带动，2015 年设计业销售收入为 5.1 亿元，同比减少 27.5%。

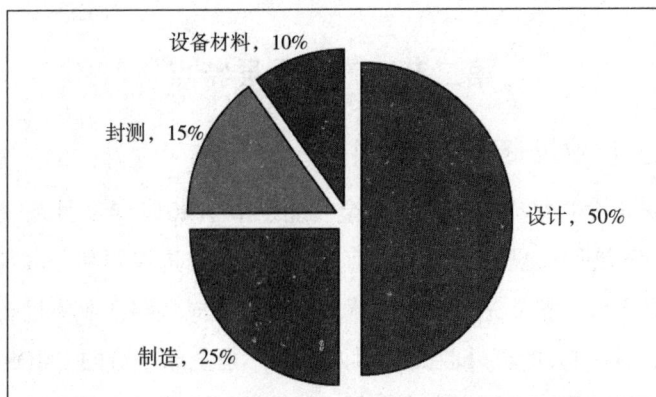

图10-1　2015年京津冀环渤海地区集成电路产业结构

资料来源：赛迪智库整理，2015 年 12 月。

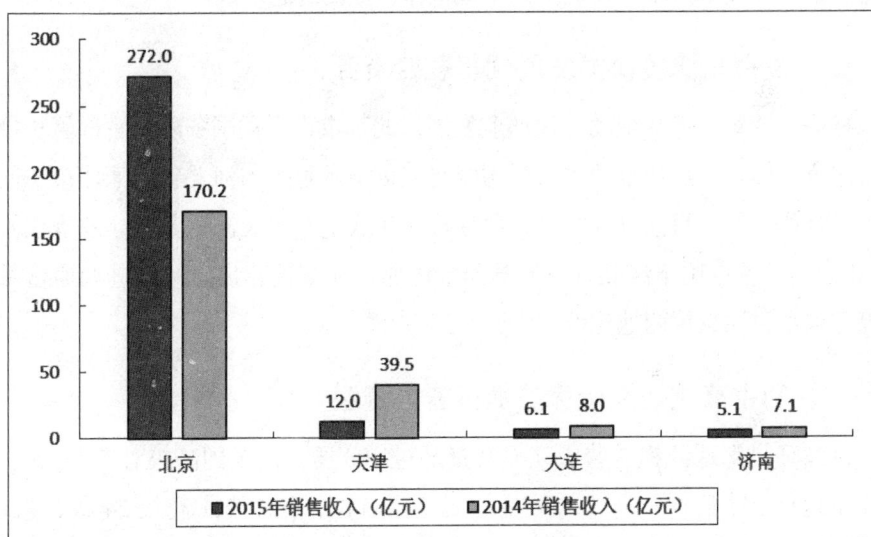

图10-2　2015年京津环渤海地区集成电路设计业区域分布

资料来源：中国半导体行业协会设计分会，赛迪智库整理，2015 年 12 月。

155

第二节　产业发展特点

一、依托产业投资基金开展并购

在国内率先设立集成电路产业基金。北京市于2014年9月在全国率先组建集成电路产业发展股权投资基金。目前基金各项工作进展顺利，母基金和制造装备、设计封测两只子基金先后设立运营，已投资集成电路产业项目8个，投资总额约21亿元。其中大的境外收购项目两个：一是全球一流的CMOS芯片设计厂商豪威科技（OV），2015年底完成交割，收购落地后将成为国内最大的集成电路产业设计企业之一；二是全球领先的MEMS代工公司Silex，计划落地亦庄后建设国际一流的MEMS生产线。通过并购境外企业，引进先进技术和人才，有效缩短了国内外技术差距，实现北京集成电路产业的跨越发展。

二、发挥京津冀协同发展优势整合资源

推进京津冀一体化带动三地产业发展。北京市正根据国务院统一部署积极推进京津冀一体化，加快推动中关村国家自主创新示范区与河北省石家庄市协同创新区域合作工作。目前京冀两地正研究设立集成电路封装测试基金，总规模不低于10亿元，重点用于河北省正定县集成电路产业基地建设，并推进如通富微电子等重点项目在京冀两地建设。

三、利用高校研究所优势提供智力资源

京津环渤海地区拥有普通高校数量超过400所，占全国高校总数的1/4。其中北京地区211和985高校的数量均居全国首位，其中211高校24所，985高校8所，包括清华大学、北京大学、中国人民大学等国内顶尖高校。同时北京拥有一批中科院和中国电子科技集团等下属的研究所，培养了一批微电子学和集成电路人才。2015年7月，教育部发布支持有关高校建设示范性微电子学院的通知，支持9所高校建立示范性微电子学院中3所在北京，支持筹备建设示范性微电子学院的高校中6所在京津环渤海地区。京津环渤海地区聚集了一批集成电路设计、制造、封测及装备材料等方向的工程型人才，有助于实现技术创新和产业发展。

第三节 重点省市发展情况

一、北京

北京是我国集成电路产业的重要战略承载区，是我国集成电路产业发展的三驾马车之一，集成电路产业也一直是北京的重点产业和优势产业，产业规模和发展水平在全国始终居于前列。自 2011 年国务院发布 4 号文件并将集成电路列为国家战略性产业以来，北京市积极落实国务院文件精神，结合京津冀一体化战略，依托既有的产业优势，多措群力推动集成电路产业发展。经过十余年的努力，现已形成以设计业为龙头、以制造业为支撑，包括封测、材料和设备等各个环节较为完整的产业链，中关村地区、北京经济技术开发区、亦庄经济开发区、八大处工业园和林河工业开发区等产业集聚区已形成规模。北京已成为我国重要的集成电路产业基地之一，产业规模和技术水平在全国持续居于举足轻重的地位。

（一）产业规模

北京市集成电路产业已经形成以设计业为龙头、制造业为支撑，包括封测、设备和材料等各个环节较为完整的产业链，人才优势不断显现，投融资体系也不

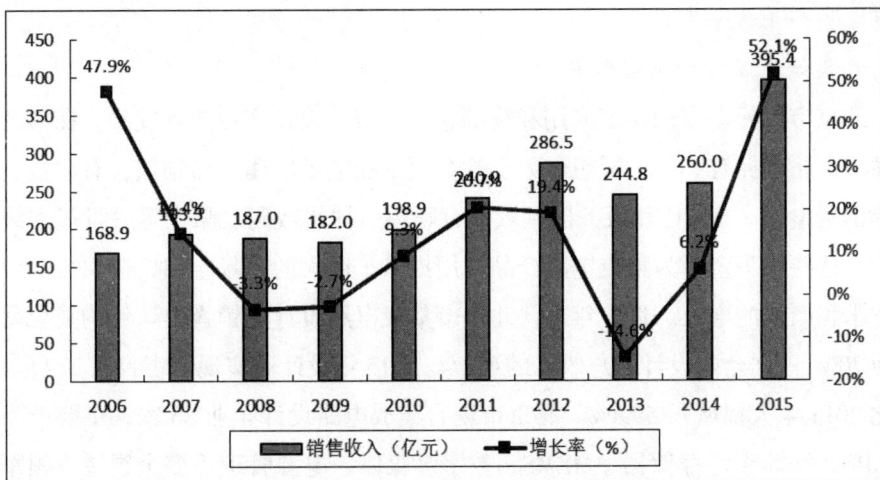

图10-3 2006—2015年北京市集成电路销售收入及增长情况

资料来源：赛迪智库整理，2015 年 12 月。

断完善，呈现出多点创新的发展局面。北京市集成电路产值稳步增长，近十年来年均复合增长率约为6%。2015年北京集成电路产业销售收入为395.4亿元，同比2014年的260亿元增长52%，集成电路产量超过150亿块，成为国内集成电路产业重点区域。

（二）产业结构

北京市现已形成以设计业为龙头、制造业为支撑，包括封测、材料和设备等各个环节较为完整的产业链，形成以中关村和亦庄开发区为聚集区，以八大处工业园区和空港、林河工业开发区为支撑点的产业布局，中关村将打造国内集成电路产业高地。现已集聚紫光、君正等一批优秀的集成电路设计企业，以及IC咖啡等27家创新型孵化器，初步形成产业集群。此外，园区将与石家庄共建封装测试产业基地，构建环渤海集成电路产业集群。亦庄将建国家级集成电路产业核心区。目前，已逐步形成以中芯北方为制造业龙头，设计企业完备，包括封装测试、关键装备、零部件及配套材料的集成电路产业链。

在区域分布上，北京已形成两大产业集聚区，分别为以海淀集成电路设计园为核心的集成电路设计集聚区，和以北京经济技术开发区为核心的集成电路制造集聚区。其中90%的集成电路设计企业聚集在设计园周边；以中芯国际12英寸生产线为核心，在北京经济技术开发区内聚集了一大批封装测试、材料装备等上下游产业链配套企业。

1. 设计业成为行业火车头

北京市依托丰富的系统应用和终端企业，带动设计产业蓬勃发展。在移动通信领域，北京拥有小米、联想和天宇等企业；在电子应用产品领域，有纽曼、华旗等消费电子；在PC和服务器领域，有联想、神州数码、曙光等一批优秀终端企业。这些龙头企业为集成电路产品应用提供了巨大的市场空间，进而拉动设计业技术和产值的增长。近十年来，北京市集成电路设计业销售收入年均复合增长率为20%，占据全国设计业总收入的近1/4。2015年设计业实现销售收入272亿元，同比2014年大幅增长59.8%。北京市现有集成电路设计企业83家，主要产品覆盖CPU、智能卡、存储器、MEMS、数字多媒体、电源管理等多个领域，领军企业包括大唐微电子、兆易创新、北京君正、同方微电子等，已成为全国集成电路设计业的旗舰。其中国内前十大集成电路设计企业中，有3家为北京市企业，中国华大、大唐微电子等连续多年排名国内前十大集成电路设计企业。

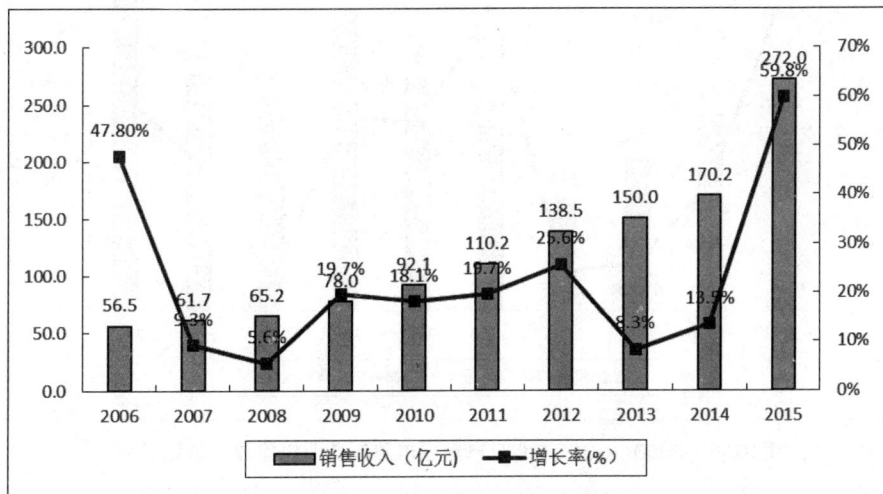

图10-4　2006—2015年北京市集成电路设计业销售收入及增长率

资料来源：赛迪智库整理，2015年12月。

2. 制造业工艺水平国内领先

北京市集成电路制造业工艺制程比较先进，占领国内制造高端环节。2015年制造业销售收入为75.5亿元，占据全国制造业总收入的8%，同比高速增长35.8%。北京市拥有3家集成电路制造企业，分别为中芯北方、首钢日电和燕东微电子。其中中芯国际北京公司在国家02专项的支持下，已经实现自主28nm工艺技术的批量生产。2000年，我国集成电路制造水平与国际先进水平的差距大约为4—5代，2014年下半年，随着中芯国际实现28nm工艺技术量产，我国集成电路制造水平与国际先进水平的差距缩短至2代。中芯国际是全球第5大集成电路代工企业，目前中芯国际北京公司的12英寸产能已经提升至3.8万片/月，正在积极推进二期和三期项目建设，总投资72亿美元，2019年达产后可新增产能7万片/月。同时22/20nm工艺也已经启动预研，整体技术水平正在稳步追赶世界先进步伐。首钢日电和燕东微电子主攻8英寸以下特色工艺生产线，承担了部分模拟电路、电源管理、分立器件等特色工艺代工，目前北京市正在推动燕东微电子8寸生产线项目，将进一步加强北京市的代工实力。

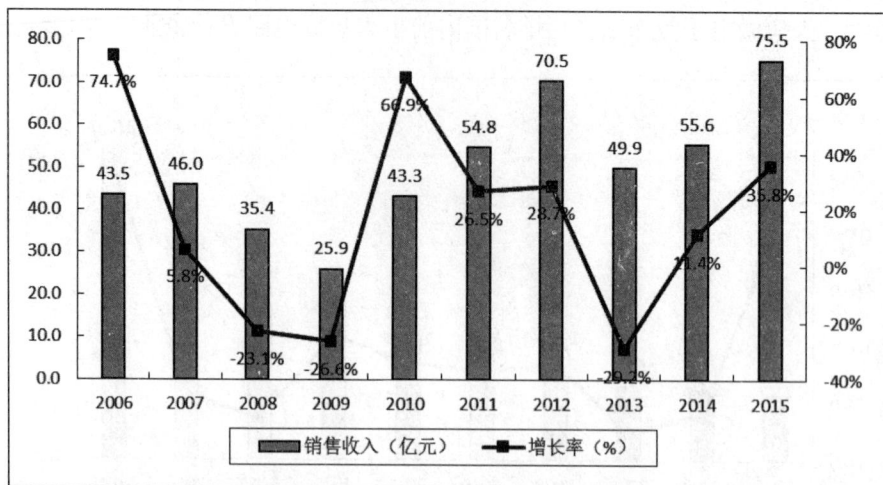

图10-5　2006—2015年北京市集成电路制造业销售收入及增长率

资料来源：赛迪智库整理，2015 年 12 月。

3. 封测业发展初具规模

北京市集成电路封装业企业数量和规模都较小，发展初具规模。2015 年集成电路封装测试业销售收入近 41 亿元，同比 2014 年增长 37.5%，占全球封测业比重较小。重点企业包括中外合资的威讯联合半导体和瑞萨半导体等国际著名的封装测试企业，其中威讯联合半导体多年位居国内封测厂第二位，瑞萨半导体也排名国内封测企业前列。但这两家企业的母公司都为 IDM 企业，产品主要实现内部配套，支撑母公司后道，因此并不能实现北京市本土企业的配套发展。国内企业主要有北京确安科技、航天 772 研究所等规模较小的封测企业，其中北京确安科技属于第一批国家鼓励的集成电路测试企业之一，是我国二代居民身份证、社保卡和中石化加油卡等智能卡芯片的指定测试单位。目前北京市计划引进通富微电子封装测试生产线，计划明年在亦庄建设封装生产基地，将进一步加强北京市集成电路封测产业实力。

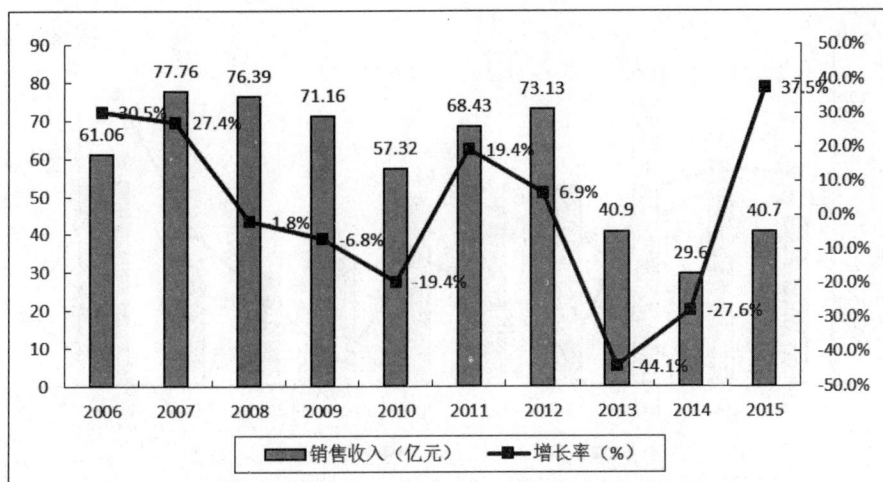

图10-6　2006—2015年北京市集成电路封测业销售收入及增长率

资料来源：赛迪智库整理，2015年12月。

4.设备材料业创新成果凸显

在国家02专项的扶持下，北京市发展了一批集成电路设备材料企业。2014年设备材料业销售收入为7.1亿元，同比增长61.4%。设备方面，七星电子、北方微电子等公司的国产化刻蚀机、离子注入机等已经在部分生产线得到使用，中电科电子装备集团的封测设备也获得批量应用，清大天达等企业主攻后端清洗设备。同时北京市积极进行企业整合，正在推进北方微电子与七星电子合并，打造市级集成电路装备集团。材料方面，北京科华的光刻胶产品已经在光伏、LED等半导体领域得到应用，正在研发集成电路产品；有研新材专攻12英寸大硅片，目前已经取得研发成果，有望实现大规模应用。北京市希望通过进一步发挥既有优势，弥补产业薄弱环节，提升北京集成电路企业的技术水平和综合实力。

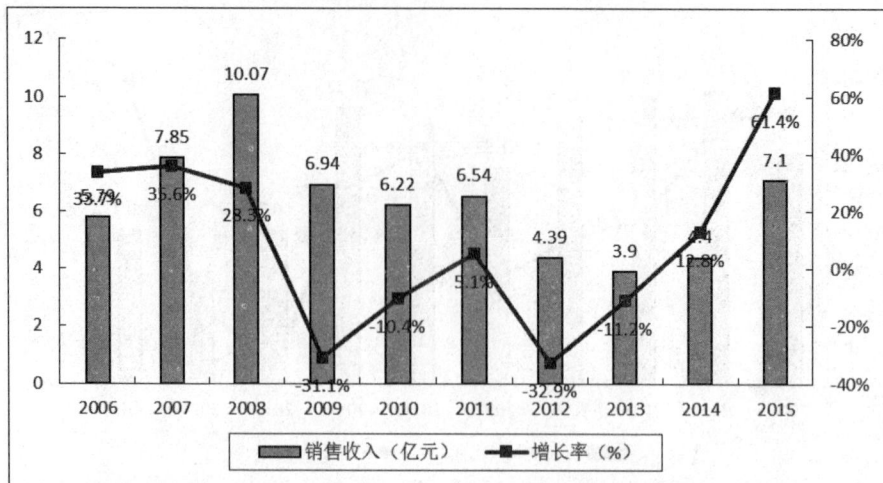

图10-7 2006—2015年北京市集成电路设备材料业销售收入及增长率

资料来源：赛迪智库整理，2015年12月。

（三）重点企业

北京市集成电路企业涉及领域广泛，产业链布局完整，其中设计企业83家、代工企业4家、封测企业3家、设备材料企业7家。设计企业芯片领域包括智能卡、电力芯片、数字多媒体、存储器、CMOS图像传感器、MCU、模拟芯片等，其中中电华大、大唐微电子、北京南瑞智芯、中星微电子等企业排名国内设计企业前列。

表10-1 北京市重点集成电路设计企业

序号	企业名称	主营业务	收入规模
1	北京中电华大电子设计有限责任公司	智能卡、RFID、卫星导航芯片	32.1亿元
2	大唐微电子技术有限公司	双界面、接触式智能卡芯片、SIM卡芯片等	31.3亿元
3	北京南瑞智芯微电子科技有限公司	电动汽车充换电、车载式移动变电站等电力芯片	24.8亿元
4	北京中星微电子有限公司	数字多媒体芯片	17.5亿元
5	北京兆易创新科技股份有限公司	Nor Flash闪存、MCU	7.9亿元
6	北京华大智宝电子系统有限公司	智能卡、数据安全产品、整机终端、应用解决方案	1亿—10亿元
7	北京同方微电子有限公司	智能卡芯片	8.9亿元
8	北京思比科微电子技术股份有限公司	CMOS图像传感器和图像处理芯片	3.8亿元

（续表）

序号	企业名称	主营业务	收入规模
9	北京福星晓程电子科技股份有限公司	电力终端专用芯片、自动化电能管理系统	2.5亿元
10	北京华虹集成电路设计有限责任公司	智能卡，通信领域IC芯片、信息安全领域	1亿—10亿元
11	北京时代民芯科技有限公司	MCU、导航、计时、传感器、电源管理等芯片与模组	1亿—10亿元
12	北京集创北方科技有限公司	面板驱动、电源管理、接口、LED驱动芯片	1.7亿元
13	圣邦微电子（北京）股份有限公司	运算放大器及比较器，模拟开关，电源管理	3.3亿元
14	北京海尔集成电路设计有限公司	数字电视解码、解调芯片和整机系统	1亿—10亿元
15	北京华大信安科技有限公司	信息安全芯片，安全软件	1亿—10亿元
16	龙芯中科技术有限公司	IP核，龙芯通用处理器	—
18	北京君正集成电路股份有限公司	嵌入式CPU芯片和解决方案	5900万元
19	北京华大九天软件有限公司	EDA/IP，SoC数字后端优化软件及解决方案	1亿元
20	北京创毅讯联科技股份有限公司	基带芯片、LTE产品、智慧城市解决方案	1000万—5000万元
21	京微雅阁（北京）科技有限公司	可编程逻辑器件，可重构微处理器及软件	1000万元

资料来源：赛迪智库整理，2015年12月。

表10-2 北京市重点集成电路制造企业

序号	企业名称	工艺制程	产能
1	中芯国际集成电路制造（北京）有限公司	12英寸28nm	3.8万片/月
2	首钢日电电子有限公司	6英寸1—0.35μm	3万片/月
3	北京燕东微电子有限公司	6英寸1—0.35μm	2万片/月

资料来源：赛迪智库整理，2015年12月。

表10-3 北京市重点集成电路封测企业

序号	企业名称	主营业务	产能
1	威讯联合半导体（北京）有限公司	射频功率放大器封装	5500万颗/月
2	瑞萨半导体（北京）有限公司	MCU、SRAM等封装测试	9200万个/月
3	北京确安科技股份有限公司	MCU、CPU、DSP等产品封装测试，IC设计验证	—

资料来源：赛迪智库整理，2015年12月。

表 10-4　北京市重点集成电路设备材料企业

序号	企业名称	领域	主营业务
1	北京中科信电子装备有限公司	设备	离子注入机、快速退火炉等装备
2	北京七星华创电子股份有限公司	设备	扩散氧化退火、清洗、PECVD、刻蚀机等
3	北京北方微电子基地设备工艺研究中心	设备	刻蚀机、物理沉积、化学沉积设备
4	汉民微测科技（北京有限公司）	设备	电子束检验仪器
5	北京达博有色金属焊料有限责任公司	材料	键合铜丝、钯铜丝、合金丝等
6	有研半导体材料股份有限公司	材料	半导体硅材料
7	北京通美晶体技术有限公司	材料	GaAs、InP等Ⅲ-Ⅴ族化合物及单晶锗半导体衬底材料

资料来源：赛迪智库整理，2015年12月。

二、天津

天津市作为京津冀协同发展的重要地区，把集成电路产业作为产业转型发展的契机，2月份出台《天津市集成电路产业发展三年行动计划》，推动全市集成电路产业重点突破和整体提升，实现跨越式发展。天津将按照"区域集中、企业集聚、产品集成、开发集约"的发展原则，在空间布局上引导上下游关联企业集聚，形成开发区、保税区和高新区三个功能区联动发展的产业集群格局，降低生产、协作和交易成本，提高产业的规模效应以及整体协作能力，推动天津滨海新区集成电路设计产业和支撑配套产业集群化发展。

（一）产业规模

天津市在国内较早发展集成电路产业，随着产业环境的不断完善，特别是设计业发展迅速。目前，已初步形成滨海新区龙头带动，西青区、津南区等配套支撑的发展格局，构建起了涵盖设计、封测、制造、装备和材料的完整产业链条，聚集了中芯国际、飞思卡尔、展讯通信、唯捷创芯、芯硕半导体等50多家集成电路企业，以及中电46所、中电18所、航天8357所、8358所、707所等国家级科研院所，具备跨越式发展的产业基础。2015年，天津市集成电路产业规模达到170亿元，同比增长超过30%。2014年天津集成电路产业销售收入为152亿元，其中集成电路设计为40亿元。

（二）产业结构

天津市集成电路产业链格局日渐完善，集成电路产业中设计、制造、封测，以及支撑设备材料业都取得了很大发展。集成电路设计方面，2015年设计业销售收入为12亿元，成为国内重要的设计业集聚区，展讯、唯捷、艾尔瓦特、双竞科技、瑞发科、强芯、峰景等集成电路设计企业在天津落地，产品涉及多个领域，技术开发实力不断提高。集成电路制造方面，中芯国际8英寸工艺线、中环半导体6英寸生产线和、诺思微系统6英寸MEMS生产线，以及飞思卡尔半导体等使天津具有了晶圆加工和半导体封装、测试产业发展基础。集成电路设备方面，华海清科公司所设计的半导体抛光机填补了国内空白。集成电路材料方面，天津中环半导体股份有限公司生产的区熔硅单晶、太阳能多晶硅等半导体材料产销规模处于全国同行前列；以罗姆、西迪斯代表的分立器件具有国际先进水平。

（三）重点企业

表 10-5　天津市重点集成电路设计企业

序号	企业名称	主营业务
1	飞思卡尔强芯（天津）集成电路设计有限公司	8位32位MCU，混合信号模拟IP数字IP
2	天津泛海科技有限公司	光纤通信，红外接收，光纤端子驱动芯片等
3	天津国芯科技有限公司	USB终端安全芯片、高速加密芯片、U盘控制芯片等
4	天津南大强芯半导体芯片设计有限公司	电源管理芯片、SOC芯片
5	天津锐石微电子有限公司	电源管理芯片
6	天津数字太和科技有限公司	数字内容保护和数字电视机卡分离核心技术和产品
7	易良盛科技（天津）有限公司	开关霍尔电路、微功耗CMOS霍尔电路等
8	英特格灵芯片（天津）有限公司	直流无刷电机控制芯片、IP核（音频编解码、高速接口）
9	展讯通信（天津）有限公司	手机基带芯片、射频芯片
10	双竞科技有限公司	电能计量、工控仪表、运算放大器、开关电源等
11	天津安普德科技有限公司	蓝牙以太网接入、嵌入式软件等
12	天津朗波微电子有限公司	射频功率放大器、射频开关、射频收发芯片
13	天津瑞发科半导体技术有限公司	USB控制器、读卡器、安全监控产品等

资料来源：赛迪智库整理，2015年12月。

三、山东

山东省集成电路产业起步较晚，基础相对薄弱。近年来，山东省加强技术创新，实施重点突破，同时积极开拓国际国内市场，实现产业较快发展。在国家政策的引导下，山东省出台了《山东省人民政府关于贯彻国发〔2014〕4号文件加快集成电路产业发展的意见》（鲁政发〔2014〕14号），并随后设立了山东省信息产业发展引导基金，规模5亿元，其中政府出资1亿元，其余吸引社会资本加入。山东省依托国家集成电路设计济南产业化基地，在人才、资金、服务等方面制定了一系列优惠政策措施，推进基地产业发展，进而推动山东省集成电路产业发展。

（一）产业规模

山东省集成电路产业基础较为薄弱，以设计和封测为主，制造环节缺乏。2014年集成电路实现销售收入130亿元，其中集成电路设计环节收入40亿元，封测环节为40亿元，设备材料环节50亿元。目前，全省共有集成电路设计生产企业80余家，封测材料企业几十余家，初步形成了涵盖集成电路设计、封装测试、配套材料等环节的产业链。

山东省根据省内产业实际，出台了一系列政策措施，助力集成电路产业发展。人才政策方面，从海外引进的高层次人才，纳入山东省"万人计划"，享受为期三年总额为100万元的资助。高层次人才创办高新企业给予50万—300万创业启动资金，领军人才给予30万—100万元安家费。高层次人才控股或拥有不低于20%股权的企业，由政府提供50万—200万元科研启动资金，并引导风投公司给予最高可达500万元的股权投资。对于申请流动资金贷款的，给予总额最高为100万元的贴息，另可获得为期5年的个人所得税后补贴。研发资金补贴方面，基地为设计企业提供免费的EDA平台使用，通过40%的MPW费用补贴和30%的IP开发费用补贴，为企业开发产品降低门槛，提高了企业开发设计芯片的积极性。产业发展资金方面，基地企业在享受国家优惠政策之后，自纳税年度起，前5年按照企业年度纳税总额地方留成部分100%的比例，5年后至本政策执行截止年度按30%的比例建立产业发展基金，全部用于扶持企业发展。孵化企业补贴方面，经批准进入基地孵化器的在孵企业，三年内参照其当年实现地方税收收入的50%比例给予扶持；其中留学人员创办的企业，按80%的比例给予扶持。上市融资奖励方面，企业当年新上市公开发行股票的，给予一次性10万元奖励；境内外公开发行上市扶持100万元，境外OTC交易扶持50万元。

（二）产业结构

1.集成电路设计产业实现突破

山东省按照"先两头（设计、封装测试）、后中间（制造）"的发展思路，优先发展集成电路设计产业，进一步完善国家集成电路设计济南产业化基地等园区基地承载能力。济南市被认定为八个国家级集成电路设计产业化基地之一，已聚集了华芯、华翼、力创赢芯、概伦等几十家集成电路设计企业，并与山东大学、济南大学等高校建立了密切合作关系。目前，山东省12家企业通过国家集成电路设计企业认定，10家单位被认定为省级集成电路设计中心。济南概伦电子科技有限公司在国内 EDA（电子设计自动化软件）企业中名列前茅，拥有全球客户近200家，覆盖绝大多数国际领先的集成电路企业、半导体晶圆代工企业和研究机构，包括三星半导体、美光科技、现代电子、IBM、高通、索尼、中芯国际、华力微电子等。其自主研发的"大容量高精度晶体管级高速仿真器 Prosim-FS"填补了国内空白，达到国际领先水平，标志着我国在集成电路电子设计自动化领域取得突破，拥有了具有自主知识产权、世界领先的 EDA 核心技术和关键设计工具。海信视频处理芯片、海尔数字电视信源解码芯片以及系统解决方案、浪潮集团税控收款机 SOC（系统级芯片）等产品实现量产，替代国外产品。山东力创在智能仪器仪表专用芯片、济南中维世纪科技在音视频解码芯片、华翼微电子在金融 IC 卡、淄博齐芯微系统科技有限公司在 MEMS（微机电系统）控制芯片等领域，已形成了较强的设计能力。未来山东省将面向物联网、云计算、消费电子、信息安全等市场需求大的产品领域，推动集成电路设计企业与整机企业开展合作。

2.集成电路封装测试产业初具规模

济南、淄博、威海等市集成电路封装测试产业快速发展，在 DRAM（固态存储）、IC 卡、半导体器件封测领域形成优势。2011 年，华芯在济南建成投产我国首条高端存储器封装测试生产线。淄博市集聚了大批 IC 卡封装测试企业，产能居全国第二位，其辖区内聚集了山东山铝电子技术有限公司、淄博凯胜电子技术有限公司、淄博泰宝防伪技术产品有限公司等一批 IC 卡封装测试企业和射频识别生产企业。日月光半导体（威海）有限公司从事半导体分立器件封装，客户涵盖欧美日韩等多个国家；东营科达半导体有限公司、威海新佳电子有限公司等一批电力电子生产企业在功率半导体封装测试和生产领域形成优势，部分产品打破国外垄断。未来几年山东省将做大做强封装测试业，巩固济南、淄博、威海等在存储器芯片、IC卡、半导体器件等封装测试领域的优势，重点培育和引进3—5家具有国际先进水平的集成电路芯片封装测试企业，建成国内重要的存储器芯片和IC卡芯片封装测试基地。

3.集成电路配套材料产业凸显优势

山东省拥有一批从事集成电路专用金丝、硅铝丝、框架、封装材料、硅单晶、碳化硅材料等配套材料生产的优势企业，依托鲁鑫贵金属、科大鼎新、恒汇电子等企业，积极推动集成电路用金丝、硅铝丝、封装载带等配套材料、配套件产业的发展。山东天岳先进材料科技有限公司碳化硅材料的研发和生产，处于国内领先地位，也是我国唯一一家为军方提供高质量碳化硅衬底材料的企业。其自主研发的4英寸高纯半绝缘碳化硅衬底产品，填补国内空白，打破国外技术垄断和封锁，达到国际领先水平；今年4月该公司又成功开发出6英寸碳化硅单晶生长炉，并生长出6英寸碳化硅单晶产品，相关技术达到国际先进水平。鲁鑫贵金属材料有限公司是国内最大的键合金丝生产企业，金丝产品占国内市场份额的60%以上；淄博恒汇电子科技有限公司"IC卡载带"填补国内空白，替代进口；济南晶恒山田电子精密科技有限公司是国内重要的集成电路框架生产基地和供应商，产品质量在行业名列前茅。

（三）重点企业

山东省依托概伦电子、山东华芯、海信信芯等骨干企业重点开发EDA工具、计算机存储芯片、数字音视频处理芯片、信息安全芯片、各类IC卡及电子标签等量大面广的产品，未来将建成20—30家省级以上集成电路设计中心，进一步推动集成电路设计业的发展。

表10-6　山东省重点集成电路设计企业

序号	企业名称	主营业务	收入规模
1	青岛东软载波科技股份有限公司	智能家居、法院软件、电力线载波产品等	6.4亿元
2	济南中维世纪科技有限公司	摄像机、存储产品、音视频压缩卡、安防产品	1000万—5000万元
3	山东华芯半导体有限公司	DRAM芯片、模组、封测服务	2.5亿元
4	山东华翼微电子技术有限责任公司	智能卡、RFID芯片	1000万元
5	山东力创科技有限公司	热能计量、无线智能插座、温控阀、温控面板等	10亿元

（续表）

序号	企业名称	主营业务	收入规模
6	山东力创赢芯集成电路有限公司	热计量、电计量、水计量MCU芯片	1000万—5000万元
7	青岛博晶微电子科技有限公司	电源开关、LED显示驱动、触摸感应、烟感芯片等	1000万—5000万元
8	青岛海信信芯科技有限公司	数字音视频处理芯片	1亿—10亿元
9	烟台睿创微纳技术有限公司	非制冷红外成像与MEMS传感技术开发	1亿—10亿元
10	济南概伦电子科技有限公司	EDA/IP集成电路设计平台	1000万—5000万元

资料来源：赛迪智库整理，2015年12月。

表10-7　山东省重点集成电路封测企业

序号	企业名称	主营业务
1	山东华芯半导体有限公司	存储器封装测试
2	山东山铝电子技术有限公司	IC卡封装测试
3	淄博凯胜电子技术有限公司	IC卡封装测试
4	淄博泰宝防伪技术产品有限公司	IC卡封装测试
5	日月光半导体（威海）有限公司	半导体分立器件封装
6	东营科达半导体有限公司	功率半导体封测
7	威海新佳电子有限公司	功率半导体封测

资料来源：赛迪智库整理，2015年12月。

表10-8　山东省重点集成电路材料企业

序号	企业名称	主营业务
1	山东天岳先进材料科技有限公司	SiC材料研发和生产
2	鲁鑫贵金属材料有限公司	键合丝、金丝
3	淄博恒汇电子科技有限公司	IC卡载带
4	济南晶恒山田电子精密科技有限公司	集成电路框架

资料来源：赛迪智库整理，2015年12月。

四、大连

经过多年积累，大连市集成电路产业基础已经形成，具备了一定优势和特色。

为了贯彻落实《国家集成电路产业发展推进纲要》和"中国制造 2025"战略部署，紧紧抓住机遇期和窗口期，在新一轮竞争中抢占产业布局的先机，实现跨越式发展，加快推进工业结构调整和经济转型升级，大连市将集成电路产业作为"十三五"期间重点发展的战略性新兴产业。今年 10 月 19 日发布了《大连市人民政府关于促进集成电路产业发展的实施意见》（大政发〔2015〕46 号），提出举全市之力推动集成电路产业实现跨越式发展的战略目标和举措。

（一）产业规模

大连市集成电路产业基础基本形成，产业链不断完善。按照"以集成电路设计和人才培养为突破口，以大项目引进为龙头，高水平、高起点发展集成电路产业"的指导方针，大连市集成电路产业实现从无到有、从小到大，集聚了包括英特尔、罗姆电子、三垦电气、宇宙电子、艾科科技、连顺电子、恒森微波、维德集成电路等一批企业群体；吸引了包括摩西湖化学、液化空气、联华气体、休斯敦机场系统、诺发半导体等全球知名的半导体配套和服务企业进驻。初步形成了集成电路设计、制造、封装设备、特种材料、物流服务等相对完整的产业体系；产品广泛涉及芯片组、图像传感器、无线充电 IC、LED 驱动 IC、电源管理 IC、射频芯片、光接收模组、激光器、桥式整流器、肖特基二极管、MOSFET、霍尔器件等。截至 2014 年底，包括配套企业在内，集成电路企业 48 家，从业人员 8000 多人，销售收入 70 亿元。

（二）产业结构

集成电路设计产业发展较快，技术创新不断迈上新台阶。大连市已有 20 多家集成电路设计企业，有 5 家企业通过国家级集成电路设计企业认定。虽然在销售收入规模上与发达地区相比差距较大，但是拥有一批具有自主知识产权的集成电路设计产品，一批企业具备了快速取得突破的发展潜力。其中，大连维德集成电路在图像识别芯片设计和高清晰度视频采集技术方面具有完整自主知识产权，技术上处于国际领先地位，开发的高速高清摄像机图像处理芯片及终端产品成功应用到我国高铁实时监测系统及汽车发动机生产线检测系统；大连硅展科技公司成功地开发出具有世界领先水平的智能手机无线充电芯片，多次获得全球消费类电子展创新大奖，该产品已经成功应用到可穿戴设备、智能家居等领域；大连恒森微波开发的抗电磁干扰的霍尔传感器集成电路芯片是环保节能电子产品，广泛应用于电动自行车、电动汽车领域；大连爱康普公司成功地开发出超高频射频识别芯片，性能指标在国内同类产品中排列第一，已开始应用到一汽集团、高速铁路车辆定位、汽车电子标识及银行系统中；大连达明科技公司成功研制出了LED显示亮度和色度校正控制系统，获得国家发明专利并填补了国内该领域的空白。

集成电路制造及封测产业规模不断扩大。全市共有12家集成电路制造企业，主要从事芯片组、薄膜、厚膜混合集成电路和半导体分立器件的生产，拥有二极管产量全国最大的企业。尤其是英特尔公司将投资55亿美元升级大连工厂，项目建成后，大连将成为世界上最先进的非易失性存储器芯片制造基地。

集成电路装备和材料产业特色明显，在国内占有重要地位。大连佳峰电子的全自动粘晶机、芯片绑定机和引线键合机等集成电路封装设备，拥有多项发明专利，填补了国内空白，获得国家02专项支持，是我国半导体后封装设备的领军企业之一；大连益盛达开发的芯片绑定机、上片机已初步形成产业化，成为国内重要的半导体及LCD智能化装备供应商之一；大连机床厂积极进军半导体智能化装备领域，CMP抛光产品已投放市场；大连科利德化工科技是我国重要的半导体特种气体供应商，生产的高纯度烷类、氨类、有机金属类、氟类特种气体广泛应用于国内外集成电路、LED制造领域，该企业是国内唯一能够为英特尔、三星、中芯国际等先进的集成电路制造商提供特种电子气体的企业。

官助民办搭建平台，服务功能不断完善。总投资5亿多元，建筑面积8万多平方米的辽宁省集成电路设计产业化基地拥有一流的软硬件环境，EDA开发、FPGA设计、芯片测试与人才培养等服务功能不断完善，对大连乃至辽宁省集成电路产业高端化和设计产业的集聚发展起到了积极的促进作用。

人才教育培训体系初步建立，本地化培养进程加速。大连理工大学、大连海事大学、东软信息学院、大连工业大学等多所大专院校设立了集成电路学科和专业。目前包括大学和社会化培训在内，每年开展集成电路人才培训达到上千人。大连理工大学正在筹备、建设国家级示范性微电子学院。我市具有跨学科、跨领域、复合性特点的集成电路人才教育培训体系初步建立，为集成电路产业的发展提供强有力的人力资源支撑。

（三）重点企业

表 10-9　大连市重点集成电路设计企业

序号	企业名称	主营业务
1	大连硅展科技有限公司	无线充电芯片、消费电子、智能仪表解决方案
2	沈阳中科微电子有限公司	射频、微波集成电路芯片与模块
3	大连恒森微波电子有限公司	霍尔传感器
4	大连精拓光电有限公司	LED驱动电路
5	大连连顺电子有限公司	模拟集成电路、电源管理芯片
6	大连维德集成电路有限公司	图像识别芯片
7	大连爱康普有限公司	超高频射频识别芯片

资料来源：赛迪智库整理，2015年12月。

第十一章　长三角地区集成电路产业发展状况

第一节　总体发展情况

长江三角洲地区是国内最重要的集成电路研发和生产基地，产业主要集中在上海、无锡、苏州、安徽等地。目前长三角地区集成电路产值占全国约 40% 的份额，在芯片制造、芯片封测领域制程技术方面遥遥领先其他区域，也是全国集成电路产业链布局最完整的地区。

在集成电路设计领域，长三角地区围绕手机核心芯片形成了较完善的产业链，在手机基带芯片、射频芯片、摄像头 CMOS 传感器、SIM 卡、音频、背光、电池等各类驱动电路领域均具有全国领先的设计开发能力，此外，长三角地区在数字电视芯片、模拟电视接收芯片领域也具有传统优势，在集成电路设计服务方面培育了芯原等 IC 设计服务企业。

在集成电路制造领域，长三角地区是全国最大规模和最高工艺的产能集中区，聚集了中芯国际、台积电（上海）、华虹宏力、上海先进半导体等大规模制造企业。我国首条国有控股 12 英寸线，"909" 工程升级改造项目华力微电子在 2011 年 4 月实现试产，2015 年底已经实现 28nm 先进制造工艺小规模量产；上海新进半导体在美国纳斯达克成功上市，融资 8600 万美元；中芯国际与灿坤半导体、新思半导体合作，一次性成功流片灿芯自主研发的 40nm 芯片，显示了中芯国际 40nm 先进工艺平台已具备支持尖端设计项目的能力，2013 年中芯国际还与湖北省科技投资集团签订合同，合资经营武汉新芯半导体，并完成了对武汉新芯 12 英寸线的资源整合，2014 年中芯国际与美国高通公司开始合作研发 28nm 先进制造工艺，2015 年底中芯国际正式实现 28nm 工艺量产。

在封装测试领域，长三角地区形成了以苏州为中心，全方位发展的集成电路芯片封装测试基地。作为国内最早对外开放的地区之一，一大批国际半导体企业在苏州投资落户。除外资、合资企业外，江苏长电科技股份有限公司、南通富士通微电子股份有限公司、无锡华润安盛科技有限公司等在高端封装测试技术方面不断取得突破。苏州市也借此逐步发展成为目前国内规模最大的集成电路芯片封装测试业重镇。

第二节　产业发展特点 [1]

一、产业销售规模大幅攀升，企业稳步健康发展

2015年，长三角地区集成电路产业销售收入约为1300亿元，占全国总销售额比重约40%。经过多年的发展，长三角地区集成电路产业已经形成了较为完备的产业链条。其在芯片设计业、芯片制造业、封装测试业以及材料、设备等支撑业领域，涌现出了一大批全国领军的企业和企业家。作为我国大陆最主要的芯片生产基地，该地区集中了全国56%的芯片制造生产线，同时还拥有集成电路（含分立器件）封装测试企业100多家。除此之外，该地区还拥有丰富的外延片、单晶硅、抛光片、金线、框架、焊球、分选机、光刻胶、贴片机、清洗机、去胶机、去飞边机等专用材料及设备支撑企业。据统计，该地区集中了目前国内80%的封装测试企业、55%的芯片制造企业以及近50%的芯片设计企业。

二、创新能力显著增强

长三角集成电路产业始终坚持自主创新发展，不断推进产业链各个环节在国内率先实施突破：集成电路设计方面，展讯成为全球第三大手机基带芯片供应商，2014年芯片出货量超过4.5亿颗，2015年进一步增加。芯片制造方面，2015年中芯国际与华力微电子分别与高通公司和联发科公司合作实现28纳米制造工艺量产，进一步缩小了我国与世界先进水平的差距。封装测试业方面，江苏新潮科技集团有限公司、南通华达微电子集团有限公司等在BGA、SIP、QFN、WLCSP、CSP、MCP等技术中不断突破；设备材料业方面，中微半导体等离子体介质刻蚀设备、盛美半导体自主开发的12英寸单晶硅片清洗设备、上海新傲自主研发的

---

[1] 李珂：《"长三角"集成电路产业地位日益凸显》，2011年6月5日，见http://www.cb.com.cn/info/2011_0605/219586.html。

8 英寸 SOI 硅片等关键设备及材料都实现了很好的产业化。

第三节　重点省市发展情况

一、上海

在国务院一系列鼓励产业发展政策和上海市人民政府各项配套政策推动下，近年来，上海集成电路产业取得了快速发展，产业规模、技术水平、研究开发、产业链建设都取得了很大成绩。2014 年销售额继续保持增长，先进的设计、制造技术推进到 28nm，先进封装渐成主流，高端装备和关键材料的研发成果不断涌现。上海保持着我国集成电路主要产业基地之一的地位。

（一）产业规模

2008—2015 年上海集成电路产业销售规模及增长率如图 11-1 所示。可见，上海集成电路产业在经历了 2008—2009 年连续两年世界金融危机和 2011—2012 年连续两年世界经济增长乏力的严峻考验后，2013—2014 年随着世界经济回暖和全球半导体市场温回升，又进入了稳定、持续、较快发展的新阶段。根据上海市集成电路行业统计网（SICS）的统计，2015 年上海集成电路产业实现销售收入 950 亿元，同比增长 15.6%。

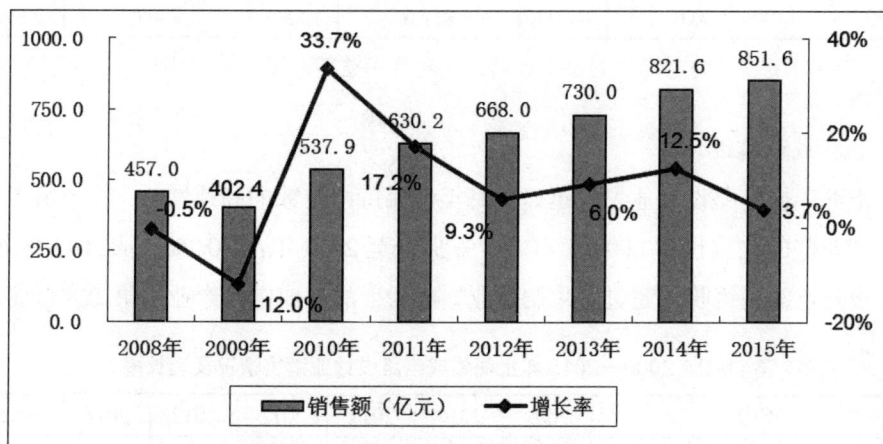

图11-1　2008—2015年上海集成电路产业销售规模和增长率

资料来源：上海集成电路行业统计网，赛迪智库整理，2016 年 1 月。

（二）产业结构

近几年来，上海集成电路产业发展体现了设计业、芯片制造业、封装测试业、设备材料业协同发展，共同提升的特点。其中，设计业销售额为287.3亿元，占产业链比重为30.2%；芯片制造业销售额为205.9亿元，占产业链比重为21.7%；封装测试业销售额为358.4亿元，占产业链比重为37.7%；材料设备业销售额为98.4亿元，占产业链比重为10.4%。

就上海集成电路产业链各环节而言，设计业发展最快，近几年都有两位数的上升，2015年增长19.3%。芯片制造业稳中趋好，2013年后全面好转，2014年晶圆代工市场稳步抬升，芯片制造中的高阶制程和特色工艺都有不同程度扩产，全年实现同比增长22.6%，2015年继续保持快速增长，增速为10.6%。封装测试业的增长幅度有所好转，先进封装形式逐步替代传统封装形式，2015年增长15.6%。

表 11-1　2013—2015 年上海集成电路产业各行业销售收入及增长率

行业	2015年		2014年		2013年	
	销售额（亿元）	增长率	销售额（亿元）	增长率	销售额（亿元）	增长率
设计业	287.3	19.3%	240.9	14.7%	210.0	22.8%
芯片制造业	205.9	10.6%	186.2	22.6%	151.9	12.9%
封装测试业	358.4	15.6%	310.1	5.0%	295.3	0.5%
设备材料业	98.4	16.6%	84.4	15.9%	72.8	6.6%
合计	950.0	15.6%	821.6	12.5%	730.0	9.3%

资料来源：上海集成电路行业协会统计网，赛迪智库整理，2016年3月。

1.集成电路设计业

上海集成电路设计业发展迅速，每年都保持两位数的高速增长，占上海集成电路产业链的比重也由2009年占16.7%提升至2015年占30.2%。从2011年起，上海设计业的销售收入超过芯片制造业，成为上海集成电路产业链第二大行业。

表 11-2　2009—2015 年上海集成电路设计业销售情况及增长率

年份	2009	2010	2011	2012	2013	2014	2015
销售规模（亿元）	67.0	113.2	149.5	171.2	210.2	240.9	287.3
增长率	46.1%	68.9%	32.1%	14.5%	22.8%	14.7%	19.3%
占上海集成电路产业链比重	16.7%	21.0%	23.7%	25.2%	28.8%	29.3%	30.2%

资料来源：上海集成电路产业统计网，赛迪智库整理，2016年3月。

2. 芯片制造业

2015 年上海集成电路制造业实现销售收入 205.9 亿元，同比增长 10.6%。近年来，随着上海芯片制造业发展重组的逐步完成，以及中芯国际（上海）、华力微电子等多家公司 12 英寸生产线的扩产，企业的潜力将得到进一步发挥，上海集成电路制造业将迎来新一轮发展高潮。同时，上海芯片制造企业集中，综合技术水平国内领先，今后发展具有很大潜力和发展空间。

表 11-3 2009—2015 年上海芯片制造业销售情况及增长率

年份	2009	2010	2011	2012	2013	2014	2015
销售规模（亿元）	92.8	133.4	127.8	134.6	151.9	186.2	205.9
增长率	−25.0%	43.8%	−4.2%	5.3%	12.9%	22.6%	10.6%
占上海集成电路产业链比重	23.1%	24.8%	20.4%	19.8%	20.8%	22.7%	21.7%

资料来源：上海集成电路产业统计网，赛迪智库整理，2016 年 3 月。

目前，上海芯片制造业按工艺类型可分为数字集成电路及模拟集成电路两大工艺群体。前者包括中芯国际（上海）、上海华力微电子、台积电（中国）、上海华虹宏力等。后者包括上海先进、上海新进以及上海新进芯等。近年来，华虹宏力在 8 英寸生产线的基础上发展 SiGe BiCMOS 和嵌入式闪存（eFlash）等多项特色工艺。截至 2015 年底，上海芯片制造拥有晶圆生产线数量、工艺技术水平及计划产能如表 11-4 所示。

表 11-4 2015 年上海芯片制造业生产线分布情况

企业	生产线	晶圆尺寸	工艺技术水平	计划产能（万片/月）
中芯国际（上海）	Fab1	8	0.35—0.11 μm	12.0
	Fab2			
	Fab3	8	0.13 μm—0.11nm 铜制程	3.0
	Fab8	12	90—40nm	1.0
上海华虹宏力	Fab1	8	0.35—0.11 μm	8.0
	Fab2	8		2.0
	Fab3	8	0.35—0.09 μm	5.0
台积电（中国）	Fab1	8	0.25—0.13 μm	11.0
上海先进	Fab3	8	0.35—0.25 μm	1.5
上海新进	Fab1	6	1.5—0.5 μm	4.0
上海华力	Fab1	12	60nm—40nm	4.0
上海新进芯	Fab1	6	1.0—0.35 μm	3.0

资料来源：上海集成电路产业统计网，赛迪智库整理，2016 年 3 月。

3. 封装测试业

长期以来，上海集成电路封装测试业一直占据上海集成电路产业链"半壁江山"。但近二三年来，随着上海集成电路设计业的持续快速发展，封装测试业占产业链的比重逐步下降，2015 年实现销售收入 358.4 亿元，占上海集成电路产业链的比重为 37.7%。目前，上海集成电路封装测试业正处于传统封装形式向世界先进封装形式的转型时期。在多家封装测试企业中，BGA、PGA、WLP、CSP、MCP 等新型封装形式渐成主流。

表 11–5　2009—2015 年上海集成电路封装测试业销售情况及增长率

年份	2009	2010	2011	2012	2013	2014	2015
销售规模（亿元）	208.2	250.0	287.0	293.3	295.3	310.1	358.4
增长率	−21.0%	20.1%	14.8%	2.4%	0.5%	5.0%	15.6%
占上海集成电路产业链比重	51.7%	46.5%	45.5%	43.2%	40.5%	37.7%	37.7%

资料来源：上海集成电路产业统计网，赛迪智库整理，2016 年 3 月。

4. 设备材料业

上海集成电路设备材料业有很大成长。销售收入由 2009 年 34.3 亿元上升至 2015 年 98.4 亿元。占上海集成电路产业链的比重也由 2009 年 8.5% 提升至 2015 年 10.4%。

表 11–6　2011—2015 年上海集成电路材料设备业销售情况及增长率

年份	2009	2010	2011	2012	2013	2014	2015
销售规模（亿元）	34.3	41.3	65.9	68.3	72.8	84.4	98.4
增长率	43.7%	20.4%	59.6%	3.6%	6.6%	15.9%	16.6%
占上海集成电路产业链比重	8.5%	7.7%	10.5%	10.2%	10.0%	10.3%	10.4%

资料来源：上海集成电路产业统计网，赛迪智库整理，2016 年 3 月。

自 2008 年以来，上海设备材料业处于持续稳步增长的态势，尤其近二三年的销售收入增长率保持在 10% 以上。这主要归因于一批回国专家创建的新颖设备材料企业，如中微半导体设备（上海）有限公司、盛美半导体设备（上海）有限公司等。但这些企业目前规模还比较小，技术单一性明显，产品涵盖面较窄。

（三）发展展望

随着上海集成电路市场新兴热点不断涌现和自主芯片产品应用推广力度持续

加大，以智能手机、平板电脑为代表的移动智能终端芯片仍将保持快速增长。随着 PC 领域市场规模的持续萎缩，存储器市场和 CPU 市场的发展将直接受到影响。工业控制和网络通信仍是市场的有力增长点。随着汽车产量和保有量的增加，汽车电子市场增速逐步上升。可穿戴设备、医疗电子、安防电子等成为新兴增长点。从整体来看，平稳小幅增长将是未来几年上海集成电路市场的主要发展趋势。

未来几年上海集成电路技术将继续沿着"后摩尔时代"的 3 个方向推进。线宽尺寸推进到 28nm 产业化，20/14nm 新工艺实现重大突破。自主研发的高端多核 CPU 成为技术创新热点，移动智能终端的基带芯片和应用处理器仍然保持世界前列水平，以 TSV 技术为基础的 3D/2.5D 封装大量推广。

与此同时，上海集成电路企业将继续向规模化、特色化和差异化方向发展。在《国家集成电路产业发展推进纲要》的推动下，上海在集成电路设计和制造领域将涌现出若干世界级企业。

二、江苏

（一）产业整体情况

2007 年以来，江苏省集成电路销售额一直位居全国前列，涌现出一大批在全国集成电路设计业、晶圆制造业、封装测试业和支撑业中的领军企业，聚集了一大批国际著名大公司落户江苏地区。基本形成了沿江两岸的"硅走廊带"和苏南的"硅谷"基地。

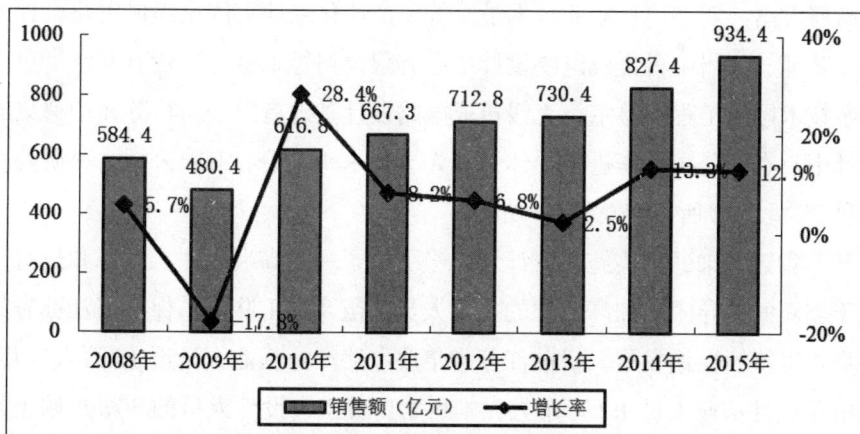

图11-2　2008—2015年江苏省集成电路产业销售收入规模

资料来源：江苏半导体行业协会，赛迪智库整理，2015 年 3 月。

2015年江苏省集成电路产业销售收入达934.4亿元，同比增长12.9%。其中，集成电路设计业销售收入为132.5亿元，同比增长10.0%；集成电路芯片制造业销售收入为171.9亿元，同比增长3.0%；集成电路封装测试业销售收入630.0亿元，同比增长16.7%。

表11-7　2013—2015年江苏省集成电路产业各行业销售收入及增长率

行业	2015年		2014年		2013年	
	销售额（亿元）	增长率	销售额（亿元）	增长率	销售额（亿元）	增长率
设计业	132.5	10.0%	120.5	12.9%	106.7	15.4%
芯片制造业	171.9	3.0%	166.9	2.0%	163.6	−16.6%
封装测试业	630.0	16.7%	540.0	17.4%	460.1	8.5%
合计	934.4	12.9%	827.4	13.3%	730.4	2.5%

资料来源：江苏半导体行业协会，赛迪智库整理，2016年1月。

江苏省现有企业近400家，其中：集成电路设计企业近220家，其中通过设计年审和认定的企业72家，集成电路晶圆制造企业16家，集成电路封测企业近60家，分立器件40家，集成电路支撑业企业有60余家。主要集中在苏州、无锡、常州、南京、南通、扬州、泰州等城市，并已向苏北宿迁市扩展，形成苏南、苏中、苏北阶梯式布局。苏南地区占到全省集成电路产业的92%，其中无锡市和苏州市，分别占到全省集成电路产业的55%和35%。

江苏相关的高校主要有南京大学、东南大学、江南大学、苏州大学、扬州大学、南通大学、江苏信息职业技术学院等；产业化基地有国家集成电路设计无锡产业化基地、苏州中科集成电路设计中心有限公司等；服务平台有高密度集成电路封装技术国家工程实验室、无锡集成电路设计基地有限公司、苏州中科集成电路设计中心有限公司、华进半导体封装先导技术研发中心有限公司；科研院所有中电科55所、58所以及总参56所等。

江苏省近年来通过实施人才计划，吸引来了一批高端人才，锤炼和造就了一支勇于创新的领导团队和高素质的技术人员队伍及员工队伍，保证了江苏省集成电路产业可持续性地发展。目前江苏省集成电路产业从业人员近10万人。其中，集成电路设计从业人员1.2万余人，本科学历员工占设计人员的30%，硕士学历占12%，博士学历占2%。

（二）产业结构情况

江苏省集成电路产业的设计业、晶圆加工、封装测试业三业结构进一步优化。集成电路专用设备、仪器与材料业形成一定的产业规模，有力支撑了集成电路产业。2015 年江苏省集成电路设计业、芯片制造业、封装测试业销售额及占产业链的比重如图 11-3 所示。

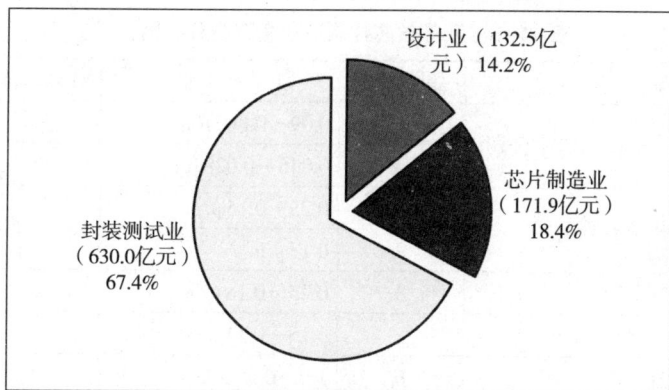

图11-3　2015年江苏省集成电路产业结构

资料来源：江苏半导体行业协会，赛迪智库整理，2016 年 3 月。

1. 集成电路设计业

江苏省集成电路设计业总体属于跟随型发展，整体产业规模相对较小，欠缺自主知识产权的核心技术。大部分设计企业主导型产品的市场附加值不高，同类产品业务的小企业多，竞争激烈。企业兼并重组的案例不多，还未出现具有相当规模的龙头骨干企业。2015 年，江苏省集成电路设计业销售收入为 132.5 亿元，同比增长 10.0%，占全省集成电路产业总收入的 14.2%。

2. 芯片制造业

江苏省集成电路芯片制造业销售收入规模自 2007 年以来一直位居全国同行业的首位，但自 2012 年以来呈现逐年下滑的态势，其原因主要有：一是全国其他省市地区快速发展，上海市的中芯国际近几年连续发力增长、上海华力投产、上海华虹 NEC 与上海宏利公司强强联手，大连英特尔生产线投产等；二是近年来江苏晶圆生产投资不足；三是 SK 海力士公司因火灾而减产。2015 年江苏省集成电路制造业销售收入为 171.9 亿元，同比增长 3%，占全省集成电路产业总收入的18.4%。

目前,江苏省晶圆生产线基本情况是:12英寸生产线2条,8英寸生产线3条,6英寸生产线5条,5英寸生产线6条,4英寸生产线6条。其中,12英寸、8英寸、6英寸、5英寸生产线大部分为集成电路生产线,部分4英寸生产线及部分5英寸、6英寸生产线为分立器件生产线。

表11-8 江苏省芯片制造业生产线分布情况

企业	晶圆尺寸	工艺技术水平	计划产能（万片/月）
海力士半导体（中国）有限公司	12	0.09—0.065μm	10.0
	12	0.045—0.028μm	6.0
和舰科技（苏州）有限公司	8	0.25—0.15μm	6.0-10.0
	8	0.13μm	
无锡华润上华2厂	8	0.25—0.18μm	
		0.15—0.11μm	9.0
无锡华润上华1厂	6	1.0—0.35μm	7.0
无锡华润上华5厂	6	0.6—0.35μm	4.0
无锡华润华晶	6	1.2—0.8μm	12.5
无锡KEC	6	1.6—0.6μm	3
江苏东光	6	0.8—0.35μm	3
华润华晶	5	>3.6μm	>10
	5	1.6—0.8μm	>10
中电科第58所	5	0.6μm	0.6
江阴新顺	5	2.0—1.6μm	7.0
扬州国宇	5	0.6μm	2.0
扬州晶新	5	1.0μm	5.0
中电科第58所	4	2	0.6
江苏东光	4	5.0—2.0μm	5.0
敦南科技	4	2.0—1.6μm	3.0
明昊微电子	4	5.0—2.0μm	1.0
扬州晶来	4	5.0—2.0μm	3.0-4.0
中电科第55所	4	0.35—0.15μm	2.0

资料来源:江苏半导体行业协会,赛迪智库整理,2015年3月。

3.封装测试业

江苏省是全国集成电路封装测试业重镇,占全国同行业40%以上的份额,居全国第一位。近年来，江苏省集成电路封装测试技术快速发展，已在 MCM、3D、SiP、WLP、FC 等先进封装技术领域取得突破，部分拥有自主知识产权的封装技术达到国际先进水平。2015 年，江苏省集成电路制造业销售收入为 630.0 亿元，同比增长 16.7%，占全省集成电路产业总收入的 67.4%。

（三）发展展望

在《国家集成电路产业发展推进纲要》的持续推动下，预计未来几年江苏集成电路市场年均增速将保持在 16.6% 左右，发展驱动力仍然主要来自智能手机、平板电脑、液晶电视以及其他量大面广电子产品。随着物联网、医疗电子、安防电子以及各个行业的信息化建设的持续深入，集成电路产品的应用市场也将越来越广。整体来看，稳中有升将是未来几年江苏集成电路产业的发展趋势。同时，江苏省分立器件产业将随国内分立器件市场的发展而持续上扬。在产品升级和电子整机需求继续扩大的带动下，分立器件销量将呈现持续稳定增长的势头。到 2020 年江苏省集成电路产业销售规模将接近 1500 亿元。从中长期来看，在国家信息安全战略的带动下，江苏省集成电路产业又将步入一波新的增长周期。

第十二章　珠三角地区集成电路产业发展状况

第一节　总体发展情况

一、产业规模

珠三角地区包括广州、深圳、佛山、肇庆、惠州、珠海、江门、东莞、中山共9个城市，是我国经济发展的重要引擎，在人口集聚、创新能力和综合实力方面居全国前列。在国家和各级地方政府相关政策的推动下，作为首批国家级电子信息产业基地的珠三角地区，集成电路产业规模不断扩大，集成电路产业的市场需求占据了全国的40%以上，同时还是国内主要的集成电路元器件市场和电子整机生产基地。珠三角地区整机市场的旺盛需求促进和支持了集成电路设计业的快速发展，促进了相关周边产业的快速提升。2015年珠三角集成电路产业实现产值1063.8亿元，占全国集成电路产业总产值的近30%。

二、产业结构

2015年，珠三角集成电路产业发展继续保持良好态势，以深圳、广州为代表的珠三角地区已成为中国发展最快的集成电路设计产业化基地，2015年销售额同比增长46.07%，集成电路设计产业规模达到439.92亿元，首次超越长三角地区，占全国集成电路设计业规模的36%，体现出强劲的发展势头。伴随着市场的发展，珠三角地区的集成电路产业从通信和消费两大类向多元化发展，集成电路产品已经广泛推展至消费类电子、仪器仪表、汽车电子、光电、计算机及外围接口等领域，并且汇集了海思、中兴微、敦泰科技、汇顶、江波龙、比亚迪微电子、国民技术、国微技术与国微电子等众多产业链公司，为集成电路产业形成了良好的发展生态圈。其中，在芯片设计领域，海思半导体位列 2015 年中国集成电路设计企业第一名；制造领域，中芯国际 8 英寸晶圆厂已经投产，芯片制造产能正不断提速。

表 12-1　2014—2015 年珠三角主要城市集成电路设计情况　　　（单位：亿元）

城市	2014年	2015年	增长率
深圳	243.5	380.0	56.1%
珠海	19.2	17.8	−7.4%
香港	9.2	9.2	0.7%
福州	15.3	14.9	−2.7%
厦门	14.0	18.0	28.6%
小计	301.2	439.9	46.1%

资料来源：中国半导体行业协会集成电路设计分会年会，2015 年 12 月。

第二节　产业发展特点

一、政策支持力度持续增大

珠三角地区进一步增大了对集成电路产业发展的政策支持力度，相继出台了《实施珠三角规划纲要 2015 年重点工作任务》《广东省工业转型升级攻坚战三年行动计划（2015—2017 年）》和《深圳市软件产业和集成电路设计产业专项资金管理办法》等，重点围绕平板显示、集成电路芯片等重大项目，进一步完善产业链，覆盖芯片设计、装备、模组制造及终端和应用开发等，打造千亿级集成电路产业集群。2015—2017 年广东省将设立 50 亿元专项资金支持基础科学研究和科技基础设施建设，提升中山大学、华南理工大学等科研机构的创新能力。深圳市作为集成电路重镇，每年计划投入至少 5 亿元专项资金，持续促进集成电路产业繁荣发展。

二、以设计业带动集成电路产业发展

随着我国集成电路产业结构不断调整，集成电路设计业所占份额不断扩大。珠三角地区以设计业引领集成电路产业链全面发展，与我国半导体产业整体发展趋势一致。

目前珠三角地区有一个国家级集成电路设计基地——国家集成电路设计深圳

产业化基地，两个省级设计基地——深圳市高新技术产业园和广州集成电路设计中心。国家集成电路设计深圳产业化基地已建成三个完善的集成电路设计平台：公共 EDA（电子设计自动化）技术平台、MPW（多项目晶圆）服务平台、IP（知识产权模块）开发和复用与 SoC（系统级芯片）开发平台；成立了两个技术培训中心：测试验证工程技术中心和教育培训；形成了以深圳高新区为中心的十个设计应用产业集聚园区，构建"泛珠三角集成电路设计协作网"。深圳市高新技术产业园聚集了华为、中兴、联想、长城、TCL、创维等一批拥有核心技术的高水平集成电路设计公司，现已形成了一定规模的产业群落。广州集成电路设计中心由广东省科技厅、广州市科技局和华南理工大学共同建设，其有效推动了广东省引进和开发并举的集成电路产业发展战略，显著提升了珠三角地区的工艺现代化水平。

三、产业环境基本完善

珠三角地区具有完善的集成电路产业生态链，在市场需求、产业结构、企业孵化方面都具有一定的优势。一是该地区云集了大量集成电路整机厂商，在通信（华为、中兴通讯、UT）、汽车电子（比亚迪、航盛电子）、PC（长城科技和神舟电脑）、电视和机顶盒（康佳、TCL、创维、同州电子）、移动存储（江波龙）、医疗（迈瑞）、工业控制（研祥）及音响（三诺）等领域处于全国领先位置，并逐步在国际市场占据一席之地。整机系统厂商对海思、中兴微等集成电路设计企业形成了巨大的需求牵引力，极大地推动了珠三角地区集成电路产业的发展；二是集成电路制造和封测产业逐步发展，集成电路产业链日趋完善。相对于京津环渤海地区和长三角地区来说，珠三角地区的集成电路制造业和封测也较为薄弱，企业数量较少。但在 2014 年底，中芯国际的 8 英寸生产线正式投产，标志着华南地区第一条 8 英寸生产线投入使用。封测方面也有意法、赛意法、沛顿科技等封测企业在测试建厂，展芯科技、矽格、安博等已落户企业持续加大研发力度，开发高端封测工艺和技术。同时，深圳已与相邻的香港科技园建立了紧密的合作关系，利用香港科技园先进的测试分析设备，开展高端产品的测试验证；三是广州、深圳、珠海等城市利用高新区、科技企业和高校、科研院所建设众创空间、创业学院、创业咖啡等新型创业服务平台，发展中小企业孵化器、加速器、专业孵化器、大型综合孵化器等创业平台，集聚了一大批创客研发智能硬件，孵化了一批创新型企业，为珠三角地区集成电路产业注入了新的活力。

四、人才培养充足

集成电路作为人才密集型产业，集成电路企业特别是设计企业持续发展的最大瓶颈就是高端人才的短缺。珠三角地区分布了全国多所知名高校，包括广东省的中山大学、华南理工大学、暨南大学等，同时多所高校在深圳设有研究院，目前深圳培养本科以上人才的高校和研究院共有六所，分别为清华大学深圳研究生院、北京大学深圳研究生院、哈尔滨工业大学深圳研究生院、中国科学院深圳先进技术研究院、深圳大学和获教育部批准的南方科技大学。在此基础上建立多所专科院校，有针对性地培养产线操作工人和设备技术工人。珠三角高校每年培养集成电路设计专业的研究生约 500 名，本科生约 300 名，为集成电路产业发展提供了充足的人才力量。另外深圳 IC 基地培训中心与各 IP、EDA 工具及 Foundry 厂商开展各项专业研讨会，给予相关技术人员接触和学习新技术的机会。同时，除了高校和研究院外，许多企业机构和单位也在积极培养在职研究生，为珠三角地区集成电路产业高端人才的培养和储备工作做充足准备。

第三节　重点省市发展情况

一、深圳

（一）产业规模

深圳市作为全国集成电路产业的集散中心、设计中心、应用中心和创新中心，国家在《国家集成电路产业发展推进纲要》中，将深圳列为国家集成电路产业发展领导小组成员之一，重点支持深圳的 IC 设计与应用领域。深圳市政府高度重视集成电路产业的发展，每年至少投入 5 亿元集成电路设计产业发展专项资金，吸引全球产业巨头集聚深圳，支持本土企业自主创新。同时，集成电路产业也吸引了地方资本的投资热情，专注 IC 及智能硬件领域的本土基金相继成立——微纳点石天使基金首期规模 5 千万元，东方盛嘉集成电路产业基金 1 亿元，红土微纳创投基金 3 亿元。充足的资本支持使得深圳集成电路产业发展持续稳步提升，产业规模不断扩大。目前，深圳拥有 73 家集成电路设计企业和机构，15 家封测企业，3 家制造企业，集成电路产业从业人数达到 2 万人以上。2015 年深圳市集成电路设计产业销售收入达 380 亿元，同比增长 43%。深圳封测企业从业人数为 2998 人，2015 年境内外销售收入合计 48.68 亿元人民币。制造企业的销售额增长迅速，其中 3 家主要集成电路制造企业的销售额达 7.5 亿元人民币，同比大幅增长 42.45%。

（二）产业结构

集成电路设计产业作为深圳市的优势产业，自 2012 年深圳集成电路设计业的产业规模和技术水平一直位列全国城市第一位。根据深圳市半导体行业协会的调研数据，深圳市集成电路设计企业超过 140 家。排在前两位的海思半导体和中兴微电子两家公司占据了该市集成电路设计产业的 70% 以上，其中海思半导体销售额达到 220 亿元，稳居全国第一，在全球排名挤入前六，中兴微电子获国家集成电路产业投资基金 24 亿元的投资，为中兴微电子的发展注入了强劲动力。总体来看，深圳集成电路设计产业稳步增长，发展出一批具有国际影响力的龙头企业，技术水平和市场规模达到了国际领先地位，产品和市场应用呈现多元化发展趋势，龙头企业拉动效应显著。

集成电路制造方面，深圳市共有集成电路制造企业 3 家。其中深爱半导体 4 英寸和 5 英寸的集成电路生产线已初具规模，主要采用双极型和 MOS 器件制造工艺技术平台，主要生产分立器件产品，应用领域包括消费类电子等；方正微电子的两条 6 英寸线已处于满负荷运行的状态，其工艺平台包括 CMOS、金属栅（Metal gate）、双扩散 MOS（DMOS）、BCD 肖特基节（BCD Schottky）等，主要产品包括电源管理芯片、功率芯片、分立器件等，应用领域为计算机及外围接口、通信产品、消费电子、汽车电子等。中芯国际在深圳投资建设了一条 8 英寸生产线，2014 年底正式投产，标志着华南地区第一条 8 寸生产线投入使用。相对于京津环渤海地区以及长三角地区来说，深圳半导体制造业还非常薄弱，制造企业数量较少，缺乏 12 英寸、8 英寸等大尺寸晶圆制造能力，很难满足芯片代工的市场需求，制造业的产能和产线高端制程服务有待进一步提升。

在集成电路封测方面，封测企业申请专利呈井喷状态，一年内共申请专利 49 个，其中发明专利 15 个，赛意法、佰维存储、华润赛美科在专利申请数目上排名前三。在封测技术水平方面，矽格、安博、气派、赛美科等公司提供的封装服务，主要面向于中低端产品，在高端产品服务方面还有待完善。而意法、赛意法、沛顿科技等企业的封测生产线，主要服务于公司内部或为海外客户提供封装服务。为了适应国内相关企业封测技术大幅提升的形势，同时也为了满足深圳市集成电路设计产业不断提高的技术需求，深圳市封测企业正努力探索先进封装技术，满足高端封装产品的需求。如泰胜、气派、安博等持续投入研发高端封装工艺和技术；矽格半导体开始量产超薄型、大功率产品；展芯科技建立了较为完善的 EMMI 失效分析系统，同时正就 InGaAs EMMI 失效分析方法进行研究。另外，香港科技园与深圳建立了紧密的合作关系，其拥有的先进测试分析设备可与深圳企业联合开展高端测试验证和小批量测试。

（三）重点产品

深圳地区聚集了华为、中兴、康佳、创维、TCL、比亚迪、三诺、奋达、迈瑞、航盛、研祥等国内领先的系统整机及设备企业。深圳市集成电路产品线早期较为单一，仅有通信和消费两大类市场，伴随着深圳市集成电路产业的转型升级，产品市场向着多元化方向发展，对低功耗 SoC 芯片、信息安全芯片、生物芯片、无线通信芯片设计、嵌入式 CPU、LED、LCD 驱动与指纹识别芯片设计，电力电子、智能仪器仪表芯片设计等关键核心技术进行攻关，重点聚焦以下几个方面。

● 移动智能终端芯片：信息产业开启了以移动智能终端为主要业务载体的移动互联网新周期，为珠三角大量的手机制造商、平板电脑制造商以及数码存储和消费电子厂商提供了广阔的发展空间，同时也带动了上游芯片企业的发展。海思半导体的移动智能终端芯片全面应用于华为的整机产品，整体性能比肩国际最先进的同类产品水平，装载海思高端芯片的华为高端智能手机得到广大用户的认可，市场供不应求。2015 年，海思发布了首次采用台积电 16nm FinFET plus 工艺的 SOC 芯片麒麟 950，率先采用了 A72 架构核心，性能指标远超高通、三星等竞争对手。与此同时，海思半导体与三星电子签署了 14nm FinFET 代工合约，海思将与三星在芯片生产等领域进行进一步的合作。而中兴方面将在明年发布基于 LTE-A 芯片的自研处理器迅龙芯，并将其应用在中兴主打机型中；在移动存储和控制芯片领域，深圳的代表企业有江波龙、芯邦以及硅格等，已经处于全球重要地位；在视频监控领域，海思的 351X 系列的标清解决方案致使恩智浦等国外厂商的市场份额大幅减少，其高清解决方案也已经取得了不错的市场反响，给相关国外厂商带来很大的市场和价格压力，也为集成电路企业带来发展商机；在移动多媒体领域，华芯飞、炬才和海泰康等企业保持了较好的发展势头，通过开展技术研发，逐步缩小与国内同行的差距。

● 数字电视芯片：深圳的电视机和机顶盒厂商在国内占据领先位置，包括康佳、创维、TCL、长虹、九洲和同洲等，具有较大的数字电视芯片市场需求。得力于三网融合技术，海思和中兴通讯等通信设备制造商得以进入数字电视领域，海思已经占据了数字电视显示控制芯片 5% 的市场份额。深圳市聚集了一批数字电视和机顶盒终端设备企业，包括国微技术、海思、国民技术、中兴微电子、国科电子、力合微电子、华曦达、艾科创新、通高电子等，涉及 ABS-S、CMMB 移动电视、DVB-C 和 CTTB 等标准的解调接收芯片和后端解码芯片以及 CAM 智能卡等领域。尽管深圳和北京、上海一些公司相比，在标准的制定方面虽然起步较晚，但由于其强大的市场优势，具有后发赶超的潜力。

● 信息安全和物联网芯片：随着云计算和智能硬件的日益普及，促进了移动智能终端间的数据共享，物联网生态系统的安全保护技术受到了越来越多人的关注，促进了相关安防芯片市场的发展。深圳重点布局移动支付、安全加密、安全支付、可信计算和物联网应用等方面，加强技术研发和产品推广，代表企业包括先施科技、国民技术、江波龙电子、文鼎创、明华澳汉等 IC 设计企业，其中国民技术在智能卡领域全球排名第四，已经在深交所上市。

● 行业电子芯片：相对于消费性电子，医疗电子和汽车电子等行业电子在芯片的技术门槛上较高，但未来几年内地相关芯片的市场将以 9% 至 12% 的数值高速发展。巨大的市场需求和广阔的发展前景推动不少深圳集成电路设计公司将业务领域拓展，从消费电子扩展到更广泛的行业电子应用领域，市场占有率逐步提升。在电力芯片领域，力合微电子的电力线载波通信专用芯片，芯海、锐能微科技等公司的电力计量芯片实现给国家电网供货；在医疗电子领域，芯海的医疗电子芯片逐步进入市场；在汽车电子领域，比亚迪微电子面向汽车应用研发相关 IGBT 和 MOSFET 芯片等。

二、广州

广州市位于珠三角中心，是中国经济增长速度最快的城市之一。广州以及周边地区已成为国内集成电路最大的集散地和消耗地，消耗量占据国内市场总额的三分之二。巨大的市场需求、发达的集成电路产业链和良好的人才支撑体系等优势，为广州集成电路产业的发展提供了强大的推动力。广州市政府高度重视集成电路产业的发展，分别下发了《广州市鼓励发展集成电路产业若干规定》《广东省软件和集成电路设计产业 100 强企业培育实施方案（试行）》和《广东省战略性新兴产业发展"十二五"规划》等文件，将集成电路产业作为战略性新兴产业予以大力扶持，重点发展集成电路芯片设计和封装测试产业。

在集成电路芯片设计方面，广州国家现代服务业集成电路设计产业化基地成立于 2012 年，是全国十个国家级的集成电路设计产业化基地之一。广州国家集成电路设计基地已引进集成电路开发及应用企业 40 余家，包括 AVS 国家工程实验室广州研究开发与产业化中心、广晟微电子、飞腾信息科技、高清视信数码科技、钧衡软件测评技术、瀚信通信科技等，入驻企业人数超过 1000 人，产值逾 5 亿元。

目前，广州有 11 家设计企业，主要方向为移动通信、信息家电、光线通信芯片、多媒体芯片、通信卫星产品设计等，如广晟微电子公司利用 0.18μm 锗硅 BiCMOS 和 0.13μm RF CMOS 技术，设计出用于通信领域的射频集成电路芯片，是国内掌握数字及模拟、前端到后端全定制射频集成电路设计核心技术的少数高科技公司之一。安凯微电子发布了基于安凯 AK3918 芯片和大拿云平台的消费类视频监控产品开发平台，具有功耗低、发热低、启动快、生产简单等优势，简化了产品硬件开发设计工作，降低了生产成本。

在集成电路制造方面，广州的发展与上海与北京之间存在差距。所以，广州在集成电路制造业上选择了引进包含设计、制造等各个环节的 IDM 生产线。南科集团是广州地区唯一的 6 英寸晶圆代工企业，具有从单晶硅制造、集成电路的设计、制造、封装、测试整条生产链。

在技术支撑和人才培育方面，华南地区大部分高等院校和研究所集聚在广州，体现出明显的人才优势。中山大学、华南理工大学、暨南大学等 39 所高校每年培养集成电路专业本科生 1000 多人，硕士、博士研究生上百人，另外还有工业和信息化部电子第五研究所、中国电子科技集团第七研究所、移动通信国家工程中心等 192 家研究机构，为广州的集成电路技术研发提供了充足的人才资源和技术基础。

2015 年，在广东省发布的《广东省"互联网+"行动计划（2015—2020 年）》中，将推动广州的集成电路产业作为发展重点对象之一，支持中山大学、华南理工大学、工业和信息化部电子五所等广州研究机构开展技术创新研发。这将进一步加快广州市集成电路产业转换至高附加值的先进技术发展方向，促进广州集成电路产业的快速发展。

第十三章　中西部地区集成电路产业发展状况

第一节　总体发展情况

中西部地区集成电路产业的发展相对于长三角、珠三角和京津冀等东部地区相对滞后，但是随着中西部地区的自然资源优势、土地优势、人力优势和政策优势等日益显著，集成电路企业将目光转向了中西部地区，我国集成电路的产业布局呈现从东部沿海地区向中西部地区转移的趋势。尤其是武汉、西安、重庆、成都、甘肃等中西部重要省会城市和直辖市的经济发展水平位居全国前列，区位优势更加明显，人才、市场和技术等产业发展要素聚集。在国家和地方优惠政策的支持下、国家集成电路产业投资基金和地方投资基金和地方基金的推动下，这些重点城市和地区逐渐形成了集成电路的产业集群。

2015年是中西部地区集成电路产业的腾飞之年，发展势头强劲，除了原先的集成电路设计业依然持续增长，集成电路制造业、封测业和材料设备业发展十分迅速。目前，中西部的武汉和西安各拥有一条12寸的存储器生产线，产能目前分别为6万片/月和10万片/月。同时，中西部还拥有早期建设的多条6英寸和8英寸生产线。

在集成电路设计方面，中西部拥有国家集成电路设计成都产业化基地和国家集成电路设计西安产业化基地两大国家级设计平台。封装测试方面，中西部地区封测业的发展有一部分原因是由于长三角地区封测企业向内地转移。英特尔产品（成都）有限公司和天水华天电子集团均位列全国封装测试企业的前十。西安三星半导体生产线的投产带动了西安封装测试业的发展。同时，联合科技、中芯国际和英特尔等已以成都为中心形成了封装测试产业集群。

第二节 重点省市发展情况

一、重庆

重庆是我国第一块大规模集成电路的诞生地。2007年，重庆携手中国台湾地区茂德建成西部第一条8英寸集成电路生产线。作为重庆市战略性新兴产业"2+10"集群的核心集群，集成电路产业呈现快速集聚态势。2015年审议通过的《重庆市电子核心基础部件产业集群规划（2015—2020年）》提出发展目标是，到"十三五"末，力争建成西部集成电路高地，生产技术接近或达到当期国际主流水平，进入国家第一梯队序列。计划到2017年，实现销售收入100亿，到2020年，形成具有较强竞争力的集成电路产业，实现年销售收入600亿元。其中：设计业具备50亿级集成电路设计企业1—2家，实现年销售收入70亿元。制造业形成百亿级集成电路制造企业1—2家，实现年销售收入250亿元。封测业打造100亿级集成电路封装企业1—2家，实现销售收入200亿元。

重庆具备发展集成电路的良好条件。重庆是我国中西部和内陆唯一的"三个三"城市，即：三个交通枢纽（航空、铁路公路、水运）、三个国家一类口岸、三个保税区。其中，经国务院批准设立的西永综合保税区为集成电路企业生产提供良好的配套设施。西永微电子园区与西永综保区比邻而立，是中西部地区承接高端外向型电子制造的最好平台和载体，目前园区已建成由中国电子科技集团投资的2条6英寸集成电路生产线，争取未来两年形成12英寸集成电路生产线1—2条，8英寸生产线2—3条，6英寸生产线3—4条的规模，届时集成电路产业仅制造环节就将形成近500亿元的产值。

重庆的集成电路市场广阔。近年来，重庆已形成惠普、宏巷、华硕、富士康、广达、英业达、和硕等5家品牌商的笔电产业体系，聚集了30多家手机整机和约50家配套企业，加之汽摩和信息家电两大产业，将形成强大的集成电路市场需求。

重庆拥有丰富的教育培训资源。本地各级各类高等院校达61所，与集成电路产业相关的电子工程、应用物理、机电工程、应用化学等专业每年近2万毕业生。重庆大学、重庆邮电大学等高校，专门设立了集成电路与信息工程学院和国际半导体学院，为培养和输送半导体人才奠定了坚实基础。

2014年9月26日，西永微电园的SK海力士半导体项目一期竣工，总投资12亿美元，主要进行半导体后道工序的加工服务，包括封装、测试、模组等生产线，2015年预计销售额为6.6亿美元，2018年可实现16亿美元。

二、湖北

（一）总体状况

湖北省地处我国中部，位于长江经济带的核心区域，是长江中游地区对接"一带一路"战略的重要载体和枢纽，近年来正以"建成支点，走在前列"为目标快速发展。2015年前三季度湖北省GDP达到2.04万亿元，已跻身全国第八，2015全年预计接近3万亿元，为发展集成电路产业提供了坚实基础。湖北是我国主要的元件和整机生产基地之一，在光通信、新型显示、数字家庭、智能终端等领域拥有大量的整机企业，为集成电路的研发和生产提供了广阔的应用市场。湖北计划2017年集成电路规模超过400亿元，其中芯片设计业100亿元，芯片制造业150亿元，打造软件和集成电路的重要产业集聚区和自主创新技术高地；同时，培育1—2家百亿级企业、15—20家十亿级企业、50家以上的亿元级企业，支持优势企业做大做强。

湖北发展集成电路产业具有先天优势。湖北的水资源和电资源丰富、价格低廉且供应稳定，可满足超大晶圆厂的水电需求。湖北是国家集成电路人才培养基地，华中科技大学、武汉大学建有计算机和集成电路的学院和专业，拥有"集成电路设计工程技术研究中心""EDA联合实验室""先进SoC设计与验证联合实验室"和"Xilinx联合实验室"等一批共建实验室，每年培养涵盖集成电路产业链的各个环节的本科、硕士和博士生1600多名，为湖北集成电路产业发展提供了丰富的人力资源。

2014年9月湖北省出台了《湖北省集成电路产业发展行动方案》，并提出设立300亿元集成电路产业基金。2015年8月5日，湖北集成电路产业投资基金公司注册成立，该公司由武汉经济发展投资（集团）有限公司发起，湖北省科技投资集团公司等多家公司参与。目前，首期100亿已超募完成，后期将扩大至300亿元。当前基金已储备20余个大型项目，并正在与"大基金"、国开金融等机构探讨实质性合作。

（二）重点城市和园区

湖北集成电路产业主要集中在武汉东湖国家自主创新示范区。武汉东湖国家自主创新示范区是国家光电子产业基地和综合性国家高技术产业基地，在电子信息领域拥有 30 余个国家重点实验室、国家工程研究中心和工程实验室，为集成电路产业发展提供了坚强可靠的技术支撑。2006 年湖北省和武汉市启动武汉新芯集成电路制造有限公司 12 英寸晶圆制造项目，项目累计投资 14.25 亿美元。目前形成了代码型闪存器（NOR）1 万片 / 月、背照式影像传感器（BSI）1 万片 / 月、55 纳米低功耗逻辑器件 2 千片 / 月的产能。2014 年武汉新芯销售收入突破 1.6 亿美元，代码型闪存器技术位列全球第一，背照式影像传感器工艺位于全国领先水平，广泛应用于汽车电子、移动电话和通信等领域。近年来，公司与国外知名厂商赛普拉斯以及国内顶级院校、中科院微电子所合作开展三维存储器（3D NAND）研发，组建了一支近 200 人的团队。2015 年 5 月份，公司已完成 9 层 3D NAND 的研发，并计划将于 2016 年初完成 32 层 3D NAND 的研发，从而建立完全自主可控的知识产权体系。

未来五年，武汉规划投入 1000 亿元发展集成电路产业，重点布局存储芯片，力争形成 20 万片的产能。但是相对北京、上海和深圳，武汉集成电路产业的发展依然还有不小的差距。目前武汉的设计企业缺乏核心技术，设计企业年收入均在 1 亿元量级。面向通用市场应用的设计公司由于技术和资金限制，产品处于低端市场且同质化竞争严重。

三、陕西

（一）总体状况

陕西省是我国重要的集成电路科研、教育和生产基地之一，是国家重点布局的第二家国家级集成电路设计产业化基地，拥有集成电路相关企业 200 余家，涵盖了集成电路设计、加工制造、封装测试、生产装备研制、材料、系统应用等完整的集成电路产业链，包括以西安华芯半导体和西安航天华讯等为代表的集成电路设计企业，以三星半导体、西安西岳电子和航天科技 771 所等为代表的制造企业，以华天科技、西谷微电子、美光半导体为代表的封装测试企业，以及以陕西天宏硅材料、隆基硅和应用材料等为代表的设备和材料企业。此外，陕西省还有集成电路相关的约 18 个科研机构，3 个测试与分析中心和 2 个专业培训机构。

近年来，陕西省集成电路产业步入了加速发展轨道，年均增长超过25%，2014年完成产值249亿元，2015年全年产值将突破350亿元，同比增长超过40%。随着三星闪存芯片生产线的投产，陕西省依托三星半导体项目全力打造上千亿的半导体产业集群，有望成为国内乃至全球集成电路产业新的增长极。陕西省具有突出的集成电路人才优势，设有集成电路相关专业的高校有40多所，每年近两万专业人才走出校门，占全国半导体和集成电路产业人才的14%，三星等大项目的落地及带来的产业聚集将使陕西省毕业的集成电路人才就近就业，推动陕西省集成电路产业的发展。

（二）重点城市和园区

陕西省的集成电路产业以西安市和西安高新技术产业开发区为载体。西安是全国继上海之后的第二个被科技部批准建立的国家集成电路设计产业化基地，是全国八大集成电路设计产业化基地之一。陕西省紧紧依托西安高新区，大力发展集成电路等战略性新兴产业。美国英特尔、美光、应用材料、霍尼维尔，韩国信泰电子，日本NEC，中国台湾地区的华新丽华，华为、中兴等国内外知名电子信息领域企业纷纷入驻西安高新区，特别是2014年以来，西安高新区依托三星电子项目将形成千亿的半导体产业集群，并且带动过千亿的智能终端产业集群。西安虽没有北上广一线城市和东部沿海城市的优势资源，但是其科研资源和集成电路人才资源是集成电路产业得以高速发展的重要支撑。西安电子科技大学已被教育部批准建设示范性微电子学院，西安交通大学和西北工业大学也被批准筹备建设示范性微电子学院，此外，如西安邮电大学、西北大学、西安理工大学、西安科技大学等高校也均开设了微电子相关专业，每年有上万毕业生。除了丰富的教育资源，西安的众多航天军工研究所和中科院研究所也培养了大批的集成电路设计和制造人才。

随着总投资70亿美元的三星电子高端存储芯片项目的快速推进，一批与三星半导体项目密切相关的上下游配套企业陆续落户西安高新区。截至目前，西安高新区已通过该项目吸引了包括美国空气化工、日本住友、韩国东进世美肯在内的88家配套企业落户，总投资达到了4.38亿美元。其中，15家位于西安高新综合保税区内，现已全部投产，实现规模以上企业5家。未来预期将带动160多家配套企业入驻高新区，提供万余的高技术就业岗位。

目前三星电子高端存储芯片项目已经投产，三星芯片封装测试项目也已竣工投产，三星还配套建设了西安三星电子研究院和西安三星数据研发中心作为技术支撑。2015 年 1 至 9 月份，三星(中国)半导体有限公司共实现新增产值 115 亿元，2015 年全年产值有望突破 150 亿元。

随着"三星效应"的不断显现，陕西省的经济外向度也有了大幅提升。据统计，2015 年 1 至 8 月陕西省进出口总额达到 1217.8 亿元人民币，同比增长 12.1%，高出全国平均水平 19.8 个百分点。2015 年 1 至 7 月，仅三星、美光半导体两家企业进出口总额合计占全省进出口总值的 59%。

第十四章　福厦地区集成电路产业发展状况

第一节　整体发展情况

一、产业规模

2015 年全省实现地区生产总值 25979.82 亿元，比上年增长 9.0%，其中三大主导产业增加值增长 10.2%，高技术产业增加值增长 12.2%。2015 年全省技改投资 4550 亿元、增长 18%，"数控一代"创新应用示范工程有力推进，泉州成为"中国制造 2025"唯一地方试点城市。全省专利授权量增长 62.8%，新增科技企业孵化器 48 家，第十三届"6·18"对接合同项目 5742 项、总投资 1488 亿元，国家技术转移海峡中心获批建设。2015 年，厦门市规模以上工业企业共实现总产值 5030.8 亿元，比上年增长 8.1%；实现增加值 1254.1 亿元，增长 7.9%。厦门市电子行业实现产值 1962.1 亿元。利用海峡西岸区位优势吸引外资，2015 年以来在各项政策大的刺激下，福建省"大众创业、万众创新"活动吸引外资的水平不断提升。1 至 10 月，全省新批外商投资项目达 1277 项，同比增加 423 项；外资合同总额为 123.5 亿美元，同比增长 69%；实际到资 64.9 亿美元，同比增长 6.3%；引进一批如联芯集成电路制造项目、瀚天天成碳化硅外延项目等重大合资项目，同时发展了如三安集成电路通讯微电子器件项目、紫光集成电路产业园等龙头内资项目。

二、产业结构

福厦沿海地区作为全国首批 9 个信息产业基地之一，近年来，厦门、福州、莆田等地区均有一定的集成电路产业规模。福厦地区在集成电路设计领域覆盖了

LED 驱动芯片、光通信芯片、射频及模拟器件、电源管理 IC、小家电控制专用集成电路和智能传感器等领域，形成了光通信前端高速收发芯片、微波射频及高端模拟器件、MEMS 器件，以及用于通信、显示驱动、控制、数据处理等领域的电路模块等优势产品，并在相关领域得到较快发展；在集成电路制造领域，发展 GaAs、GaN、SiC、石墨烯等新型半导体材料的自主生产。

其中厦门市以火炬新区为基础，已初步形成了涵盖设计、制造、封装和测试的集成电路全产业链布局；福州形成了以福建省集成电路设计中心、福州高新区及区内企业为依托的集成电路设计、制造业中心；莆田市则以安特微电子为主体，发展功率集成电路制造业。2015 年初成立的中国（福建）自由贸易试验区已在福州、厦门、平潭三地挂牌。在国家"一带一路"战略规划中，福建被列为 21 世纪海上丝绸之路核心区。如今，福建已形成了集经济特区、自贸试验区、海丝核心区"三区"于一体的集成电路产业南方中心区。

第二节　产业发展特点

一、启动"生根计划"承接中国台湾地区半导体产业转移

在国际集成电路行业并购整合此起彼伏、国内因产业升级催生集成电路产业大发展以及中国台湾地区产业向大陆梯次转移的大背景下，充分把握中国半导体产业发展的历史机遇期，通过超常规手段，以重大项目带动＋创新培育的发展模式，积聚全球集成电路要素资源落地厦门，构建以物联网、智能终端、汽车电子、医疗电子等为应用牵引的集成电路产业集群。采取以"引进"为主要策略的产业发展模式。以引进龙头设计企业和制造企业为契机，带动、产业链上下游联动的发展思路，重点引导、承接中国台湾地区半导体产业转移，形成设计企业和封测企业聚集发展，面向区域市场和全球市场开发有竞争力的产品。发挥区位优势，积极承接中国台湾地区设计业和封测业转移。成立产业投资基金，通过资本＋产业整合，推动重大项目落地和中小企业的并购重组、与整机形成配套，启动厦门集成电路"生根计划"，构建适合半导体产业发展的生态环境。

二、重点企业带动地区产业实力增强

福厦沿海地区作为全国首批 9 个信息产业基地之一，在园区发展规模和竞争

实力方面具有一定优势。产业集聚效应不断增强，优势资源持续丰富。目前，厦门火炬高新技术产业开发区和福清融侨经济技术开发区已被列入工信部首批国家级新型工业化产业示范基地。福建省已形成了以核心骨干企业为龙头，园区为载体的集成电路产业发展格局。

福州瑞芯微电子是福建省集成电路重点企业，在 2015 年 CES 上，该公司开启连续发布多个前瞻性新品，该公司开发的搭载 RK3288 主控芯片，具备特有的航拍算法防抖技术及无人机无线传输协议，可通过手机实时观看飞行记录，实现 1080P 高清录制、稳像、传输一体的完整解决方案。另外，该公司也同时提供智能机器人、智能车载、VR 虚拟现实设备、智能 IOT、智能手表及 OTT 电视盒子等产品的视频芯片解决方案，在瑞芯微转型为国际半导体 SoC 整合解决方案供应商后，已呈现出新的公司战略以及品牌策略。

位于翔安火炬高新区的联芯集成电路制造项目于 2015 年 3 月正式破土动工，该项目由全球集成电路巨头台湾联华电子股份有限公司投资建设，5 年内投资约 13.5 亿美元，先期将提供 55nm 及 40nm 的晶圆代工服务，预计总投资额 62 亿美元。设计规划最大产能为 12 英寸晶圆 5 万片 / 月，计划于 2016 年 10 月正式投产，预计年产值为 200 亿元。

三安光电是我国较早成立、规模最大的 III–V 族化合物半导体器件产业化生产基地，综合排名位于亚洲第二，其位于厦门的产业基地于 2015 年完成扩建，包括三安光电有限公司和三安集成电路有限公司，分别于 2014 年 4 月和 5 月注册成立，总占地 1081 亩，规模相当 K465I 机型 200 台的 MOCVD，实现年产外延片 2000 万片。其中三安集成电路有限公司项目投资 30 亿元，2015 年初新建砷化镓和氮化镓外延片生产线，以及适用于专业通信微电子市场的砷化镓高速半导体芯片与氮化镓高功率半导体芯片生产线，2015 年 10 月建立完整流片工艺基线，预计量产后将成为我国首批具备规模化研发、生产化合物半导体芯片能力的公司。

华天恒芯碳化硅器件项目，占地 75 亩，总投资 15 亿元，将于 2020 年竣工，计划新建 SiC SBD 和 MOSFET 功率器件生产线，其中一期产能 30 万片，预计实现年总产值 30 亿元。瀚天天成碳化硅外延项目，项目占地 75 亩，总投资 10 亿元，计划购置 50 台碳化硅外延炉，实现年产 60 万片碳化硅外延芯片的生产能力，实现产值 36 亿元。该项目的核心产品是 6 英寸碳化硅外延芯片，主要将用于 600V/1200V/1700V 碳化硅器件的制作，可广泛用于 PFC 电源、光伏逆变器、电动汽车等领域。在厦门建设碳化硅半导体项目，对推动福厦地区的产业升级，带动地方经济发展，提高该地区在国际节能环保领域的地位以及促进对台工作等都具有重要的意义。

第三节　重点省市发展情况

一、福州

电子信息产业是推动福州经济发展的战略支柱型产业，产业规模较大、带动力较强、影响面较广，也是中国台湾地区同胞、海外华商投资最多的产业。借力于福厦地区的创新资源优势，驱动地区创新产业的发展，目前福州高新区已有超过235个项目进驻，112个项目已投产。福州已初步形成了以瑞芯微电子、福顺微电子、贝莱特集成电路等为代表的集成电路设计产业集群；以英孚晶圆、福顺晶圆和鸿博LED为龙头的集成电路制造产业集群。同时福州市依托福州大学等科研机构的人才输送，以及"两岸青年创业孵化中心"等45家众创空间和福建省集成电路设计中心的创新孵化服务平台，福州将进一步推进集成电路产业的双创工作，为我国省会城市产业结构的调整和升级起到了带头示范作用。

二、厦门

厦门集成电路产业较为发达，依托本地电子信息千亿产业集群，以及物联网、机器人、信息安全等下游应用，厦门集成电路的应用领域和市场规模正不断扩大，芯片与整机联动发展优势更为凸显，具备发展集成电路产业的雄厚基础。近年来，厦门集成电路产业快速发展，已初步形成了涵盖设计、制造、封装和测试等各环节的全产业链，目前厦门集成电路集聚各类企业近100家，产业规模35亿元。其中，集成电路设计类企业63家，有6家通过国家集成电路设计企业认证；制造企业1家，建成一条6英寸、0.35微米工艺生产线并投入批量生产；封装测试企业3家，具备中、低端IC封装测试能力。一大批中国台湾地区集成电路企业来厦门设立研发和销售机构，促进了两岸产业界的交流互动，提升国内企业的技术水平和市场开拓能力。

2015年厦门火炬高新区实现规模以上工业产值2082亿元，占厦门市规模以上工业总产值的41.4%；高新技术产值占工业总产值比重达80%以上。目前园区高新技术企业占厦门市近四成,拥有3000余家企业,其中29个世界200强项目,20多家本土上市企业,过百亿元企业5家,十亿元22家,亿元86家。聚集了包括200多名国家"千人计划"、科技部"创新人才推进计划"在内的6万多名各类人才在高新区创新创业。厦门火炬高新区以LED外延芯片及微电子与集成电路产业为核心打造集成电路主导产业,预计到2020年,将实现集成电路产值超过1000亿元,其中设计业产值将超过100亿元。作为厦门高端产业集聚区、创新驱动先行区、转型升级示范区,厦门火炬高新区通过建设集成电路全产业链生态和两岸集成电路融合示范区,逐渐发展成为福厦地区集成电路产业的主要载体。

2015年8月,厦门市成立了"两岸集成电路自贸区产业基地",建设包括厦门市集成电路研发设计试验中心、产业人才实训中心和众创空间,产品保税交易中心,以及厦门市自贸区集成电路设计企业孵化器、两岸(厦门)微纳电子研究院,未来将与片区外的厦门火炬高新区、翔安区集成电路产业园和孵化器形成协同发展的新格局。随着近期清华紫光、台湾联电在内的集成电路巨头纷纷落户厦门,以及本土骨干集成电路企业的不断壮大成熟,厦门打造千亿集成电路产业链的发展路径已日益清晰。

园 区 篇

第十五章　中关村集成电路设计产业园

第一节　园区概况

2014年6月,《国家集成电路产业发展推进纲要》发布以来,各地发展集成电路产业热情高涨。北京、上海、安徽、甘肃、山东等地相继出台产业促进政策,国内集成电路产业发展环境进一步完善。为进一步落实北京市建设高精尖经济结构要求,推动集成电路产业在北京集群发展。2015年1月中关村集成电路设计产业园正式挂牌成立,一期设在北京航空航天大学致真大厦。5月,中关村发展集团与首创集团在中关村软件园签约,联手共建中关村集成电路设计园二期项目。

中关村集成电路设计园位于北京市海淀区,处于中关村国家自主创新示范区北部研发和高技术产业带的核心位置。该园区总建筑面积22万平方米,项目总投资40亿元,于2015年9月开工,将于2017年下半年竣工,2018年2月正式投入使用。建成后预计引入80—100家集成电路设计企业,年产值80亿元,预计实现税收10亿元,每年新增知识产权500余项,园区就业人数将达2万人。该园区的落地建设,将进一步提升中关村北部产业带在集成电路设计、研发方面的能力,有利于行业高端人才聚集,进一步推动北京市北部集成电路产业的发展,与北京经济技术开发区形成“南北呼应”的产业布局。

第二节　发展特点

一、紧密对接国家战略

2014年两会期间,集成电路首次出现在政府工作报告中。报告中明确提出“在新一代移动通信、集成电路、大数据、先进制造、新能源、新材料等方面赶超先进，引领未来产业发展"。在此背景下，北京市政府于 2014 年制定并出台了《北京市进一步促进软件产业和集成电路产业发展的若干政策》，并在全国率先设立了规模 300 亿元的地方性集成电路产业基金。集成电路设计环节直接对接市场，对于整个集成电路产业未来发展方向具有决定性作用。该环节具有典型的知识密集、附加值高、资源消耗低等特点。大力发展集成电路设计业符合首都经济高端化、服务化、集聚化、融合化、低碳化的发展方向。

构建符合首都特征的高精尖经济结构是北京市适应经济新常态、落实新定位、迈向新目标的核心任务。加快中关村集成电路设计产业园建设，是北京市加速推动首都"高精尖"经济结构构建的重要举措。同时，有助于北京市率先掌握集成电路产业的关键核心技术和相关知识产权，进一步完善北京自主的产业配套体系，落实"以科技创新促进设计产业发展，以设计促进首都经济发展"的发展要求，增强产业核心竞争力，形成对北京科技创新中心建设的有力支撑。该园区的建设是北京市把握国家大力发展集成电路产业历史机遇，贯彻落实《国家集成电路产业发展推进纲要》的重要工作。同时，也是对国家大数据战略、"互联网 +"行动指导意见、"大众创新、万众创业"等国家战略的有力支撑。

二、紧密对接优势资源

在园区选址方面，经过多年的发展，中关村特别是在中关村核心区，已经初步形成了以一批优秀的集成电路设计企业（如君正、同方微电子、紫光展讯、大唐半导体、南瑞智芯、兆易创新等），孵化器（如 IC 咖啡），以及产业联盟组成的产业集群。这为产业园区的筹建提供了优质的前置基础。

在园区组建方面，中关村集成电路设计产业园区由中关村发展集团和首创集团联手组建。其中，中关村发展集团作为北京市委市政府为进一步加快中关村示范区建设、加大市级统筹力度、运用市场化手段配置创新资源的国有大型企业，具有丰富的技术园区建设经验。成立 5 年来，其围绕高精尖经济、服务科技型中小微企业发展，成功打造了中关村软件园、中关村生命园、中关村高端医疗器械产业园等多个园区典范。首创集团是国内著名的地产综合运营商，构建了以水务为核心的基础设施产业、投行并购业务为核心的金融服务业以及以城市住宅开发建设为核心的房地产业等三大核心主业。形成了住宅开发、奥特莱斯运营、城市综合体经营、产业园区建设等多条产品线。在园区建设过程中，中关村发展集团将发挥自身在产业园区规划、产业布局等方面的优势，首创集团将发挥在城市功能区建设及综合运营服务方面的优势，双方形成强强联合，为国有企业联合支持创新创业发展提供新路径。[1]

第三节　发展情况

中关村集成电路设计产业园建设分为两期，一期面积近 10 万平方米，设在北京航空航天大学致真大厦。二期面积近 20 万平方米，设在中关村 1 号，预计 2016 年完成建设。目前园区内已经进驻了紫光集团收购展讯、锐迪科整合后的北京总部。此外，集创北方、华胜天成、清芯华创等集成电路设计及相关企业和金融机构将陆续入驻。加快中关村集成电路设计产业园建设，有助于北京市率先掌握集成电路产业的关键核心技术和相关知识产权，进一步完善北京自主的产业配套体系，落实"以科技创新促进设计产业发展，以设计促进首都经济发展"的发展要求，增强产业核心竞争力，形成对北京科技创新中心建设的有力支撑。

为配合园区建设，进一步推动中关村集成电路产业发展，2015 年中关村管委会与海淀区联合出台了《关于支持中关村集成电路产业发展的若干金融措施》和《关于促进中关村集成电路设计产业发展的若干措施》两个政策文件，从提升企业创新能力、吸引和培育人才、加大金融扶持、推动上下游合作、优化通关流程、加强空间集聚等多个方面，针对当前制约产业发展的瓶颈问题，提出了解决措施。上述两份政策文件配合《国家集成电路产业发展推进纲要》的实施，进一步优化了中关村集成电路设计产业园的发展环境。

第四节　发展趋势

中关村集成电路设计园将围绕"建设国际一流集成电路设计园区"的目标，打造新型孵化器场地和产业服务体系、平台，吸引聚集全球顶级集成电路设计人才、团队和企业；同时充分融入"互联网 +"思维，以集成电路设计为核心，积

---

[1]　中新网：《首创置业海淀再发力 打造北京高精尖示范区》，2015年5月27日，见http://www.chinanews.com/house/2015-05-27/7304363.shtml。

极向物联网、云计算、信息安全等关联领域拓展，构建大信息产业生态体系，强化集成电路设计与物联网等拓展领域的协同创新。随着"大众创业、万众创新"上升为国家战略，中关村发展集团和首创集团等大型国有集团公司，首创置业也在积极响应国家号召，尝试进入北京高精尖经济的重要阵地，占领万众创新的科技制高点，彰显了国有企业的责任感和榜样力量。下一步，中关村将以集成电路设计产业园为核心，通过不断地深化改革和产业化创新，全力构建良好的产业政策环境，力争到 2020 年，中关村集成电路设计产业总收入超过 800 亿元，设计能力达到国际先进水平，形成国内最大的集成电路设计产业集群。

第十六章　上海张江高科技园区

第一节　园区概况

1992年7月上海张江高科技园区成立,成为国家自主创新示范区的核心园区。张江园区拥有坚实的创新平台、浓厚的创新氛围和较好的人才基础,陆续吸引了国内外企业集聚。张江园区在信息技术、生物医药、文化创意和低碳环保等领域有良好的产业发展基础,成立之初着力打造两大产业,即"医产业"和"e产业"。"医产业"包括医学、医药、医疗及器械等医疗健康产业;"e产业"则包括互联网和移动互联网等相关产业。自2010年起,园区连续三年在"上海市开发区综合评价"中蝉联综合排名第一,单项指标创新发展和投资环境指标排名第一。截至2015年末,园区累计进驻企业超过3000家,注册企业逾万家,从业人员达到32万人。园区全年实现经营总收入5000亿元,税收收入250亿元。

上海张江高科技园区是国家电子信息产业基地、上海国家微电子产业基地核心区,是国家级电子信息产业园。集成电路产业是张江的主导产业和支柱产业,张江采用打造"产业链"的发展思路,以产业链的培育和完善带动集成电路产业的整体规模和水平提升,实现了集成电路产业的快速发展。目前,园区内共有超过150家国内外知名集成电路企业,园区集成电路总投资产值达到120亿元,占全国集成电路总产值4%的市场份额。目前张江集成电路形成了包括设计、制造、封测以及设备在内的较为完整产业链。

第二节　发展特点

一、采用产业链发展思路布局园区生态

集成电路产业作为张江园区的主导产业和支柱产业,在产业规模和企业实力

上都处于上海市前列。张江园区率先实现"产业链"发展思路，从集成电路设计、制造、封测、设备材料、整机等实现全产业布局，通过产业链的培育和完善提升整个集成电路的产业规模和技术水平。目前园区内集聚了160多家集成电路企业，包括设计企业100多家、制造企业3家、封测企业12家和设备材料配套企业30多家。在园区内率先布局集成电路制造企业，其中中芯国际、上海华虹宏力、华力微电子等已经成为中国集成电路制造业的主力，占据了全国一半以上的生产力。

二、注重技术和产品创新引领产业向高端提升

张江园区依托上海丰富的高校资源和人才团队，注重培育高端化产业，形成具有特色的发展优势和竞争实力。在集成电路方面，大量企业已经成长为国内集成电路领军企业，在智能终端、数字电视、视频监控、光电子、智能卡等领域都有重要的表现。智能终端的代表企业有展讯通信、格科微电子、锐迪科等，这几家企业注重技术研发和创新。数字电视领域的企业有奇码数字信息有限公司、上海高清数字科技产业有限公司、晶晨半导体有限公司和奥纬集成电路技术有限公司，这4家企业拥有相关领域的标准和专利，得到了国家的支持。手机电视移动数字电视融合了无线数字通信和多媒体压缩技术，具有产业发展优势。

三、完善产业链建设利用资本加强横向整合

园区的人才、资金配套完善，为集成电路产业带来了发展活力。园区内掌握高端技术的人才资源丰富，通过对张江园区121家集成电路企业的从业人员和技术人员进行统计，技术人员占从业人员总数比例为45.2%，高于上海市的平均值39.0%和全球的平均值36.8%。园区内的创新创业氛围也受到国内外风投和资本的密切关注，很多初创企业通过各种投融资渠道，丰富资金来源，使得企业迅速得到发展壮大。芯片制造业由于高投入的特点近年来投资额最大，占据园区总投资的87.7%，封测业其次，占6.5%，设计业和材料业分别占据3.7%和2.1%的份额。

第三节　发展情况

上海集成电路产业自2010年起连续5年实现增长态势，2014年集成电路产业销售收入为821.6亿元，同比增长12.5%；共生产集成电路670.4亿块，同比

上年增长 13.15%。其中，张江园区集成电路产业销售收入达到 415 亿元，占上海总产值的一半以上，占据浦东地区总产值的 80% 以上。据统计，2014 年上海集成电路产业实现整体利润总额为 69.1 亿元，同比 2013 年的 56.5 亿元增长了23.3%，其中张江科技园内的中芯国际、华虹宏力、展讯通信、格科微电子、环旭电子、日月光（上海）等六家企业合计利润总额达到 30.7 亿元，占据产业利润总额的 44.4%。园区通过多年的产业积累，已经聚集集成电路企业共 160 余家，涉及设计、制造、封测、设备、材料等产业链的各个环节，园区内包含有上海集成电路研发中心、上海集成电路技术与产业促进中心两大国家级研发机构。

表 16-1　2014 年上海张江园区集成电路产业销售收入

产业链	销售收入（亿元）	增长率	占上海产业比重
设计业	159.9	15.0%	38.6%
制造业	127.9	29.3%	30.8%
封测业	92.2	−0.1%	22.2%
设备材料业	34.7	16.8%	8.4%
合计	414.7	15.2%	100%

资料来源：SCIA，2015 年。

设计领域：园区内包含集成电路设计企业超过 100 家，其中上海市前十大集成电路设计企业中，有包括展讯、格科微、高通企业管理（上海）、上海美满微电子、上海华虹、超威半导体（上海）、昂宝电子、上海贝岭等 7 家在张江科技园内。展讯通信作为中国集成电路设计领域的领军企业之一，连续 5 年排名中国设计企业第二位，成为继高通、联发科之后全球第三大手机基带芯片供应商，2015 年营业收入超过 90 亿元，同比大幅增长 30%，展讯的基带芯片已经被国内外三星、HTC、华为、联想、小米、酷派等手机使用。格科微电子在 CMOS 图像传感器领域实力较强，在该领域进入全球前十大排名之列。上海华虹集成电路在智能卡领域有多年积累，产品包括 CPU 卡片、金融卡、智能标签、移动支付等，为国家信息安全作出重要贡献。电源管理芯片领域的昂宝电子，在 AC/DC、电源管理单元等模拟芯片领域占据一定的市场份额。

制造领域：2014 年科技园内芯片制造企业销售收入为 127.9 亿元，同比增长 29.3%，占上海市整体代工产业比重为 30.8%。园区内包括国内前两大集成电路代工企业，中芯国际和上海华虹宏力。中芯国际 2015 年销售收入约为 38 亿美元，进入全球代工企业排名前五，目前28nm工艺制程已经实现小批量量产，并成功制造了高通骁龙410处理器。华力微电子与联发科开展技术研发合作，目前40/55nm低功耗工艺、55nm图像传感器工艺已经实现大规模量产，在28nm低功耗工艺和55nm嵌入式闪存工艺方面取得较大进展。

封测领域：2014年园区封测营收为92.2亿元，同比下降0.1%，占上海市封测营收比重的22.2%。园区内的封测企业多为境外的合资或独资企业，如台湾日月光在上海设立的分公司，台湾环隆电子设立的环旭电子公司，威宇科技是外商独资的封测公司。

设备材料领域：集成电路设备材料领域属于支撑行业，营收相对其他环节较少，2014年园区内设备材料领域销售收入为34.7亿元，同比增加16.8%，占上海市总营收的8.4%。设备行业的中微半导体发展迅速，2014年获得国家大基金投资，主要的产品为等离子刻蚀机，其28—15nm的耦合等离子体介质刻蚀机（ICP）获得了中国国际工业博览会金奖，产品出口额占我国泛半导体设备出口额的近8成。

表16-2　上海张江高科技园区重点集成电路企业

序号	企业名称	领域	主营业务
1	锐迪科微电子（上海）有限公司	设计	手机射频芯片
2	展讯通信有限公司	设计	手机基带芯片、应用处理器
3	上海华虹集成电路有限责任公司	设计	智能卡、消费电子、汽车电子
4	格科微电子（上海）有限公司	设计	CMOS图像传感器
5	上海贝岭股份有限公司	设计	智能电表、电力载波通信等
6	华亚微电子有限公司	设计	数字视频系统方案控制IC
7	上海明波通信技术有限公司	设计	无线/移动通信芯片、数字电视核心芯片
8	晶晨半导体（上海）有限公司	设计	智能电视芯片、机顶盒等
9	美满电子科技（上海）有限公司	设计	基带、通信芯片
10	高通企业管理（上海）有限公司	设计	无线通信、WIFI、蓝牙等芯片
11	超威半导体（上海）有限公司	设计	CPU、GPU芯片
12	埃派克森微电子（上海）有限公司	设计	人机界面，互动音频，互动视频芯片
13	英飞凌科技中国有限公司	设计	英飞凌在中国境内的投资，应用研发中心
14	安森美半导体（上海）有限公司	设计	模拟IC、电源管理、汽车电子

（续表）

序号	企业名称	领域	主营业务
15	芯成半导体（上海）有限公司	设计	SRAM、EEPROM等存储器芯片
16	鼎芯半导体（上海）有限公司	设计	射频集成电路芯片设计
17	捷顶微电子（上海）有限公司	设计	射频、模拟和混合信号芯片
18	芯原微电子有限公司	设计	设计验证平台、IP等设计服务
19	中芯国际集成电路制造（上海）有限公司	制造	12英寸生产线逻辑代工
20	上海华虹宏力半导体制造有限公司	制造	8英寸生产线逻辑代工
21	威宇科技测试封装有限公司	封测	BGA/CSP及其他高端的封装
22	环旭电子有限公司	封测	半导体封测
23	日月光（上海）有限公司	封测	半导体封测
24	中微半导体设备（上海）有限公司	设备	集成电路、LED、光伏设备
25	东电电子（上海）有限公司	设备	半导体设备制造
26	应用材料（中国）有限公司	设备	半导体设备制造
27	普莱克斯（上海）半导体气体有限公司	材料	半导体超高纯电子气体

资料来源：赛迪智库整理，2015年12月。

第四节　发展趋势

未来张江将以集成电路设计和芯片制造业为重点，打造从设计、制造、封测到专用设备等更为完整的产业链。其中在集成电路设计领域：重点引进和培育芯片设计、IP工具等高端企业，通过与园区及其周边地区企业在技术和标准等领域的合作，力争在移动智能终端、网络通信、计算机、仪表电子、消费电子和光电子等领域的设计能力达到国际先进水平，为制造业提供市场来源和支撑。

集成电路制造领域：园区重点打造芯片代工业，通过工艺技术水平的提升进一步带动整个产业链发展。进一步引进和建立先进的生产线和生产技术，通过技术提升更好地服务于园区及周边的设计企业，通过加快开拓国外市场，争取未来实现8—10条生产线投产，制程工艺和生产技术达到世界先进水平。

集成电路设备材料领域：注重在园区培育半导体专用设备企业，争取建成国家半导体装备产业化基地。加强集成电路专用材料的自主研发和生产，争取在大硅片、光刻胶、引线框架等领域实现重要突破，引进国际先进企业，争取建成具有自主级的集成电路产业基地。

　　同时产业园区未来将更加注重新技术、新工艺的研发和高端人才的培育，通过上海市集成电路研发中心和国内一流微电子研究院如清华、北大、复旦、交大等合作，以产学研一体化的模式，实现在关键技术、材料和设备等领域拥有自主的知识产权，并加快实现产业化。另外加强人才资源与产业发展的良性互动，使园区成为我国集成电路高端人才的集聚地，推动张江集成电路产业的快速发展。

第十七章　深圳市高新技术产业园

第一节　园区概况

深圳市高新技术产业园区（简称为深圳高新区）成立于 1996 年 9 月，占地面积 11.5 平方公里，是国家科技部"建设世界一流高科技园区"发展战略的首批试点园区之一。2009 年，深圳市政府编制发布了《深圳高新技术产业园区发展专项规划（2009—2015）》，规定深圳高新区统筹管理 14 个深圳市高新技术产业发展区域，高新区规划面积扩展至 185.6 平方公里。深圳高新区被评为国家知识产权试点园区、国家高新技术产业标准化示范、国家海外高层次人才创新创业基地和国家新型工业化产业示范基地等。目前，园区产业集聚效应明显，经济持续快速发展，2015 年 1 至 10 月，深圳高新技术产业产值为 13702.52 亿元，同比增长 11.12%，远高于同期 GDP 增速。电子信息产业仍是深圳高新技术产业中的优势项目，产值规模为 12111.87 亿元，与同期相比增长 11.59%。

作为深圳高新区的核心园区——深圳湾园区是国家高新区，重点发展集成电路基础研发、企业孵化和创业投资等，建设有国家集成电路设计深圳产业化基地、深圳虚拟大学院、深圳高新区孵化器联盟和深港创新圈互动基地等平台，打造集人才培养、企业孵化、技术服务于一体的集成电路示范引领区，发展至今，已培育 200 多家集成电路企业，实现集成电路设计产值 380 亿元，产值规模连续 4 年位居全国第一。

第二节　发展特点

一、全方位的专业技术服务体系

入住园区孵化器的集成电路企业普遍缺少核心技术，产品低层同质价格竞争。

另外，企业由于缺乏资金支持，无力承担电子设计自动化 EDA 工具的购买，面临着国外企业知识产权诉讼问题。由此，深圳市高新区打造了全方位的集成电路设计专业技术公共服务体系，实现"公共性、公益性、开放性、专业性、独立性"的服务理念。公共性是指打破园区的服务对象限制，将园区的服务平台与行业内的所有企业分享；公益性是指平台在兼顾运营的情况下，采用远低于市场价的公益性收费，主要以扶持集成电路产业为目标；开放性是指园区的财务收入透明，各项服务内容收费标准均向社会公开，接受公众监督；专业性体现在园区专注于集成电路产业的发展，可以为企业提供专业的集成电路公共服务；而独立性则表现出园区明确的自身定位，不做具体的产品设计，不与企业产生竞争关系，保持作为公共服务平台的属性。

二、多元开放的产业发展平台

深圳高新区具有 EDA 设计平台、IP 复用与 SoC 开发平台和 MPW 投片服务平台等，形成了相对完善的技术开放平台。另外，建设了具备一定规模的公共实验室和共性技术研发平台，积极培育孵化深圳市集成电路设计企业的发展。除此之外，技术开放平台也给相关企业技术人员提供高级技能培训，促进企业研发核心技术，推动技术转化为实际生产力。同时，来自政府持续的政策支持和大力的财政投入，为园区企业的发展提供了重要支撑，为企业的资金提供了坚实基础，这是充分发挥多元开放平台作用的机制保障。深圳集成电路设计应用产业园的多元开放平台，有效结合产业资源、战略组织和市场变化，将技术供给和产业需求紧密对接，为产业创新和技术研发提供强力支撑，已经成为保障本区域产业创新能力和创新活动的集成系统。

三、多层次的金融资本市场

通过国家和地方政府的科技计划项目和平台支持项目，深圳高新区搭建了国家、省、市、区联动扶持产业的机制，园区的公共技术平台资源和技术服务能力得到不断的完善和提高。同时深圳高新区以市场为导向，开展众多创新途径和方式将科技与金融更有效地结合，积极探索了创业风险投资、科技投融资体系、私募股权投资、科技金融合作平台等新型金融平台建设。另外，成立了创业投资广场、金融服务基地、新产业技术产权交易所等多层次的资本市场体系，促进集成电路的技术向产业转移。目前，高新区聚集了一条龙投融资服务链条，包括了 35 家银行分支机构、20多家担保评估机构、100多家国内外知名创投私募基金公司、8家证券营业部、10多家律师会计师审计师事务所等，为中小科技企业提供多层次、全方位、多元化的全面投融资服务，实现了科技与金融的相互渗透和融合。

四、强有力的人才保障和智力支撑

深圳高新区依托深圳经济特区的体制优势，以特区的创新环境和优惠政策，大规模引进海内外创新资源。与清华、北大、哈工大合作成立深圳研究生院，每年培养12000名硕士研究生。同时建立深圳虚拟大学院，汇聚了国内外53所院校，有效推动产学研结合。截至目前，深圳已建成深圳大学、南方科技大学、香港中文大学（深圳）、清华—伯克利深圳学院等12所高校，另外还有至少11所正在筹建或洽谈的高校。2011年，深圳市推出了"孔雀计划"，累计已引进81个海外创新科研团队，1219名海外人才，其中包括86名外籍高级专家。目前深圳高新区拥有重点实验室、工程实验室、企业技术中心及企业博士后工作站等研发机构171个、科技企业孵化器10家，科技研发人员超过18万人，两院院士5名，引进国家"千人计划"22名，海外留学人员3000多名。

第三节　发展情况

国家集成电路设计深圳产业化基地始建于2002年初，计划投资1.5亿元，是国家科技部批准的首批国家级集成电路设计产业化基地。深圳集成电路设计产业化基地已成为承接国家和省市资源直接服务于集成电路设计产业的平台，汇集和整合了官、产、学、研、用等各方资源，促进集成电路设计产业快速发展的公共支撑平台，从技术产品、人才资源、服务平台等多个维度推动深圳市和华南地区集成电路设计产业的发展。目前已建成三个完善的集成电路设计平台：公共EDA（电子设计自动化）技术平台、MPW（多项目晶圆）服务平台、IP（知识产权模块）开发和复用与SoC（系统级芯片）开发平台；成立了两个技术培训中心：测试验证工程技术中心和教育培训中心；形成了以深圳高新区为中心的十个设计应用产业集聚园区，包括南山、福田、龙岗等集成电路园区，并设立了珠海、惠州、东莞等分园，构建"泛珠三角集成电路设计协作网"。

一、国内领先的集成电路设计产业

2015 年深圳集成电路设计产值达 380 亿元，同比增长 43%，领先于上海和北京，连续四年位于全国城市首位。国家集成电路设计深圳产业化基地从初期的 30 多家发展到目前的 150 多家，从业人员从不足千人到目前近 2 万人，每年可以为企业节约研发投入 2 亿元，带动 2000 亿元的 IT 增量产值，孵化了华为、海思、中兴等一批龙头，创造了较高的经济和社会价值，并带动了相关产业的发展。海思半导体发布了采用 16nm FinFET+ 工艺的 SOC 芯片麒麟 950，并很快在华为 Mate8 上搭载了此款芯片。海思 2015 年营收额达到 38 亿美元，销售额稳居全国集成电路设计企业第一，并跻身全球第六。中星微电子获得了国家集成电路产业投资基金 24 亿的投资，占股 24%，为其发展注入了强劲的动力。此外，还有敦泰科技触控芯片 2015 年出货量已跃居全球第一，同创国芯研发了国内第一款具有自主知识产权的千万门级高性能 Titan 系列 FPGA，汇顶科技在 CES 展上获得了技术创新奖，成为首个获此殊荣的中国芯片设计公司，国微电子参与的"高能效动态可重构计算及系统芯片关键技术"项目获国家技术发明二等奖。这些发展成果展现了深圳高新区在全国的领先地位，预计 2016 年深圳集成电路设计产业将继续保持全国第一，设计技术水平将进入 10nm 时代。

二、旺盛的集成电路整机需求

深圳市具有国内分布最为密集的系统整机企业，对集成电路产业具有旺盛的市场需求，促使集成电路企业紧紧围绕市场和应用需求开发创新，推动技术研发与市场需求的有效结合。深圳高新区在重点领域进行统筹布局，组织引导企业协同开发核心芯片，避免资源上的重复利用。形成了从芯片、方案到整机的优势产业链，并应用到 LED 照明和节能、移动多媒体、移动存储、HDTV、电源管理、信息安全、通信、显示驱动等多个领域，形成了 3000 亿元以上的工业增量产值。系统整机企业云集、整机企业与设计企业的互动效应，为深圳集成电路设计企业带来良好的发展基础和产业环境，同时设计产业的发展也为整机产业注入核心竞争力，形成了良性循环的产业生态。

三、完善的集成电路产业链

深圳市现有 170 家集成电路企业和相关机构，设计企业和机构 152 家，封测企业 15 家，制造企业 3 家，其中大部分位于高新区内。IC 设计企业最小特征线宽达到 16nm，最大设计规模达 2 亿门。产品主要应用在汽车电子、消费类电子、计算机及外围接口、光电、通信、仪器仪表等领域。高新区包含了海思、中兴微、远望谷、敦泰科技、汇顶、江波龙、比亚迪微电子、国民技术、国微电子、国微技术等位列深圳集成电路设计业前十的企业。2015 年，海思第一款使用 TSMC 16nm FinFET 工艺的手机芯片麒麟 950 正式上市，预计 2015 年海思半导体有限公司境内外销售额达到 220 亿元人民币，增幅为 44%。同创国芯推出了国内首款千万门级自主产权 Titan 系列高性能 FPGA；汇顶科技正式推出玻璃指纹识别方案，成为业界唯一能够提供包括 Coating、玻璃、蓝宝石、IFSTM 全系列指纹识别芯片的公司；江波龙电子与 Marvell 启动战略合作，并推出拥有最新技术的 SSD 产品；贝特莱和常州二维碳素应用石墨烯应变感应原理的 3D 触控解决方案，联合推出全球首款石墨烯 Z-Touch 压力触控传感器；江波龙科技与 IBM 签署云平台技术合作协议，帮助用户快速搭建安全可靠的物联网云数据服务系统。

15 家深圳集成电路封测企业从业人数 2998 人，2015 年境内外销售收入合计 48.68 亿元人民币。去年共申请专利 49 个，其中发明专利 15 个。3 家集成电路制造企业包括中芯国际、方正微电子、深爱半导体，三家公司从业人数为 2260 人，2015 年共申请专利 209 个，授权专利 99 个，销售额总计 7.5 亿元人民币，同比大幅增长 42.45%。其中中芯国际在深圳正式投产 8 英寸晶圆厂，这也标志着华南地区第一条 8 英寸生产线投入使用，2015 年底达到了每月两万片的装机产能。

第四节　发展趋势

一、不断加强自主创新能力

未来 5 年，深圳高新区将在自主创新能力建设、产业链布局、构建产业支撑体系、保障措施等方面不断加强和完善，在共性关键技术和重大创新产品方面进行重点突破，强力提升企业核心技术的研发能力和创新能力。重点对低功耗 SoC 芯片、信息安全芯片，传感器、生物芯片、无线通信芯片设计、电力电子、智能仪器仪表芯片设计等关键核心技术进行攻关，实施重点产业化应用工程。同时，进一步加强集成电路设计企业与整机企业的紧密联动，构建深圳十三大集成电路优势应用产业链，以应用带动设计业的发展。在各大应用领域培育集成电路设计龙头企业,开发出一批具有自主知识产权和较高市场占有率的创新集成电路产品。

二、深入发展多元开放平台

深圳高新区将深度开发技术开放平台、推广创意衍生平台和重构技能扩散平台,实现多元开放平台的再开发。在技术开放平台方面,继续建设公共实验平台,逐渐整合基地现有企业自有实验平台,将现有研究资源和实验室资源进行重组和优化,形成具有综合性、开放式、多功能、高效益模式的资源平台;推动创意衍生平台方面,加快创意从需求的产生到创意的概念化,再到工程的实物化和实物的产品化、最后到产品的商业化整个商业化的转化过程;积极重构技能扩散平台,将企业之间原有的较为被动的"共生关系",转化为积极的"协同效应",培养中小企业技术研发水平,增强企业的技术创新能力,有效提升企业防范和抵抗经营风险的能力。

第十八章　武汉光谷集成电路产业园

第一节　园区概况

武汉光谷集成电路产业园依托于武汉东湖国家自主创新示范区。武汉东湖国家自主创新示范区位于武汉市东南部，在东湖、南湖和汤逊湖之间，毗邻洪山区、江夏区和武昌区，规划面积 518 平方公里。东湖国家自主创新示范区始建于1988 年，1991 年被批准为首批国家级高新技术产业开发区，2009 年被批准为北京中关村之后的第二个国家自主创新示范区。经过近 30 年的发展，形成了包含八大产业园区的产业格局，包括光谷光电子信息产业园、光谷生物城、武汉未来科技城、武汉东湖综合保税区、光谷现代服务业园、光谷智能制造产业园、光谷中心城、光谷中华科技园，集成电路产业园区就落户于其中的光谷光电子信息产业园。2014 年，东湖高新区主动对接国家战略，努力实现集成电路产业快速发展，致力于打造"武汉·中国芯谷"，建设集成电路产业园区，成为国家继北京、上海和深圳之后重点布局的集成电路产业四大基地之一，目前集成电路产业园区规划面积 7500 亩，核心区域 1500 亩。

第二节　发展特点

一、龙头企业带动

光谷集成电路产业园以武汉新芯为龙头带动集成电路产业快速发展。2006年东湖高新区启动武汉新芯集成电路制造有限公司 12 英寸晶圆制造项目，项目累计投资 14.25 亿美元。目前形成了代码型闪存器（NOR）1 万片／月、背照式影像传感器（BSI）1 万片／月、55 纳米低功耗逻辑 2 千片／月的产能。2014 年武汉新芯销售收入突破 1.6 亿美元，代码型闪存器技术位列全球第一，背照式影像传感器工艺位于全国领先水平，广泛应用于汽车电子、移动电话和通信等领域。在武汉新芯的带动下，湖北集成电路制造产业取得了长足发展，产业链初步涵盖设计、封装、材料、制造、应用等环节，积累了较好的技术、人才和产业基础。

二、技术创新驱动

光谷集成电路产业园发挥武汉和东湖高新区的资源优势，以技术创新驱动产业发展。2014 年底，武汉新芯公司与 Cypress（原 Spansion）组建了联合研发团队，展开 3D NAND 项目的研发。经过半年的技术攻关，项目取得重大突破，研发出第一个 9 层结构的 3D NAND 芯片，并一次性通过了基本电学验证。武汉新芯规划将分别于 2016 年初和 2017 年完成 32 层和 48 层芯片的研发，逐渐建立完全自主可控的知识产权体系。

三、优秀人才聚集

光谷集成电路产业园依托武汉和东湖高新区的庞大的人才队伍，为产业发展提供坚实基础。为进一步提升武汉微电子产业的人才培养质量和科技研发力量，东湖国家自主创新示范区和华中科技大学展开合作，联合成立"武汉国际微电子学院"，拥有双聘院士两位、"973 计划"首席科学家 1 名、"青年千人计划"7 名、教授及副教授 78 名。根据武汉国际微电子学院的初步发展规划，每年将向武汉市输送 2000 多名集成电路设计、制造和封测等专业人才。

第三节　发展情况

目前，东湖示范区拥有集成电路设计和制造相关企业 50 余家，实现产值 60 多亿元，专业从业人员 4000 余人，在微处理器（CPU/MPU）、高速接口、大容量存储控制、高速通信、电源芯片，以及消费类电子芯片产品和技术方面形成了一定的积累，产生了一批有影响力的具有自主知识产权的集成电路技术和产品。

人才是光谷集成电路产业发展的核心竞争力。2014 年，通过光谷"3551"

人才引进计划成立的企业中，有 26 家收入过亿元。09 年计划实施至今，入选"3551 光谷人才计划"的超过 1000 人，对"3551"人才已累计投入达 12 亿元，截至 2015 年，已孕育了 7 家上市公司。2014 年，光谷共申请的 1.4 万件专利中，5000 多件来自"3551"精英人才。

为推动集成电路 IP 研发和推广，位于光谷的武汉集成电路 IP 研发推广交易中心成立，其为国内首家集 IP 的研发、设计、服务和交易于一体的专业平台，其能推动国内 IP 专业的研发，有望打破国外对核心技术的垄断，弥补 IP 产业链和战略生态圈的空白，为行业提供更为全面、系统的服务。

金融资本的聚集对光谷的产业发展发挥了重要作用。2015 上半年各类金融贷款总额超过 1000 亿元，接近 2014 年全年的总额。共有 22 家银行在光谷设立了分支机构，其中包括 15 家科技分 / 支行，是国内科技支行的聚集区。

第四节　发展趋势

2014 年，《湖北省集成电路产业发展行动方案》发布，确定了努力把湖北打造成为全国集成电路自主创新的技术高地和重要产业集聚区的目标。

在湖北集成电路产业投资基金的推动下，湖北将以光谷集成电路产业园为载体，到 2017 年，全省集成电路产业主营业务收入达到 400 亿元，其中设计业主营业务收入达到 100 亿元，制造业主营业务收入达到 150 亿元，封装测试与材料业主营业务收入达到 150 亿元。培育过 100 亿企业 1—2 家，过 10 亿元企业 15—20 家，过亿元企业 50 家以上。到 2020 年，全省集成电路产业规模超过 1000 亿元。产能方面，12 英寸芯片总产能达到 7 万片 / 月，各类特色芯片总产能达到 150 万片 / 月。

第十九章　厦门火炬高技术产业开发区

第一节　园区概况

厦门火炬高技术产业开发区（以下简称"厦门火炬高新区"），1990 年 12 月由国家科委（科技部前身）和厦门市人民政府共同创办，厦门火炬高新区于 1991 年 3 月经国务院批准，成为首批国家级高新技术产业开发区，是全国三个以"火炬"冠名的国家高新区之一。园区呈现"一区多园"的发展格局，包括研发与总部集中区（厦门科技创新园），国家级创业孵化基地（厦门创业园），综合园区（火炬湖里园、火炬翔安产业区、火炬同安高新技术产业基地、火炬翔安高新技术产业基地），厦门软件园以及火炬北大生物园，总规划面积 150 平方公里。

第二节　发展特点

一、依托创新平台培育本土企业

厦门市集成电路产业公共服务平台整合升级目前已初见成效，为火炬高新区集成电路产业打下较好的双创发展基础。该服务平台能够为集成电路企业提供全套电子设计自动化（EDA）软硬件租用、验证测试以及人才培训和企业孵化等相关服务。目前厦门市 70 多家集成电路企业已有 35 家入驻该公共服务平台。除了建设有公共技术平台，厦门市还涌现出了弘信电子、海芯科技、芯阳科技、优迅芯片、盛华电子、瀚天天成等一批具备成长潜力并拥有自主知识产权的骨干企业。

二、产学研一体化推动自主创新发展

厦门在集成电路及相关领域建立了一批重点实验室和企业技术中心，其中包

括 2 家国家级企业技术中心，27 家省市级工程技术研究中心及重点实验室，3 个博士后工作站。在政策环境优化、高端人才引进等方面加大投入，出台了一些新举措，为厦门火炬高技术产业开发区的集成电路产业自主快速发展打下了基础。厦门自主设计集成电路覆盖 LED 驱动芯片、光通信芯片、射频及模拟器件、电源管理 IC、小家电控制专用集成电路和智能传感器等广泛领域，形成了光通信前端高速收发芯片、微波射频及高端模拟器件、MEMS 器件，以及用于通信、显示驱动、控制、数据处理等领域的电路模块等优势产品，发展了厦门元顺、厦门优迅、海芯科技、硅恩微电子、厦门盛群、乃尔电子等一批拥有自主知识产权和具备成长潜力的骨干企业。

留学归国人员研发成功的 6 英寸碳化硅（SIC）晶体生长技术已具备产业化能力，达到世界领先水平。产品已得到 ABB、东芝、三菱等国际知名下游电力电子企业的验证和高度评价。厦门大学在萨本栋微机电（MEMS）研究院基础上与英国曼彻斯特大学石墨烯研究所 2010 年诺贝尔奖获得者安德烈—海姆教授合作，开展石墨烯应用材料研究，目前正在筹建厦门石墨烯研究院。

第三节　发展情况

一、全产业链布局实现技术突破

厦门火炬高新技术开发区利用海西优势和自身产业基础，将完成集成电路"设计—制造—封装测试—装备与材料"一体化的集成电路全产业链布局，从而进一步构建千亿级电子信息产业链，推动了紫光、展锐等集成电路设计公司的快速发展。同时，依托厦门大学、中科院以及清华紫光通信微电子学院等院校，开展"产学研用"结合的深入合作，加快新技术、新工艺以及新产品的研发，实现新型材料和先进制程工艺应用于从 2G 到 5G 网络终端方案的全覆盖，主要产品包括光通信芯片、微波射频及高端模拟器件、驱动芯片、MEMS 器件、智能传感器，以及用于通信、显示驱动、控制、数据处理等领域的电路模块等领域，为三安、联芯等集成电路制造企业提供广阔的发展空间。

二、重点项目投资夯实产业基础

联芯集成电路：规划用地 545 亩、总投资额 62 亿美金的联芯集成电路制造项目于 2015 年 3 月正式破土动工，该项目由全球集成电路巨头台湾联华电子股份有限公司投资建设，设计规划最大产能为 12 英寸晶圆 5 万片／月，计划 2016 年 12 月试生产，年产值 200 亿元。

紫光集成电路产业园：占地 300 亩，投资总额 40 亿元，厦门紫光展锐公司现已完成了产业落地的所有工作，来自海内外 100 余名高级研发工程师已经在厦门开始投入新产品的研发工作，海内外 30 多家优质集成电路企业意向入驻紫光集成电路产业园，计划实现年产值 50 亿元，同时厦门紫光微电子学院正在筹划中。

三安集成电路通信微电子器件项目：由三安光电联合中国航空技术国际控股有限公司和成都亚光电子股份有限公司共同投资，计划总投资 30 亿元。预计可年产砷化镓高速半导体外延片 30 万片、氮化镓高功率半导体外延片 6 万片以及适用于专业通信微电子市场砷化镓高速半导体芯片 30 万片、氮化镓高功率半导体芯片 6 万片。

第四节　发展趋势

一、落实产业政策加速培育优秀企业

针对现行财税体制对集成电路设计产业发展的影响制约，协调税务、海关、外汇管理等部门，推动尽快开展符合集成电路设计企业业务特点和发展需要的集成电路设计业务全程保税监管模式试点，实现境外流片、封装测试和销售全程保税监管，化解增值税占用企业流动资金、降低企业物流速度的难题。

厦门市将继续扩大目前政府主导设立 2.5 亿元集成电路产业发展基金规模，发挥基金的引领和杠杆作用，吸引大型企业、金融资本和社会资金。集成电路产业发展基金实行市场化运作模式，重点支持集成电路制造企业提升技术能力并扩大中高端产能，支持设计业、封装测试业进行兼并重组和资源整合、通过规范企业治理，形成良性自我发展能力，从而提高产业集中度，支持企业做大做强。对企业引进风险投资，基金可依照风投出资额，以参股、入股方式按一定比例进行跟进投资。

二、发掘海西区位优势进一步聚集双创资源

参照台湾工研院及深圳清华大学研究院等机构的成功运作模式，结合厦门市

以中小民营企业为主的特点，建立和做大产业科技创新服务平台，汇集人才、技术、资本及政府等各方优势资源，串联产业链上下游，组织进行协同创新，形成大学及研究所知识创新、服务平台技术创新、企业集成创新的新型发展模式。依托中科院大学、厦门大学、集美大学、华侨大学等高校，加强集成电路专业人才培养和储备，支持有条件的高校成立微电子学院，建立校企结合的人才培养示范基地。鼓励企业与高校联合开展工程硕士等在职培训，培养实用型技术人才、管理人才、销售人才，推进多层次人才引进与培养计划，鼓励海峡两岸高校和人才培训机构加强合作，引进优质师资、教材等资源，建设以培养高层次应用型人才为目标的集成电路国际人才实训基地。

发挥厦门在海峡两岸合作中的地理、文化和政策上的综合优势，引进中国台湾地区顶尖微电子及相关配套企业来厦门投资兴业。一是发挥厦门市作为国家对台科技合作与交流基地的作用，以微电子产业园区为载体建设微电子产业对接基地、两岸区域研发中心，完善两岸创新服务体系建设。二是积极参与两岸产业"搭桥"计划，从经济政策、行业标准以及法律制度等方面促进厦台集成电路产业深度对接。

企业篇

第二十章　集成电路设计行业重点企业

一、发展历程

紫光集团的前身是 1988 年成立的清华大学科技开发总公司，是清华大学为实现科技成果转化而成立的第一家校办企业。1993 年，公司改名为清华紫光（集团）总公司。1999 年，清华紫光总公司发起设立清华紫光股份有限公司，并于同年上市。2005 年正式改名为紫光集团有限公司。公司在 2010 年成为一家完全市场化的国有控股混合所有制企业，其中清华控股是最大的股东，拥有紫光集团 51% 的股权，其余的 49% 股权由总裁赵伟国的管理团队北京健坤投资集团有限公司持有，公司的国控民营是基本特色。

紫光集团业务领域广泛覆盖信息技术领域的主流方向，长期专注于硬件制造和销售、数字影像服务、图文服务、软件和信息服务等细分市场，积累了丰富的产品研发及方案解决经营。近年来，公司按照"云—网—端"的战略规划，积极拓展新兴业务，在云计算、大数据、智慧城市等行业热门领域有重大产品布局，正在向信息技术领域的全产业链、一体化服务型公司转变。

表 20-1　紫光集团发展历程

时间	事件
1988年	北京清华大学成立紫光集团前身清华大学科技开发总公司
1993年4月	清华大学科技开发总公司改组为清华紫光总公司，逐步形成紫光集团
2003年	清华控股公司成立，清华紫光集团的全部股份划入清华控股
2005年6月	由全民所有制企业改制为有限责任公司，即紫光集团有限公司，清华大学持股80%

（续表）

时间	事件
2009年6月	增资扩股并引进新的管理团队，成由清华控股有限公司控股、市场化机制的国有控股企业
2010年	正式确立混合所有制模式，清华大学控股持股51%，民营企业北京健坤投资集团有限公司持股49%
2013年7月	紫光集团以17.8亿美元收购展讯通信
2014年7月	紫光集团以9.1亿美元收购锐迪科微电子
2015年2月	紫光集团与国家集成电路产业投资基金、国家开发银行达成总额为300亿元的战略合作意向
2015年5月	紫光集团下属子公司紫光股份收购惠普公司旗下"新华三"51%的股权，双方共同打造中国信息技术领导企业
2015年7月	紫光集团旗下紫光国际投资移动操作系统创业公司Acadine，为移动设备、可穿戴设备和物联网设备打造完全开放的移动系统
2015年9月	紫光与微软、世纪互联合作定制混合云解决方案，打造最适合国企客户的国际化云计算解决方案平台
2015年9月	英特尔公司以15亿美元入股紫光集团旗下的控股公司，投资展讯与锐迪科，持股比例约为20%。展讯同时获得英特尔X86架构的授权，可以开发与销售相关产品。
2015年9月	紫光集团下属子公司紫光股份投资38亿美元入股美国西部数据公司，强势进军存储领域，后被美国政府驳回
2015年10月	紫光集团投资6亿美元成为台湾力成科技最大股东，全面构筑"芯—云—网—端"信息产业生态链
2015年11月	紫光集团控股同方国芯，打造集团旗下芯片产业上市公司平台
2015年12月	紫光以568亿元新台币（约134亿港元）收购半导体封装测试商矽品精密24.9%股权，成为大股东，同时以119亿元（约28.1亿港元）收购内存与驱动IC封测厂南茂科技25%股权，成为第二大股东

资料来源：赛迪智库整理，2015年12月。

二、业务情况

公司业务范围广泛覆盖信息技术领域的软硬件以及相关服务，提供大到扫描仪、笔记本电脑，小到鼠标的多样化硬件产品，也提供各行业有针对性的信息化解决方案和软件服务。近年来通过内部创新，研发出了许多新兴智能电子产品。2014年公司主营收入中，硬件产品销售收入占比约94%，IT服务类收入约占5%。近年来，公司硬件产品销售收入规模持续快速增长，从2010年30多亿元增长到2014年100多亿元，年均复合增长率接近30%。

公司在IT和互联网技术领域主要有两方面业务，包括芯片领域和云领域。

在芯片领域主要有手机基带芯片及外围芯片、物联网芯片、数字电视芯片，以及来自同方国芯的 FPGA、智能卡和存储器。芯片设计领域主要包括展讯和锐迪科，2014 年展讯和锐迪科共向手机领域提供了 5.5 亿套手机芯片，三星是公司产品的最大客户，华为的低端手机从 2015 年起采用展讯的芯片。2015 年公司预计销售6.5 亿套手机芯片，市场占有率 27%，稳居世界第三位，预计在 2020 年市场份额将会成为世界第一。公司通过收购同方国芯，下一步将进入制造领域和存储领域。

在云领域，2015 年收购了华三通信和惠普服务器的中国业务，通过入股西部数据成为第一大股东。华三通信在企业网领域（除运营商外）是中国第一，全球排名第二位，目前政府和银行的 60%—70% 的设备由华三提供。2015 年华三通信的销售收入为 500 亿元，资产达到 1000 亿，净资产为 400 亿，税后利润总额大概为 40 亿元。目前员工共 3.2 万人，高管和团队都非常国际化，40% 的高管和核心骨干是外籍人员。

表 20-2　2013—2015 年紫光集团营业情况

年份	2013	2014	2015E
营业收入（亿元）	85.2	111.4	149.1
增长率	30.4%	30.8%	33.8%
净利润（百万元）	100.9	125.8	171.8
增长率	39.6%	24.6%	36.5%
毛利率	4.7%	4.6%	4.3%

资料来源：赛迪智库整理，2015 年 12 月。

三、技术水平

紫光集团在集成电路产业的核心企业包括展讯通信有限公司和锐迪科微电子公司，在云产业的核心企业包括紫光股份有限公司和杭州华三通信技术有限公司。

（一）展讯通信有限公司

展讯通信有限公司主营业务为智能手机、功能型手机及其他消费电子产品的手机芯片平台开发，产品支持 2G、3G 及 4G 无线通信标准。公司基于高集成度、高效能的芯片，搭配定制软件及参考方案，为客户提供一体化平台方案，以实现更快的设计周期，同时降低开发成本。展讯的客户涵盖全球移动智能终端企业，可提供多款基带、应用处理器等手机芯片产品。

（二）锐迪科微电子

锐迪科微电子在手机通信、无线连接和广播通信领域不断推出多款具有开创意义的产品，并且在多领域打破欧美、日本和台湾公司对集成电路行业的垄断局面。是目前国内为数不多能够设计并量产数字基带、功率放大器、射频开关、射频收发器、蓝牙、无线、调频收音等全系列数字及射频产品的集成电路设计企业，与产业链上下游企业都有紧密协作和技术沟通，在设计、生产和市场方面拥有丰富的产业经验。

（三）紫光股份有限公司

紫光股份有限公司结合全球信息产业的发展趋势及自身优势业务的特点，公司聚焦于 IT 服务领域，致力于打造完整的"云—网—端"一体化产业链，深入云计算、移动互联网和大数据处理等行业应用领域，成为集现代信息系统研发、建设、运营、维护于一体的全产业链服务提供商。目前，紫光股份的核心业务基本覆盖 IT 服务的重要领域，在硬件方面能够提供包括智能网络设备、存储系统、全系列服务器等在内的先进终端设备；软件方面可以提供从桌面端到移动端的应用软件解决方案；技术服务方面业务涵盖基础设施解决方案、技术咨询和支持等服务。

（四）杭州华三通信技术有限公司

杭州华三通信技术有限公司主营业务为 IT 基础架构产品及方案的研发、生产、销售及服务，提供路由器、交换机、无线、网络安全、服务器、存储、IT 管理系统到云管理平台等相关产品。华三通信在北京和杭州都设有研发机构，并拥有可靠性试验室以及产品鉴定测试中心，每年用于研发投入的资金占销售额的 15% 以上。截至 2014 年底，华三通信累计申请专利超过 5500 件，其中发明专利比例超过 90%。2014 年，华三通信发明专利授权量排名国内企业第十名。

四、发展策略

（一）构筑从"芯"到"云"的信息技术产业链

2013 年，紫光股份为了顺应电子信息技术和产业发展趋势，正式提出"云服务"的发展战略，包含三个层次，分别为提供云计算基础设施建设服务、云计算行业应用解决方案和云计算平台化服务。紫光大力拓展面向行业应用的 IT 服务业务，通过构建"云—网—端"产业链，同时在应用层面横向拓展以云计算、智慧城市和移动互联网为主要方向的产品线，实现现代信息系统建设、运营与维护的全产业链服务提供商，向现代云服务全产业链服务公司转变。公司云服务业务的发展主要通过两条途径来实现，其一是加大公司内部的产品创新、科研开发、管理水平、业务水平等，力争提供有竞争力的云产品和云服务；其二是加大对外投资并购，吸收在云服务相关领域已经有所成果的领先企业，从而实现紫光股份在云服务业务上的跨越式发展。

（二）以资本运作为手段开展国际并购

紫光集团将产业链和资本链深度融合，通过自身积累、资本市场公开融资、基金公司借贷、发行 PE 基金等方式全方位、多手段地募集资金，采用全面收购、境外入股、境内合资等方式获得产品和技术优势，超常规、超大规模地快速形成信息产业集群。2015 年以来，紫光集团通过资本运作，在集成电路领域展开了密集的布局。如先后收购国内集成电路设计领域的龙头企业展讯通信和锐迪科，以获取通信芯片技术优势；入股华三通信进军交换机、企业路由器等业务领域，完善在最基础的网络硬件布局；入股美国重要存储器企业西部数据，随后西部数据收购全球第三大 NAND Flash 企业闪迪，从而使紫光获得部分技术授权；通过同方国芯定向增发打造国内存储器产业，打造闪存 IDM 平台；随后入股台湾第二大封测企业力成，完善存储器产业链。

（三）依托清华智力资源实现产学研结合

紫光股份是典型的"产—学—研"相结合的校办企业。1998 年，紫光股份前身清华大学科技开发总公司成立，成为清华大学为加速科技成果产业化而成立的第一家校办企业。1993 年，清华大学科技开发总公司更名为清华紫光（集团）总公司。1999 年,清华紫光（集团）总公司发起设立清华紫光股份有限公司，并于同年上市。2015 年第一季度，启迪控股通过协议方式向西藏紫光卓远转让紫光股份 13% 的股份，成为紫光股份第一大股东；启迪控股持有紫光股份总股本的 12%，为紫光股份第二大股东；清华控股有限公司通过直接和间接的方式持有紫光股份总股本的 32.61%，为紫光股份的实际控制人。紫光集团依托清华大学的高校优势，每年吸引了大批科研和技术毕业生人才，为产业发展提供重要的智力支撑和人才保障。

第二十一章　集成电路制造行业重点企业

中芯国际集成电路制造有限公司（以下简称"中芯国际"），成立于 2000 年，是中国大陆地区规模最大、技术最先进的集成电路晶圆代工企业。公司总部位于上海，向全球客户提供 0.35μm 到 28nm 晶圆代工与技术服务。公司在美国、欧洲、日本和台湾地区设立营销办事处，提供客户服务，在香港设立了代表处，现有员工 10007 名，近一半员工拥有学士及以上学历，其中博士约 100 名，硕士约 1500 名，四人入选国家或上海的"千人计划"。

一、发展历程

中芯国际创办于 2000 年，其在上海建设的首条生产线于 2002 年投产，同年在北京建设生产线，2004 年收购摩托罗拉在天津的生产线，2006 年建设武汉新芯的 12 英寸生产线，并代为管理。2009 年，中芯国际遭到台积电的"窃取商业机密案"败诉，其创始人张汝京被迫离开中芯国际，由王宁国担任总裁兼 CEO，中芯国际进入后"张汝京"时代。但 2011 年中芯国际陷入人事纷争，总裁王宁国和财务总监均离开中芯国际，张文义和邱慈云分别担任中芯国际董事长和 CEO。2014 年，中芯国际在深圳建设的 8 英寸生产线投产。目前中芯国际在上海建有三座 8 英寸芯片厂，可提供 0.35 微米到 90 纳米的制程技术服务，一座 12 英寸芯片厂（S2）提供 0.35 微米到 45/40 纳米的制程技术服务。在北京有三座先进的 12 英寸芯片厂，可提供 0.13 微米到 28 纳米的制程技术服务。天津有一座 8 英寸芯片厂可生产从 0.35 微米至 0.13 微米的芯片。

表 21-1　中芯国际不同产线产能情况

工厂	产能（片/月）
上海8英寸厂	96000
上海12英寸厂	31500
北京12英寸厂	81000
北京12英寸先进制程厂	50000
天津8英寸厂	39000
深圳8英寸厂	10000
总产能	307500

资料来源：公司网站，2015 年 3 月。

二、业务情况

中芯国际是中国大陆最大，全球排名第五的集成电路代工企业，可提供 0.35μm—40nm 工艺代工，而 28nm 也在 2014 年实现量产。产品包括逻辑电路、混合信号/CMOS 射频电路、高压电路、系统级芯片、闪存内存、EEPROM、影像传感器，以及硅上液晶微显示技术。

2015 年第三季度，得益于当季硅片出货量环比增长 5.4% 至每月平均 77.12 万片，中芯国际营收按季增长 4.3% 至 5.699 亿美元。这主要是深圳的新 8 英寸晶圆工厂投产，新增了 1.1 万片／月的产能，公司 8 英寸晶圆月产能上升至 26.88 万片。而且，中芯自主研发的 95nm 多晶硅导体超低漏电技术，实现了 8 英寸制造技术下逻辑晶圆集成度的成倍提高，亦使产品更具竞争力。在业务范围方面，中芯国际代工产品主要以消费电子为主，占到总代工份额的 44%，其次为通信产品，其市场份额达到近 42%，而计算机产品占比仅为 2.5% 左右。

三、技术水平

目前中芯能提供 0.35μm 到 28nm 的晶圆代工与技术服务，高端全面的制程能力之外，中芯也能为客户提供全方位 turnkey 的晶圆代工解决方案：从光罩制造、IP 研发及后段辅助设计服务到外包服务（包含凸块服务、晶圆片探测，以及最终的封装、终测等）。

先进制程持续推进。2014 年，该公司的 45/40nm 产品已经成为其收入的主要来源，销售额已占其总销售额的 11%，并且业务量还在持续增长；28nm 制程是个比较特殊的工艺节点。按照 IBS 的数据，从 28nm 到 20nm，每个门（Gate）的成本将再遵循此前持续下降的规律，到 16/14nm 时甚至可能会变得更加昂贵，因此 28nm 量产是关键。32/28nm 全套工艺的开发已经于 2014 年初导入，并且已经成功为高通生产处骁龙处理器，预计 2015 年成为较大的业务增长点。同时，中芯国际也得到 ARM 公司授权，得到 28 纳米 polySiON（PS）制程工艺提供高性能、高密度、低功耗的系统级芯片（SoC）设计支持。中芯国际也在继续布局下一代制程，20nm 的前期开发工作也已经全面展开，预计在 2015 年中完成。生产线建设预计于 2017 年建成投产。

存储器代工业务不断取得突破。2014 年，中芯国际成功开发出 38nm NAND Flash 工艺制程，可为客户代工 NAND 产品，这也是中国大陆首家实现 NAND 工艺代工的企业。同时，中芯国际与华大电子合作，开发基于 55nm 工艺的智能卡芯片，该芯片采用中芯国际 55 纳米低功耗（LL）嵌入式闪存（eFlash）平台，具有尺寸小、功耗低、性能高的特点。

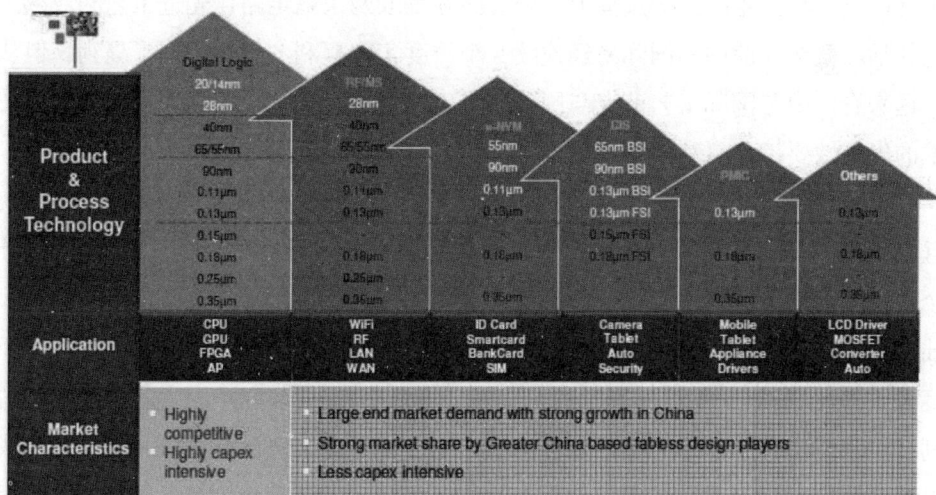

图21-1　中芯国际各种工艺及产品情况

中芯国际也成功开发出 55nm 的蓝牙射频 IP，可为物联网、手机及平板市场提供优质的 IP 解决方案。

四、发展策略

运作机制坚持国际化运作。2014 年，虽然国内几大投资机构股本合起来占 40% 左右，但外资仍占大股，国际化发展战略一方面可以让中芯国际突破瓦尔森协议的限制，在引进先进技术、设备方面受限制较小，另一方面有助于降低融资成本，国际资本市场的融资成本相对于国内为低，此外，公司在管理、生产、研发方面也走国际化路线，在全球范围引进既熟悉行业又有管理经验的人才，为他们发挥才能提供了一个宽松的环境。目前中芯国际国有股本已占40%多，而2014年又得到国家集成电路基金的大力支持，业界质疑其"国进民退"背后折射的产权变革使中芯国际处于两难之中，但是受益于集成电路大环境和中芯国际这几年的持续盈利，中芯国际估价已上升80%以上，为其引进国际战略资金提供便利，使其能够继续走国际化发展道路。

以盈利为中心。集成电路代工业是依靠投资拉动的，特别是中芯国际目前所追求的先进工业代工策略，需要持续投资以形成规模经济效应，但在投资前几年会由于大规模投入而带来亏损，如折旧增加等。在张汝京时代，中芯国际注重于快速发展，持续建线使得中芯国际多年亏损，投资者对此颇有怨言，在张文义执掌中芯国际后，转变经营思路，坚持以利润为中心，以技术路线和合理规模为两个支撑点。在技术路线的选择上，中芯国际采取两条腿走路，先进工艺和成熟工艺并举。截至目前中芯国际易经连续8个季度实现赢利。虽然实现了赢利，但从长远来看，中芯国际工艺节点与国际先进工艺代工企业相比差距较大，而缺乏技术的先进性要持续赢利相对较难。

注重中国大陆市场。我国IC设计业已进入了65—40nm世界主流技术领域，且呈现出40nm、65nm、90nm及以上多代、多重技术并存的局面，我国IC设计企业发展对本土芯片代工企业起到极大支撑作用。中芯国际主要客户来自中国大陆和美国，其他是欧亚地区客户等。中国大陆客户成长非常快，2014年第四季度营收占比从2009年第一季度的17%上升至44%，大陆客户为中芯国际实现盈利奠定了坚持基础，中芯国际守住中国大陆，也是守卫自己。我国一直强调集成电路产业应自主可控地发展，而代工业的自主可控发展必将为装备等自主可控发展提供可靠的保障。中芯国际作为我国代工业的龙头，其产业链竞争力的提升为其巩固国内市场创造更多有利条件。

积极拓展业务领域。与长电科技合资12英寸Bumping、为客户提供一站式解决方案。为向下游封装环节拓展，完善服务体系，中芯国际与长电科技（JCET）合资12英寸Bumping制程（8英寸bumpingin-house），打造中国大陆第一条28nm 12英寸完整产业链，为客户提供一站式服务。合资项目（中芯长电）位于江苏江阴，设计产能 50K WPM，预计 2015 年底可以安装 10K WPM 的产能，预计 2018 年达产。未来双方在 3D WLP 领域进一步加强合作。中芯国际也与日本凸版印刷株式会社成立合资公司，建设国内首条 12 英寸芯载彩色滤光片和微镜生产线已建成投产，结合中芯国际 12 英寸 CMOS 图像传感器（CIS）晶圆生产线，将形成一条完整的 12 英寸 CIS 产业链。

坚持投入，继续扩大生产规模。2014 年，中芯国际在深圳建设的 200mm 晶圆厂正式投产，这也标志着中国华南地区第一条 8 英寸生产线投入使用。该生产线月产能为 1 万片，在 2015 年底达到每月 2 万片，产品主要应用方向为图像感测器、逻辑电路和电源管理电路等消费及通信电子。中芯国际也积极引入新资本，中国集成电路产业投资基金将以每股 0.6593 港元的认购价认购中芯国际 47 亿股新股份。这笔投资将会用作中芯国际的资本支出、债务偿还以及整体运营支出。同时，市场也传出中芯国际准备收购韩国最大的代工厂——东部技术公司，向海外扩张。

第二十二章　集成电路封装测试行业重点企业

第一节　长电科技

一、发展历程

江苏长电科技股份有限公司（简称长电科技）成立于1972年，经过几十年的奋力拼搏，不断进取，努力创新，长电科技目前成为中国规模最庞大、技术最先进、品种最齐全、服务最完整的封装测试企业，是中国集成电路封装测试产业链技术创新联盟理事长单位。长电科技在国内相关领域率先开发出了一系列国际领先的拥有自主知识产权的新型封装测试技术。长电科技拥有我国第一家高密度集成电路国家工程实验室以及国家级企业技术中心和博士后科研工作站，曾荣获中国电子百强企业、中国半导体十大领军企业、国家重点高新技术企业等称号。其产品涵盖通信、计算机、汽车电子、消费电子等应用领域。近年来，长电科技在整体收入和利润保持上升态势的同时，其业务结构随技术创新不断升级，该公司十年营业收入的年复合增长率达到19%，只有2009年受金融危机影响营收微微下降。其封装测试收入连年上升，在收入规模上远高于其他国内厂商，2013年成为中国大陆最大、全球第六的封装测试大厂。2014年与国家集成电路产业投资基金的联手成功收购全球排名第四的星科金朋，二者整合后，有望跻身全球前三，且使得业务互补，在高端封装产能方面实现全面的自主可控。

表22-1　长电科技发展历程的重点事件

时间	重点事件
1972年	江阴晶体管厂成立
1986年	建立分立器件自动化生产线

（续表）

时间	重点事件
1989年	建成集成电路自动化生产线
1995年	与飞利浦合资成立集成电路芯片封装加工厂
2000年	整体改制为江苏长电科技股份有限公司
2002年	新顺微电子公司成立
2003年	长电科技在上海证券交易所正式上市
2003年	与新加坡APS合资成立"江阴长电先进封装有限公司"
2003年	长电科技霞客厂区（C2厂）建成投产
2006年	博士后科研工作站、国家企业技术中心成立
2007年	长电科技新城东厂区（C3厂）正式投入使用
2007年	长电科技SiP厂正式成立
2008年	高密度集成电路封装技术国家工程实验室正式成立
2009年	"芯潮"品牌的高密度高容量存储类产品上市
2009年	温家宝总理视察长电科技
2009年	收购新加坡APS公司
2009年	集成电路封装测试产业链技术创新战略联盟成立，长电科技担任首届理事长单位
2010年	MIS封装材料厂建成投产
2011年	与东芝公司合资成立江阴新晟电子有限公司
2014年	与国家集成电路产业基金的协作收购星科金朋

资料来源：长电科技官网，赛迪智库整理，2016年3月。

二、业务情况

（一）业务分布

长电科技作为中国大陆最大的内资半导体封装测试公司，进行了封装测试领域的全产品线布局。从地域布局来看，宿迁和滁州定位为传统封装测试产品，江阴定位为FC、Bumping、基板、MIS和摄像头模组等高端产品。尤其是其子公司长电先进具备Bump、FC、WLCSP、SiP、TSV五大先进圆片级封装技术服务平台，其芯片铜凸块和晶圆级封装测试产能均处于全球前列，并拥有部分核心专利授权，目前规模接近十亿，拥有较强的盈利能力。公司在功放、电源芯片、驱动芯片、影像传感器、MEMS等各领域均有丰富技术储备，未来将有极大的拓展空间。

（二）销售情况

近年来，在上游芯片设计业大量订单的带动下，长电科技作为下游主要封装测试企业销售额持续增长。国际方面，长电科技成功进入苹果手机产品供应链，成为苹果 WLCSP 芯片的主力封装测试供应商。国内方面，长电科技在全球第三大手机基带芯片供应商展讯公司的封装份额也逐年提高。被紫光集团收购以来，展讯将原本在台湾地区的芯片封装订单逐步转向中国大陆。随着 4G 时代的到来以及 28nm 芯片制造工艺的普及，展讯未来使用 Bumping+FC 技术进行封装的芯片量将达到 2000 万颗 / 月。长电科技已经为展讯配备了相应的产能，并且凭借着与中芯国际的合作，有望深度受益于展讯的转单。此外，在先进封装方面，长电科技已经具备了该领域的四大关键技术：圆片凸块技术（Wafer Bumping）、圆片级芯片尺寸封装（WL-CSP）、硅通孔封装技术（Through Silicon Via）、倒装技术（Flip Chip），并由此开发了包括 WL-CSP、Cu Pillar Bump、TSV-CIS、FC-BGA 等在内的多种封装产品。长电目前在中道 Bumping 和后道 FC 技术进行了深度布局，公司已经形成了 8 英寸 Bumping 量产能力，并具备全球稀缺且国内唯一的 12 英寸 Bumping 的量产测试能力。随着国际经营环境的转暖，以及国内宏观政策环境的推动，长电科技 2015 年实现营业收入 64.28 亿元，同比增长 25.99%；归属于母公司所有者净利润 1.57 亿元，同比增长了 13.09 倍。

三、技术水平

近年来，在引进、消化吸收国外先进封装技术的基础上，经过多年的技术沉积与持续研发，长电科技已基本掌握了 SiP 射频封装、硅穿孔（TSV）封装、高密度 FC-BGA 封装测试、圆片级三维再布线封装工艺、铜凸点互联、多圈阵列四边无引脚封装测试（MIS/MIS-PP）、封装体三维立体堆叠封装、$50\mu m$ 以下超薄芯片三维堆叠封装以及 MEMS 等九大核心封装技术，具备了参与国际竞争的实力。

目前，长电科技的 SiP、TSV、WL-CSP 三大封装技术已经达到世界先进水平。尤其在 SiP 封装领域，长电科技已占据国内绝对领先地位，减薄技术达到 $25\mu m$，焊线距离小到 $35\mu m$，堆叠可达 8 层以上。长电科技已经用 12 英寸圆片级封装技术批量生产了世界最小的影像传感器（CIS），并且其铜柱凸块技术也已进入小批量生产。在射频器件封装方面，长电科技也拥有较强实力，其 WLCSP 封装技术规模已进全球前三。另外，长电科技不断创新，并对 MIS、MIS-PP、

QFN 等产品线的研发有着长期的计划，未来产品将更具选择性与性价比。此外，长电科技凭借新工艺正在逐渐开拓混合信号与主芯片产品业务。

四、发展策略

长电科技始终坚持内生外延兼顾的发展策略。首先在内生方面，高端产能已进入回收期，未来将持续放量，传统封装测试业务逐步实现扭亏为盈，业绩拐点明显显现；其次在外延方面，预计通过一系列措施如机制优化，扁平管理，债务剥离和导入客户等，尽快扭转星科金朋微亏损局面。通过提升效率，集中资源，以及全球战略等驱动将集团优质资产注入上市公司。此外，长电科技下一步将继续培育自主知识产权的核心竞争力，在公司的十年发展规划中，公司计划承接280 亿—300 亿元的产业基金，在 2018 年和 2023 年完成 100 亿—150 亿元和 400 亿元的收入目标并进入全球封装测试行业前三位。

第二节　南通富士通

一、发展历程

南通富士通微电子股份有限公司是国内较早成立的集成电路封装测试骨干企业。2007 年 8 月在深交所上市，中方控股并负责经营管理。公司成立 10 多年来，始终坚持走自主研发与引进、消化吸收、再创新相结合的发展道路。依托国家博士后工作站、江苏省企业院士工作站、企业技术中心、工程技术研究中心和企业研究院等创新平台，牵头组建国家科技重大专项首个产业链技术创新战略联盟，形成"应用基础研究、工程化技术研究、产业化技术研究"三位一体的技术创新体系，极大地提高了企业的自主创新与可持续发展能力。

2009 年起,南通富士通承担实施了"十一五"、"十二五"国家科技重大专项(02 专项) 项目，取得多项技术创新成果。成功研发的 SiP 、BGA、BUMP 等一大批集成电路先进封装产品和技术已形成规模化量产，部分产品填补了国内空白，技术水平达到国内领先、国际先进水平，申报专利 200 多项。近年来，南通富士通重点研发的 Low Cost FCBGA、PoP、FC–CSP 等先进的封装技术取得重大突破，成为其抢占国际市场制高点的核心竞争优势，有力地支撑了公司结构调整与转型发展。此外，南通富士通把握国家战略实施机遇，企业"走出去"步伐明显加快，

2015 年 10 月，与美国 AMD 公司达成协议，成立合资公司并整合了 AMD 在马来西亚槟城和中国苏州两家封装测试工厂。整合完成后，南通富士通将持有合资公司 85% 股份，AMD 占 15% 股份。

二、业务情况

2015 年全年，南通富士通公司实现营业收入 20.91 亿元，同比增长 18.30%；归属上市公司股东的净利润 1.21 亿元，同比增长 99.18%；基本每股收益 0.19 元，摊薄 ROE 为 5.11%。公司净利润的大幅增长主要源于技术创新所带来的产品及客户结构的升级。技术创新所带来的产品及客户结构升级是公司净利大幅增长的主要原因技术创新方面，公司是国内首家实现 28nm、12 英寸 CopperPillar 凸块量产的厂商，并与国内知名设计公司展讯、联芯等进行战略合作，采用 WLP 和 FC/BGA 工艺生产智能手机芯片，从而使得公司高引脚业务占比提升，产品结构得到优化。客户结构方面，公司的客户结构已基本形成欧美、亚太、国内三分天下的局面，每类产品都有业界一流客户，避免了依靠单一市场带来的风险。同时，公司近来重点开拓台湾市场，2014 年以来专设人员统一协调处理台湾地区业务，取得了较好的效果。上年台湾的销售额达到 4.13 亿元，同比增长 82%。盈利能力改善，毛利率稳步提升。公司近三年盈利能力逐步改善，毛利率由 2011 年的 13.88% 上升至 14 年的 19.08%，主要系公司产品结构的持续优化所致，以 Bumping、FC、BGA、WLP 为代表的高引脚业务收入占比不断提升。

三、技术水平

南通富士通是国内第一家成功开发并且规模生产 SiP 产品的本土企业。在 SiP 测试方面，公司拥有自主研发各类（模拟、数字、混合、RF 等）集成电路测试的能力，并在国内最早开始 SoC（含 RF）的大规模测试生产服务。系统级封装技术的发展同时带动了集成电路设计、芯片制造、仪器设备、环氧树脂等上下游产业同步发展，公司参股北京达博、南通尚明，参股宁波华龙、江苏中鹏等多家公司，充分整合国内的资源优势，为封装设备和材料提供了验证与产业化的平台，有效地带动了电力电子技术的节能降耗，促进"发展绿色能源"和"节能减排"的基本国策的实施，推动了集成电路产业链的健康发展。近年来，公司对系统级封装技术的工艺优化、仿真设计、可靠性分析能力开展了一系列深入研究，以促进公司在高端封装测试技术领域的发展。

四、发展策略

南通富士通将紧紧抓住系统级封装技术发展带来的机遇与变革，始终以强烈的开拓发展意识，不断研发国际先进封装测试技术及产品，今后一段时期，将重点开展如 FC-SiP、3D 堆叠 SiP 等高密度系统级封装技术的产业化研发与应用，为移动通信、数码产品、图像传感器等领域提供更多具有自主知识产权的创新产品。在产品技术、设备装备及管理软硬件上不断提升档次，为国内外客户提供从系统设计、封装、成品测试的完整的系统级封装测试的解决方案与服务。

第三节　天水华天

一、发展历程

天水华天科技股份有限公司成立于 2003 年 12 月，2007 年 11 月在深圳证券交易所挂牌上市交易，其集团前身是 1969 年在甘肃省秦安县设立的"国营第七四九厂"。目前，天水华天集团是我国大陆地区排名前三的代工型封装测试企业，企业总股本 66307.995 万股，注册资本 64980.8 万元。2010 年天水华天全资子公司华天科技（西安）有限公司投产运营，2011 年 9 月，华天电子科技园正式投产，年封装能力逐步扩大。此后，2013 年控股华天科技（昆山）电子有限公司，正式进入 TSV 封装领域，成为全球第一个应用 TSV 技术为图像处理传感器提供量产服务的封测公司。此外，天水华天把握国家战略实施机遇，企业"走出去"步伐明显加快。2014 年 11 月，天水华天对美国 FlipChip International.LLC 发出收购要约，并于 2015 年完成了该项并购，丰富了产品线及客户群。

二、业务情况

2015 年公司紧紧抓住我国集成电路产业发展的大好机遇，稳步推进"40 纳米集成电路先进封装测试产业化"项目和"通讯与多媒体集成电路封装测试产业化"项目的实施，加大 02 专项和研发项目的实施以及技术开发力度，积极实施并购重组，使公司集成电路封装能力和技术水平都得到了切实有效的提高，2015 年公司保持了持续快速发展的良好势头。

2015年公司共完成集成电路封装量106.96亿只，同比增长27.79%，实现营业收入33.05亿元，同比增长35.07%，净利润3.06亿元，同比增长52.37%，其中归属于上市公司股东的净利润2.98亿元，同比增长49.72%。随着FC、指纹识别、MEMS、Bumping等集成电路高端封装产品研发成功和封装规模的不断扩大，公司产品结构进一步优化，市场竞争能力进一步提高。

三、技术水平

集团主要产品有：塑封集成电路、半导体功率器件、模拟集成电路、混合集成电路、电源电子模块、集成压力传感器/变送器、集成电路封装专用设备、集成电路包装材料共8大类1800多个品种，广泛应用于航空、航天、军事工程、电子信息、自动控制等领域。

1. 塑封集成电路：DIP、SIP、SOP、SSOP、TSS、OPQFP、LQFP、QFN、DFN、BGA、LGA、SOT、TO、MCM、SiP、TSV、WLC、WLO等10余个系列、200多个封装品种。年封装能力为100亿块，测试能力为50亿块，封装、测试成品率达99.8%以上。其中TSV封装是目前国内良率唯一达到量产标准的，目前月封装能力达到10000片，BGA、QFN、MCM等高端封装产品年封装能力已达到10亿块。

2. 半导体功率器件：可封装TO-220-3L、TO-253-3L、TO-264、TO-263-3L、IPARK、TO-MF等多个品种，年封装能力5亿块，封装、测试成品率达99.5%以上。

到目前为止，集团共有150项新产品/新技术通过了甘肃省科技厅和工信委的科技成果和新产品/新技术鉴定，其中16项达到国际先进水平，133项达到国内领先水平；21项获"甘肃省优秀新产品新技术"。截至2012年底，共获得国家授权专利170项，其中发明专利18项（全部有效），实用新型专利131项，外观设计专利2项，软件著作权登记19项。2012共申请并获受理专利94项，其中41项发明专利，53项实用新型专利。

四、发展策略

通过10多年左右的努力，集团在半导体封装领域发展成为涵盖集成电路、功率器件、LED、MEMES传感器等产品，以及下游设备备件与包装材料的企业集团。建设成相对完整的半导体封装产业链配套体系，并掌握关键环节核心技术，形成具有持续竞争力的产业集群。

　　集团将以天水作为针对中低端集成电路封装测试、功率器件封装、军品及军民结合产品、半导体传感器、配套设备及备件以及包装材料等的制造基地，将把建设华天电子科技园作为发展战略的重点，西安作为中高端集成电路封装以及集团半导体封装技术的研发基地，昆山西钛将保持第一代 TSV 技术的领先地位，开发第二代、第三代 TSV 技术，实现 12 英寸 TSV 技术研发及产业化，到 2020 年，TSV 月封装产能达到 10 万片。

第二十三章　集成电路设备行业重点企业

第一节　中微半导体设备有限公司

一、发展历程

2004年8月，中微半导体研发及运营中心正式落户上海浦东张江高科技园区，创始团队共17人，意在打造为半导体及其他高科技领域服务的微加工设备公司。公司创立之初，恰逢半导体芯片工艺从铝导线向铜导线转变的时期，以往的金属刻蚀方法逐渐过时，因此公司最初计划投入介质刻蚀和薄膜设备的研发，但后来考虑到薄膜设备的投资回报率不高，便开始集中精力研发等离子介质刻蚀机产品。2007年，公司的65—28nm工艺的双反应台多腔介质刻蚀机产品Primo D–RIE（去耦合反应离子刻蚀）系列产品正式推向客户测试。该系列产品是中微半导体迄今为止最成功的产品之一，由于设备刻蚀效果好，产出能力比竞争对手的系统高出35%左右，而使用成本低35%，获得了众多客户的青睐。此后中微半导体又推出了适用于28—15nm工艺的双反应台多腔介质刻蚀机Primo AD–RIE，适用于20—10nm工艺的单反应台多腔介质刻蚀机Primo SSC AD–RIE，以及适用于28—15nm工艺的双反应台刻蚀除胶一体机产品Primo iDEA等四个系列的等离子刻蚀机产品。

中微半导体的发展至今共经历了五轮融资。创业之初，公司获得了国外资本的第一轮、第二轮风投，取得了较好的成绩。在此后的第三次融资中，国内的风险资本逐渐成为投资的主力，其中就包括了上海创投和浦东科投的投资。上海创投和国开金融完成了公司的第四次融资。公司的第五次融资是在当前国家大力推进集成电路产业发展的背景下进行的。国家集成电路产业投资基金将中微列为第一批支持的对象，初期投资 4.8 亿元。至此，中微半导体获得的总投资达到 3.5 亿美元，其中国内投资占 40% 以上，国际投资占 35% 以下，其余 20% 多为员工持股。

2015 年 12 月，中微半导体携手国家集成电路产业投资基金和苏州聚源东方投资基金中心共计投资 2.7 亿元支持沈阳拓荆科技有限公司的化学气相沉积设备研发应用。

二、业务情况

从 2012 到 2015 年中微半导体的在线刻蚀机累计反应台数量以每年大于 30% 的速度增长，刻蚀机及 MOCVD 设备已在 34 条先进生产线中使用，合计包含 409 个反应台，其在线累计反应器数量三年间也达到了 40% 的年均增长率。中微拥有来自十多个国家的 100 多位半导体设备专家，成立至今的 10 年间已经将业务拓展到全球 6 个国家 / 地区的 25 个客户。

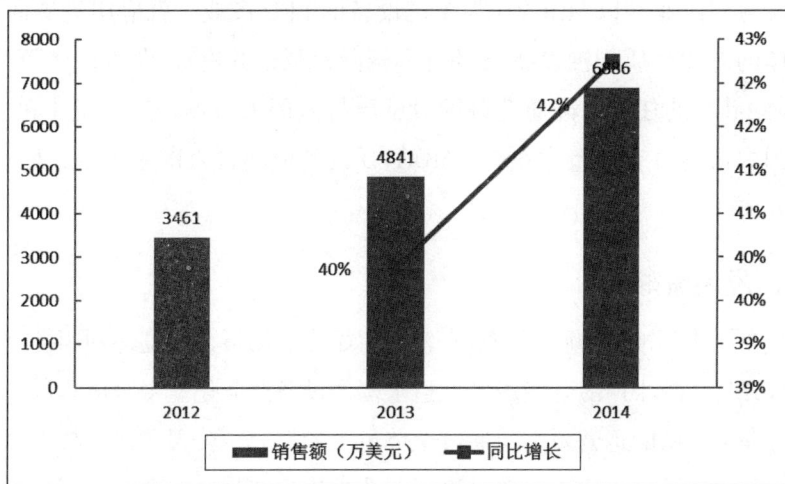

图23-1 2012—2014年中微半导体销售收入及增长情况

资料来源：赛迪智库整理，2015 年 11 月。

当前中微正在开发从 65nm 到 10nm 的第三代等离子刻蚀设备，第二厂房的二期建设完成后，公司将达到每年 400—500 台设备的生产能力。中微现在的设备主要用于 45nm，40nm 和 28nm 及以下的工艺制程，其中 28nm 及以下制程可实现硅片加工每月 30 万片以上，MEMS 和 CIS 加工超过 8 万片 / 月。台湾代工企业已使用中微设备生产了 1200 多万片硅片，并且核准了几套刻蚀设备应用于 10nm 产线的研发。中微的设备还在韩国厂商已经量产的存储器生产线中用于 16nm 接触孔刻蚀。

中微半导体近几年保持着每年 30%—40% 高速成长，2014 年销售额达到 6886 万美元，预计未来仍会继续保持高速增长，逐步成为国际半导体设备领域的领先企业。值得指出的是，中微的 MEMS 刻蚀技术已达到国际先进水平，今后在 MEMS、TSV、功率器件刻蚀等领域将有巨大的市场机会。

三、技术水平

中微半导体自成立以来共申请了 940 项专利，其中 408 项海外专利，并多次获得国家和上海知识产权局的奖励。

当前，中微已经从单一的半导体前端设备公司逐渐发展成为拥有多元产品的微观加工设备公司。其半导体芯片加工技术已推广到更多的应用领域，包括硅衬底的后端封测产业和以 MOCVD 为关键设备的 LED 产业。就应用进展而言，中微半导体的芯片介质刻蚀设备已经打入国际市场，并完成了 2500 多万片 65nm 到 16nm 的硅片的任务。硅通孔刻蚀设备已打入国内市场，其 8 英寸和 12 英寸设备的国内市场占有率超过 50%。MOCVD 设备成功打入国内市场，已有 13 台设备付运客户。

四、发展策略

中微专注于刻蚀和薄膜两个核心领域，始终贯彻最大限度地利用拥有的产品资源缩减开支，减小产品开发成本，追求国产设备产业化。中国极具活力的供应链大大提高了中微的运营效率，通过全体员工的努力，公司在提高技术水平和生产效率方面取得了重大突破，并且赢得了业内顶尖芯片制造商和其他技术创新企业的信任，并发展成为新型的高端微加工设备公司。

在中微的管理理念中，首要的就是解决好投资商、客户、政府、顾问、管理团队、雇员和供应商七大利益集团的关系。首先，领军团队是前提；其次是解决投资商的资金，包括早期、中期投资以及后期上市的问题；第三是客户是否接受；第四是能否获得供应厂商的支持；第五是各地区政府的支持也至关重要，特别是在国外技术垄断的情况下，一定要获得政府扶持；此外，雇员是核心问题，他们是公司价值的创造者与实践者；最后还有各种顾问，包括法律顾问，财务顾问，审计公司等等的协作支持。这七个利益集团同等重要，中微半导体秉承全面协同发展的理念处理各方关系，谋求进一步发展。

第二节　北京七星华创电子股份有限公司

一、发展历程

北京七星华创电子股份有限公司坐落于中关村高科技产业开发区的"电子城科技园"，是 2001 年 9 月 28 日，由北京七星华电科技集团有限责任公司作为主要发起人，发起成立的一家电子高新科技企业。

其历史可追溯到 1952 年 9 月由民主德国援建的华北无线电器材联合厂。该厂在 1953 年改名为 718 联合厂。1964 年 4 月，根据四机部《四元字 1035 号》和《四计字 1354 号》两个文件，联合厂拆分为 797 厂，718 厂，798 厂，706 厂，751 厂，707 厂等独立法人公司。2000 年，根据北京市电子工业领导部门的决定，以原 797、718、798、706、707、700 厂等单位为基础，按照现代企业管理模式组建北京七星华电科技集团有限责任公司，公司注册资本 5.8 亿元人民币，占地约 50 余万平方米。

2001 年，七星华电科技集团有限责任公司经过优化、整合优质资产，发起设立了北京七星华创电子股份有限公司，主营半导体设备、光伏设备、电子元器件等行业的电子专用设备和电子元器件。2010 年，北京七星华创电子股份有限公司在深圳交易所挂牌上市，股票名称为"七星电子"，股票代码 002371。目前，公司注册资本 3.5 亿元，员工约 2600 人。

经过多年的发展，七星电子已成为我国电子专用设备领域的龙头企业，并且是中国电子专用设备工业协会理事长单位，北京电子制造装备行业协会会长单位以及国际半导体设备与材料协会会员。

2015 年 12 月，七星电子发布公告，公司拟以 17.49 元 / 股的价格购买由七星集团、北京电控、圆合公司以及微电子所共同持有的北方微电子公司 100% 股权，共计花费 9.3 亿元。该笔资金由国家集成电路产业投资基金认购 6 亿元，北京京国瑞基金认购 2 亿元，芯动能基金认购 1.3 亿元。北方微电子在交易完成后将成为七星电子的全资子公司，此次对两家优势资源的整合将有利于我国集成电路设备业的发展。

二、业务情况

七星电子的主营业务为电子元器件、半导体及新能源领域的电子专用设备。在电子元器件方面，公司在六十多年的元器件技术积累之上建立了整套新产品、新工艺研发体系。随着产品技术的不断提升，公司研发生产了电阻、电容、微波组件、晶体器件、磁性材料、模块电源、混合集成电路芯片等高精度电子元器件系列产品，广泛应用于仪器仪表及自动控制等领域。

在电子专用设备方面，公司以集成电路制造工艺技术为核心，研发生产了集成电路工艺设备、太阳能电池制造设备、气体质量流量控制器（MFC）、TFT设备、真空热处理设备、锂离子电池制造设备等系列产品，广泛应用于半导体、光伏、电力电子、TFT-LCD、LED、MEMS、锂电等多个新兴行业。公司自2008年起承担了国家重大科技专项的研发工作，负责300mm立式氧化炉、LPCVD、高温退火炉、铜互连和抛光片清洗机研发工作，经过多年努力，公司成果已可批量生产并有部分产品应用于大型生产线。公司同时开发出的200mm以下各类卧式炉的累计销量已超过700台。

三、技术水平

在半导体行业方面，七星电子拥有300mm的立式炉、单片清洗机和单片ALD三大类产品。

七星电子研制的可批量生产的300mm立式炉包含氧化炉、LPCVD、高温/低温退火炉，应用于集成电路生产线28—90nm各结点工艺中的氧化、多晶硅生长、退火等工艺。该系列设备有效解决了氧化炉的温度场和气流场分布、颗粒和微环境氧含量控制以及设备自动化等关键技术问题。后续规划中七星电子仍将在这些设备的基础上扩充其应用范围及工艺。

七星电子的55/65nm铜互连清洗设备已经量产，主要用于300mm硅后道工艺，该设备采用单片多腔室结构，各项技术指标已达到国际同类产品先进水平，并且具有结构紧凑、性能稳定、自动化程度高、占地面积小等特点。该设备主要应用于通孔刻蚀后清洗，沟槽刻蚀后清洗及衬底去除后清洗，清洗效果良好。针对最新的28nm及以下工艺的新一代清洗机采用了多腔室堆栈式结构共12个腔室，提高产率减小Footprint，实现多种不同化学药液分层回收，减少化学药液的交叉污染，并实现不同层Exhaust的独立控制，该设备还采用了模块化设计，实现了高速自动化机器流程。用于抛光片清洗、成膜前清洗、颗粒去除清洗的设备的前道单片清洗设备的颗粒控制、表面粗糙度、金属污染控制等指标都已达到国际先进水平。

在光伏行业方面，七星电子拥有高效薄膜设备和工艺的核心技术，开发出的设备包括：单晶炉、多晶炉、PECVD、扩散炉、去 PSG 清洗机、石英管清洗机、制绒清洗机、石墨舟清洗机等。

在气体质量流量计方面，七星电子全国领先，产品适用于各类尺寸的设备。截至 2014 年底产品累计销售 19653 台。由七星电子自主研发的 CS 系列质量流量控制器产品技术填补了国内空白，各项技术指标均已达到国际先进水平。其中，CS300 系列产品专为半导体行业设计生产，该产品在精度、响应时间方面均优于国外主流产品。

四、发展策略

七星电子自身定位为我国的高端电子元器件制造基地和大型电子装备生产基地，坚持走以自主研发为主、对外技术合作为辅的技术发展道路，通过不断完善管理、技术、资本等平台建设，不断提高核心竞争能力，逐步向着具有国际竞争力的现代化企业迈进。多年来公司依靠自主研发取得了优异的成绩，保持了在国内同行业中的技术领先地位。在发展理念上，公司秉承以人为本、服务顾客、科技创新、追求卓越的方针，运用科学、严谨、先进的管理手段立足于高新技术产业，坚持规范化、标准化、合理化、效率化的准则，不断提升产品质量、提升产品可靠性。

近期的研究计划显示，2016—2018 年七星电子的主要研发精力还是集中在 28/32nm 制程设备上，在 20nm 以下只针对氮化硅、二氧化硅等几种材料开展原子层沉积设备的开发。

第二十四章　集成电路材料行业重点企业

第一节　上海新阳半导体材料有限公司

一、发展历程

上海新阳半导体材料有限公司是专业从事半导体行业所需电子化学品及配套设备的研发设计、生产制造和销售服务，提供化学材料、配套设备、应用工艺和现场服务一体化的整体解决方案。公司坐落于上海松江，现有员工200余人，厂区占地80余亩，拥有1000级超净厂房和设施齐备的现代化实验室[1]。研发人员占比达到27%，其中博士和硕士超过30人。

上海新阳以自主技术为主导，服务于半导体制造、封装及航空航天等表面处理领域。新阳以电子电镀和电子清洗两大核心技术向产业链上下游产业发展，以专用功能性化学品为主线开发产品并开发配套设备和辅助产品。

1999年，新加坡新阳的全资子公司——上海新阳电子化学有限公司成立，落户上海江桥，并推出了用于去封装溢出料的去毛刺溶液。2007年公司搬入松江新厂，2009年通过改制成为中外合资股份制企业。2011年，新阳在深交所创业板上市，两年后定向增发2820万股收购江苏考普乐，进入到高端功能性涂料领域。2014年出资1.9亿元投资成立上海新昇半导体科技有限公司研发12英寸大硅片产品，并于2015年启动"40—28纳米集成电路制造用300毫米硅片"项目。

---

[1] 上海新阳半导体材料有限公司官方网站，见http://www.sinyang.com.cn/comcontent_detail/&FrontComContent_list01-111ContId=84da2ee1-9444-42ec-bb20-2f83360ca012&comContentId=84da2ee1-9444-42ec-bb20-2f83360ca012&comp_stats=comp-FrontComContent_list01-111.html。

表 24-1 新阳发展历程中的重大事件

时间	重大事件
1999年7月	于上海江桥成立新加坡新阳的全资子公司——上海新阳电子化学有限公司
2007年	公司搬入松江新厂区
2009年	通过改制成为中外合资股份制企业
2011年6月	新阳在深交所创业板上市
2011年	承担国家02专项"65—45nm 芯片铜互连超高纯电镀液及添加剂研发和产业化项目"
2013年9月	定向增发2820万股收购江苏考普乐，进入到高端功能性涂料领域
2013年11月	与德国Dr. Hesse公司合作经营，共同投资设立上海新阳海斯高科技材料有限公司，进入汽车行业的特种零部件表面处理领域
2014年上半年	新阳的芯片铜互连电镀液进入到中芯国际（北京）B1的中央供液系统，正式成为中芯国际（北京）硫酸铜电镀液第一供应商
2014年5月	与兴森科技、上海新傲科技股份有限公司、张汝京博士投资设立上海新昇半导体科技有限公司，承担12英寸大硅片项目
2015年	投资东莞精研，持有其20%的股份，进入到蓝宝石单晶专用的高纯高密度氧化铝领域
2015年7月	"40—28 纳米集成电路制造用300 毫米硅片"项目启动
2015年10月	超纯硫酸铜产品成功进入上海华力微电子，成为上海华力微电子的正式供应商
2015年12月	国家02专项"65—45nm芯片铜互连超高纯电镀液及添加剂研发和产业化"通过验收

资料来源：赛迪智库整理，2016 年 1 月。

二、业务情况

新阳可提供集成电路制造、封装和基板产业关键工艺化学品和配套设备，覆盖集成电路制造的前后道。在集成电路制造环节，新阳提供铜工艺用集成电路铜互连超纯化学品（电镀液、添加剂、清洗液等）和铝工艺用超纯化学品（光刻胶玻璃、清洗、刻蚀等）；在集成电路先进封装环节中，新阳可提供 TSV 工艺用超纯电镀清洗化学品、BUMP 工艺用超纯电镀清洗化学品、集成电路基板用电镀和清洗化学品和配套晶圆级电镀和清洗设备；在集成电路传统封装环节中，新阳可提供 IC 封装后引线框架电镀和清洗化学品和配套设备。

2015 年前三季度，新阳营业收入 2.7 亿元，预计全年营业收入 4.4 亿元，同比增长 17.8%。2014 年，新阳营业收入达到 3.8 亿元，同比增长 80.1%，连续两年实现高速增长。其中晶圆化学品未来 1—2 年将保持 100% 以上的增长。2014

年晶圆化学品销售收入为 1000 万，预计 2015 年可实现销售收入 2000 万元，2016 年将达 1 亿元。

上海新阳已申请专利 100 余项，包含发明专利 30 项。上海新阳的电子电镀和电子清洗技术拥有自主知识产权，形成了完整的技术体系和丰富的产品系列，已开发研制出四大系列 100 多种电子化学品与 30 多种配套设备产品，高纯铜电镀液和添加剂产品已经处于世界领先水平。

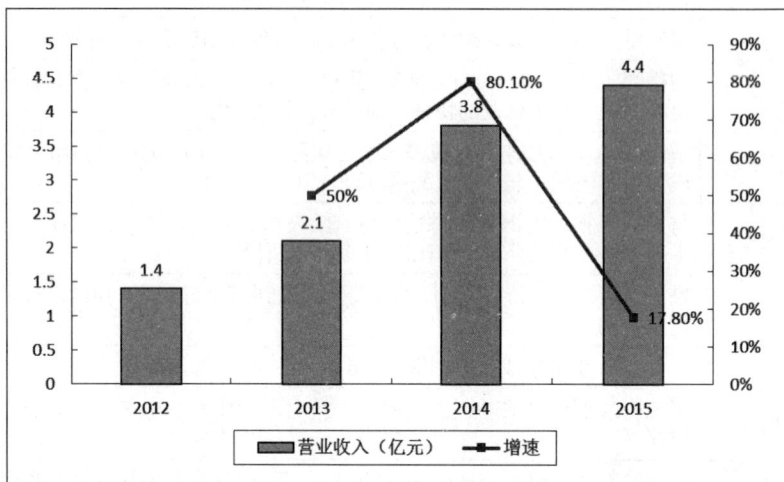

图24-1　2012—2015年上海新阳营业收入和增速

资料来源：公司年报，赛迪智库整理，2016 年 1 月。

表 24-2　2015 年上海新阳主要产品及产能

	产品	现有产能
电子化学品	硫酸铜	1000吨
	甲基磺酸铜	500吨
	添加剂	100吨
	清洗液	1000吨
	常规化学品	3000吨
硅片	12英寸硅片	2014年实现720万片
划片刀	划片刀	6万片
配套设备	30余种配套设备	75台套

资料来源：赛迪智库整理，2015 年 10 月。

三、技术水平

通过 02 科技重大专项技术攻关以及募投项目，新阳的集成电路铜互连电镀液及添加剂材料将有望逐步实现国产替代。目前新阳的硫酸铜电镀液已完成 130—28nm 的全面认证；电镀添加剂正在进行 45/40nm 技术节点的验证，28nm 技术正在研发；铜互连清洗液已完成 130/110nm 的全面认证，65—40nm 节点产品正在验证过程中，28nm 技术产品正处于研发阶段。新阳用于 TSV 封装和 BUMP 封装的铜电镀液和镍电镀液解决方案已被封装企业广泛使用。

新阳的去毛刺系列化学品及应用极大地提升了国内集成电路引线脚封装溢料去除的工艺水平，无铅纯锡电镀产品及应用技术促进行业环保水平进入国际先进行列，芯片铜互连和 3D-TSV 超纯铜电镀液及添加剂达到国际领先水平。

新阳依靠其铜互连电镀液已经为中芯国际第一供应商，为无锡海力士供应的电镀液产品也已经实现了销售收入，2015 年 8 月其铜电镀液通过了上海华力半导体的认证，同时铜制程清洗液也开始向中芯国际（上海）开始供货。

四、发展策略

（一）重视技术研发，实现创新驱动

上海新阳先后承担"65—45nm 芯片铜互连超高纯电镀液及添加剂研发和产业化项目"和"40—28 纳米集成电路制造用 300 毫米硅片"两项国家科技重大专项，国家级科研项目的支持为新阳的创新发展提供保障。2014 年新阳的研发投入总额 2648.99 万元，占营业收入的比重为 7.04%。新阳团队中的研发人员占比接近 30%，计划每年的研发费用不低于营业收入的 6%，现已申请专利 100 余项，其中发明专利 30 余项。

（二）投资 12 英寸硅片项目，填补国内空白

2014 年 5 月 21 日，上海新阳发布公告决定合作投资大硅片项目。上海新阳与深圳兴森快捷电路科技有限公司、上海新傲科技股份有限公司、张汝京博士团队签订《大硅片项目合作投资协议》，拟共同投资设立"上海新昇半导体科技有限公司"，注册资本为人民币 5 亿元。其中上海新阳以货币出资 1.9 亿元，占注册资本的 38%。[1]

---

[1] 上海新阳半导体材料有限公司官方网站，见http://www.sinyang.com.cn/news_detail/newsId=cc64b43a-1162-4d4d-96d6-f0c82ae60042.html。

国产 12 英寸集成电路用硅片的缺失是我国在集成电路全产业链布局战略的重要障碍，新阳的大硅片项目致力于实现我国 12 英寸硅片供应的国产化。项目建成初期将实现月产能 15 万片，完全达产后可根据市场需求扩产至 60 万片的月产能。12 英寸集成电路级硅片项目使得上海新阳进一步丰富和扩大了产品结构和业务范围，提高公司的核心竞争力。

（三）展开横向并购，丰富主营收入构成

上海新阳除了深耕半导体产业链，还积极开拓其他机会市场，寻找其核心技术和产品的应用市场。2013 年以来，新阳通过并购或参股逐步向金属表面处理功能性材料领域横向拓展。2013 年新阳收购考普乐，进军高端涂料新领域，并携手德国 DH 公司布局汽车表面处理市场。2015 年新阳投资东莞市精研粉体科技有限公司，进入蓝宝石单晶专用的高纯氧化铝材料制造领域。

第二节　浙江巨化股份有限公司

一、发展历程

浙江巨化股份有限公司成立于 1998 年，位于浙江省衢州市，是由巨化集团公司独家发起，采用募集方式设立的股份有限公司，并于同年在上海证券交易所上市，公司注册资本 181091.60 万元。巨化股份是集成电路材料产业技术创新战略联盟副理事长单位，是国家 02 专项支持单位。巨化股份是一家集研发、生产、销售和服务于一体的专业电子化学品企业，致力于打造中国电子化学品生产和服务平台，成为具有国际影响力的电子化学品企业。

巨化股份通过其全资子公司凯圣氟化学有限公司和博瑞电子科技有限公司分别发展集成电路产业配套的高纯电子化学品和高纯电子气体。

凯圣氟化学有限公司创建于 2003 年 6 月，注册资金 5000 万元人民币，投资总额达到 5 亿元，专业从事氟化学产品的研究、开发、生产和经营。公司囊括萤石—氢氟酸、电子化学品、新能源材料三大产业板块，是国内电子级氢氟酸规模最大、品种最全、规格最高的企业。

博瑞电子科技有限公司创建于 2015 年 1 月，计划于 2016 年投产，投资总额12 亿元。博瑞电子是巨化股份有限公司转型升级、融入信息产业而投建的全资子公司。公司主要从事高纯电子气体的生产、研发、商贸等业务，主要产品包括

电子级的高纯氨气、三氟化氮、氯化氢、六氟丁二烯等。

表 24-3　巨化股份发展历程中的重大事件

时间	重大事件
1998年6月17日	浙江巨化股份有限公司成立
1998年6月26日	上海证券交易所上市交易
2002年11月25日	成为国内首家通过一体化管理体系认证的化工企业
2003年6月	凯圣氟化学有限公司注册成立
2005年12月	凯圣氟化学有限公司通过ISO9001-2000质量体系认证
2007年7月2日	巨化股份列入沪深300行业指数样本股
2008年9月	凯圣氟化学有限公司成为巨化股份有限公司控股公司
2009年7月	5000吨/年电子级氢氟酸项目建成投产
2010年10月	1.7万吨/年电子级氢氟酸扩建项目启动，扩建后实现产能2.2万吨/年，产品等级达到UP级、UP-S级
2010年12月	5万吨/年无水氟化氢扩建项目启动
2011年4月	凯圣氟公司成为巨化股份的全资子公司
2011年8月	年产3万吨电子级氢氟酸项目前期工作顺利结束
2012年2月	与霍尼韦尔公司签订HFC-125和HFC-32合作合同
2015年1月	博瑞电子科技有限公司注册成立
2015年8月	巨化股份入选2015年中国制造企业500强
2015年9月	巨化股份当选集成电路材料产业技术创新战略联盟副理事长单位
2015年11月	巨化集团当选中国电子化工新材料产业联盟理事长单位
2015年11月	与浙江天堂硅谷资产管理集团有限公司和宁波天堂硅谷融海股权投资合伙企业(有限合伙)，签订了设立投资公司及成立并购基金的合作协议
2016年1月	与中芯聚源股权投资管理(上海)有限公司签订战略框架协议，共同推动国内电子化学材料产业并购整合

资料来源：赛迪智库整理，2016 年 1 月。

二、业务情况

浙江巨化股份有限公司 2014 年营业收入达到 97.6 亿元，同比增长 0.3%，净利润 1.64 亿元。预计 2015 年营业收入达到 99.6 亿元，同比增长 2.0%。

浙江巨化股份有限公司以其全资子公司凯圣氟化学有限公司和博瑞电子科技有限公司分别发展集成电路产业配套的高纯电子化学品和高纯电子气体。凯圣氟化学有限公司投资总额达到 5 亿元，年产 5 万吨的超纯电子化学品，是国内产品最全的电子化学品供应商，主营产品包括氢氟酸、氢氧化铵、BOE、硫酸、盐酸、硝酸等。

博瑞电子科技有限公司投资总额 12 亿元，一期项目于 2016 年投产，年产达到 3550 吨高纯电子气体。主要产品包括电子级的高纯氨气、三氟化氮、氯化氢、六氟丁二烯等。

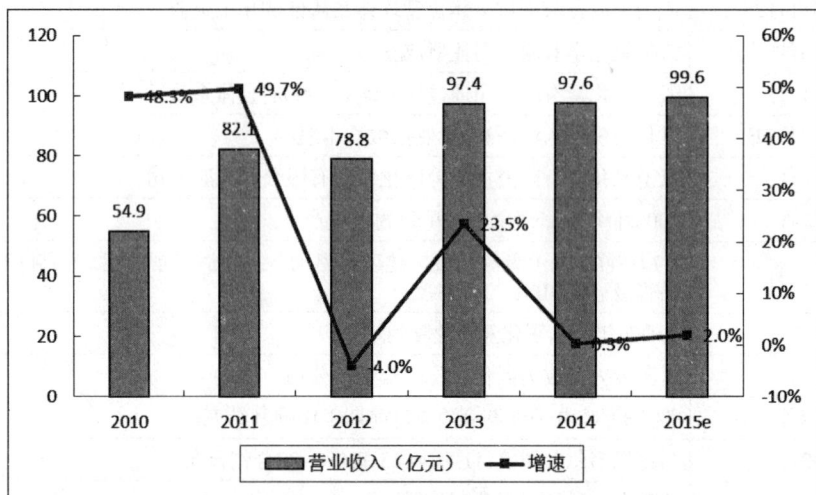

图24-2　2010—2015年巨化股份营业收入和增速

资料来源：赛迪智库整理，2016 年 1 月。

表 24-4　2015 年巨化股份主要产品及产能

企业	产品	现有产能
凯圣氟化学有限公司	电子级氢氟酸	8000吨
	电子级氢氧化铵	5000吨
	电子级硫酸	20000吨
	电子级硝酸	6000吨
	电子级盐酸	3000吨
	BOE	5000吨
博瑞电子科技有限公司（一期项目）	高纯氯化氢	1000吨
	高纯氯气	500吨
	电子级氟化氮	2000吨
	电子级六氟丁二烯	50吨

资料来源：赛迪智库整理，2016 年 1 月。

三、技术水平

巨化股份早期的收入和利润主要来自含氟制冷剂和氯碱工业,通过多年的发展,其具有氯碱化工、煤化工、石油化工和基础氟化工四大基础产业,化工生产技术雄厚。公司通过旗下凯圣公司布局电子化学品,是国内第一家从事电子级氢氟酸工业化生产的企业。公司以氟化工起步,技术积累充分,目前已经逐步步入收获期,部分产品已经通过中芯国际、华虹宏力、山海新阳、安集微电子、京东方等领先企业的认证。公司通过博瑞公司进军高端电子特种气体,在国内新材料和电子化学品领域内占据龙头地位。

四、发展策略

巨化股份通过进入新型材料产业实现转型发展。巨化股份以氟化工起家,虽然近年来氟化工行业经历了低谷时期,毛利率不断下降,但是巨化股份积极创新,布局新材料和高端制造方向。其借助国家对于新材料产业以及集成电路行业的扶持政策,加大研发和建设投入,成长为电子化学品的龙头企业。

巨化股份通过合作成立并购资金,实现行业的整合。2015 年,其通过与浙江天堂硅谷资产管理公司合作设立投资公司和并购资金,推动国内氟化工产业整合。2016 年,其与中芯国际旗下的中芯聚源股权投资管理公司签订战略框架协议,共同推动国内电子化学材料产业并购整合和满足国产化要求。

政 策 篇

第二十五章　2015年中国集成电路产业政策环境分析

第一节　中国制造 2025[1]

当前，中国制造业总体大而不强。主要制约因素是自主创新能力薄弱，集成电路等核心技术和关键元器件受制于人；大多数产业尚处于价值链的中低端。在此背景下，2015 年，国家出台《中国制造 2025》战略规划，坚持创新驱动、智能转型、强化基础、绿色发展，加快从制造大国转向制造强国，并将"推动集成电路及专用装备发展"作为重点突破口，以"中国制造 2025"战略的实施带动集成电路产业的跨越发展，以集成电路产业核心能力的提升推动"中国制造2025"战略目标的实现。为推动"集成电路及专用装备"领域突破发展,实现《中国制造 2025》的战略目标，工业和信息化部将会同相关部门在以下几个方面开展工作：一是结合《推进纲要》的落实，加强集成电路产业发展的顶层设计、统筹协调，整合调动各方面资源，解决重大问题，引导产业的合理布局，并根据产业发展情况动态调整产业发展战略。二是引导国家集成电路产业投资基金的实施，支持有条件的产业集聚区设立地方性集成电路产业投资基金,加大金融支持力度，吸引多渠道资金投入，破解产业投融资瓶颈。三是加快提升自主创新能力，推动电子信息板块国家科技重大专项的实施，突破集成电路及专用装备核心技术，统筹利用工业转型升级资金，加大对创新发展和技术改造的支持力度，建设共性技术研究机构，加强标准与知识产权工作。四是继续贯彻落实国发〔2000〕18 号、国发〔2011〕4 号等产业政策，加快制定和完善相关实施细则和配套措施，重点

---

[1]　赛迪网《中国制造2025》系列解读：推动集成电路及专用装备发展，2015年。

解决政策落实中存在的问题。五是引导集成电路企业的兼并重组和资源整合，鼓励企业"走出去"，大力吸引国（境）外资金、技术和人才，提高创新发展起点。

第二节　互联网 +[1]

"互联网 +"代表一种新的经济形态，即充分发挥互联网在生产要素配置中的优化和集成作用，将互联网的创新成果深度融合于经济社会各领域之中，提升实体经济的创新力和生产力，形成更广泛的以互联网为基础设施和实现工具的经济发展新形态。在 2015 年的政府工作报告中，李克强总理提出，"制定'互联网 +'行动计划，推动移动互联网、云计算、大数据、物联网等与现代制造业结合，促进电子商务、工业互联网和互联网金融健康发展，引导互联网企业拓展国际市场。"在电子信息制造业领域广泛应用互联网，通过大规模协作生产，引发资源配置方式变化，释放企业内外大量资源的创新潜力，使得传统的、集中式经营活动逐渐被分散经营方式取代，"社会化生产"将呈爆发式发展。

客户成为中心。在互联网尤其是移动互联网爆发式发展的推动下，使得消费者由被动消费到主导消费，从而导致企业价值链主导权从生产商、流通商转到消费者手中，并广泛、实时地参与生产和价值创造的全过程。通过开放网络平台，众多分散的生产者和消费者个体实现广泛、实时、频繁的交流互动，充分激发社会创新潜力，有效满足消费者个性化需求。因此，制造企业必须尽快调整战略，主动变革生产与组织方式，借助社交营销、大数据等新业务新技术实现与用户精准互动，推进定制化、柔性生产、快速响应，从而有效降低库存，实现专业化、细分化的长尾效应，满足消费者多样化的需求。如海尔的"全流程并联交互创新生态体系"，一方面借助海尔官网、微信、微博等网络工具，建立开放式创新平台，从众多的个性化需求中提取出共性需求；另一方面通过 HOPE 平台，与全球研发机构和个人进行互动，形成用户需求与全球一流创新资源的高效对接，由此设计出的产品再由互联网预订的形式进行生产和销售。

人才利用社会化。普通大众的微小创意也可能引发蝴蝶效应，不断催生出大量的智能互联产品，甚至影响产业发展方向，任何人都可以依托互联网、依靠大

---

[1]　于佳宁：《"互联网+"的三个重要发展方向》，《物联网技术》2015年4月。

众力量，以众包、众筹、众智等众创形式实现"小人物"创意的价值主张。在互联网的帮助下，制造企业通过自建或借助现有的"众包"平台，发布研发创意需求，广泛收集客户和外部人员的想法与智慧，大大扩展了创意来源。如小米、美的、海尔等企业各自构建了不同类型的互联网众包平台，对接用户需求与全球研发资源，征集产品创意和技术解决方案。

互联网成为金融配置的重要渠道。金融服务实体经济的基本功能是融通资金，商业银行及股票和债券市场是传统的主要配置渠道，但存在交易成本大、效率低等问题。而互联网的应用可以整合企业经营的数据信息，使金融机构低成本、快速地了解借款企业的生产经营情况，有效降低借贷双方信息不对称程度，迅速识别风险，提升贷款效率；在放贷后，金融机构可以对借款企业的资金流、商品流、信息流实现持续闭环监控，有效降低了贷款风险和运营成本。同时，正在兴起的互联网金融在实现安全、移动等网络技术水平上，依托支付、云计算、社交网络、搜索引擎以及 APP 等互联网工具，提供资金融通、支付和信息中介等新兴金融服务，相比传统金融服务，具有透明度更强、参与度更高、协作性更好、中间成本更低、操作上更便捷等特征，业务包括：网上银行、第三方支付、网上借贷（P2P）、债权和股权众筹、金融资产网上销售和申购等，并越来越在融通资金、资金供需双方的匹配等方面深入传统金融业务的核心。2014 年，新上线的 P2P 平台就有1228 家，P2P 年末贷款余额超过 1000 亿元。面对越来越多的挑战者，传统银行拥抱互联网的变革也在不断加速，如工商银行从支付、融资、交易、信息和电商五大领域全面布局互联网金融。此外，随着腾讯任大股东的深圳前海微众银行于2014 年 12 月开业，阿里巴巴任大股东的浙江网商银行获批，主要依托互联网经营，客户定位为小微企业和个人，标志着"互联网 + 金融"融合进入了新阶段，有望带动整个银行业的变革。

制造资源云化。制造资源云化，就是融合现有的网络化制造、ASP 平台、物联网和制造网格等概念和技术，将各类制造资源和制造能力虚拟化、服务化构成云制造资源池，进行统一的、集中的智能化经营和管理，通过网络和云制造服务平台为用户提供标准规范、可共享、可随时获取、按需使用、安全可靠、优质廉价的制造全生命周期服务。云制造服务体系的层次化框架主要包括物理资源层、虚拟资源层、服务层、核心功能层和云平台用户层等，其中，服务层用于将虚拟化的资源封装成服务发布到云平台，形成云制造资源池，可以使制造企业像用水、电、煤气一样便捷地使用各种制造服务。如泉州市建设的"泉州云制造平台"融合了数字化、网络化制造技术，以及云计算、物联网、信息服务等技术，把各类制造资源和制造能力虚拟化和服务化，并将资金流、信息流、物流、服务流整合成制造资源和制造能力池，为相关制造企业服务。

第二十六章　2015年中国集成电路产业重点政策解读

第一节　地方政策汇总

一、各省直辖市出台的集成电路产业扶持政策

为继续贯彻落实国务院《国家集成电路产业发展推进纲要》精神，促进我国集成电路产业加速发展，天津、重庆、大连、珠海、湖南、安徽、江苏等省市在2015年相继出台集成电路产业相关扶持政策，通过设立投资基金，推动当地集成电路产业发展。

表 26-1　2015 年部分省、直辖市出台的集成电路产业扶持政策

文件名称	发布时间	发布单位	政策亮点
《天津市集成电路产业发展三年行动计划》	2015年2月	天津市	目标产业年均增速保持在30%以上，到2017年全市集成电路产业规模达到280亿元，形成"设计业引领，制造业提升，封测业支撑，材料装备等配套产业基本健全"的发展格局。推动天津滨海新区集成电路设计产业和支撑配套产业集群化发展；培育龙头与发展集群相结合
《进一步促进我市软件和集成电路设计产业发展的意见》（珠府办〔2015〕2号）	2015年2月17日	珠海市	2015年起每年共安排5000万元资金支持软件产业和集成电路设计产业发展，用于核心关键技术研发、产业化开发、重点企业培育、新产品研发、产业基地和公共服务体系建设等
《安关于加快建设战略性新兴产业集聚发展基地的意见》（皖政发〔2015〕48号）	2015年4月25日	安徽省	从5个方面对战略性新兴产业集聚发展基地的基本条件进行设定，强调"既注重存量（500亿元的门槛），更突出增量（三年翻一番）"；提出6个方面支持政策措施以及明确了基地申报流程和考核评估标准

（续表）

文件名称	发布时间	发布单位	政策亮点
《省政府关于加快全省集成电路产业发展的意见》（苏政发〔2015〕71号）	2015年6月12日	江苏省	发展特色专用工艺生产线，增强芯片制造能力，以工艺能力提升带动设计水平提升，以生产线建设带动关键设备和材料配套发展；支持龙头骨干企业扩大先进封装和测试规模；以无锡、苏州和南京等市为中心的沿江集成电路产业带的建设加速集聚化发展
《湖南省集成电路产业发展规划》（2015—2020年）（湘政办发〔2015〕30号）《关于鼓励集成电路产业发展的若干政策》（湘政办发〔2015〕22号）	2015年6月28日	湖南省	到2020年全省集成电路产业年销售收入超过400亿元，重点发展在轨道交通、卫星导航、网络监控和部分高端通用领域的芯片竞争力，形成以设计业为龙头、特色制造业为核心、配套产业为支撑的产业格局。[1]扶持政策突出"放水养鱼"特点，如项目落地补助资金等
《重庆市电子核心基础部件产业集群规划（2015—2020）》	2015年8月6日	重庆市	构建上下游产业集聚、服务体系完善配套、具有较强竞争力的电子核心基础部件产业集群。总体目标到"十三五"末力争建成西部集成电路高地，提出到2020年实现年销售收入600亿，形成具有较强竞争力的集成电路产业
《大连市人民政府关于促进集成电路产业发展的实施意见》（大政发〔2015〕46号）	2015年10月19日	大连市	提出推动集成电路产业实现跨越式发展的战略目标和举措，到2020年培育和引进收入超过10亿元的骨干企业3—5家；发挥英特尔项目的带动和示范作用，积极引进代工企业，形成国内重要的集成电路封装设备和特种气体配套材料供应基地

资料来源：赛迪智库整理，2016年1月。

继2014年各省市纷纷出台集成电路产业扶持政策后，新一轮扶植政策涵盖了新的省市和区域，包括江苏、湖南、大连、珠海等纷纷出台了集成电路产业规划和发展意见并成立地方产业基金，扶持一批企业和企业重点项目。一方面，各省市参与范围的进一步扩大有助于促进产业上下游联动机制以及周边原材料产业的配套发展，并推动集成电路产业差异化发展规划日趋明朗。另一方面，本轮政策扩大了配套政策支持覆盖范围和力度。地方具体扶持政策涉及了产业集聚发展基地、产业集群发展规划等具体实施意见，进一步加强政策扶持力度和相关产业要素联动。

---

[1] 陈张书：《湖南卫星导航芯片2020年达到全国领先水平》，《潇湘晨报》2015年6月29日。

二、各省市成立产业投资基金情况

国家集成电路产业投资基金设立后，已募集超过 1300 亿元资金，有效带动了各类资本对集成电路产业的关注和投入。受《国家集成电路产业发展推进纲要》的指导，以及国家大基金的带动，各地地方政府纷纷筹建地方性集成电路产业投资基金，目前我国公布或正在筹建的地方性集成电路投资基金总额已达 1400 亿元。下表是 2015 年以来各省市的地方性集成电路产业投资基金汇总。

表 26-2　2015 年各省市集成电路产业投资基金汇总

地区	名称	成立时间	规模	投资方向
四川	四川省信息安全和集成电路产业投资基金	6月11日	100亿—120亿	重点投向集成电路产业和信息安全产业骨干企业、创新实体，实施股权投资
北京	北京集成电路海外平行基金	7月9日	20亿	与北京集成电路设计和封测子基金共同在国内外联合开展投资
南京	浦口集成电路产业基金	7月21日	10亿	重点投资具备原始创新能力、集成创新能力或消化吸收再创新能力的初创期以及成长期的集成电路企业
武汉	湖北集成电路产业投资基金	8月5日	300亿	重点支持晶圆代工和存储器芯片制造业，兼顾设计、封测等上下游产业链
上海	上海市集成电路产业基金	11月23日	500亿	300亿元的集成电路制造基金，支持生产线建设，以及光刻机、刻蚀机等核心装备的国产化。另两个100亿元的基金分别是材料业投资基金，以及产业并购基金

资料来源：政府网站，2016 年 1 月。

第二节　重点政策解读

一、湖南发布集成电路产业发展规划[1]

2015 年 6 月 28 日，湖南省经信委发布了《湖南省集成电路产业发展规划》和《湖南省关于鼓励集成电路产业发展的若干政策》。根据规划，湖南省成立了省集成电路产业发展领导小组、组建了省集成电路产业联盟，出台了发展规划及

---

[1]　记者李伟锋、通讯员文彬：《湖南发布集成电路产业发展规划》，《湖南日报》2015年6月29日。

若干政策，形成我省独特的区域、人才和政策优势，吸引了众多的人才来湖南创业发展。到2020年湖南省集成电路产业年销售收入将达400亿元，在轨道交通、卫星导航、网络监控和部分高端通用领域的芯片竞争力达到全国领先水平，并提出了今后一段时间湖南集成电路的六大工作任务和四大发展重点。

湖南集成电路产业具有一定基础，比如国防科大的飞腾系列DSP与CPU芯片，景嘉微电子的高性能图形处理芯片，中车株洲所的IGBT研发与生产等，初步形成以芯片设计和IGBT为特色的长沙、株洲两大产业集聚区。本次集成电路战略发布的同时，湖南国科微电子成为国内首家实际获得"大基金"注资的集成电路设计企业。

在产业生态链建设方面：湖南省内企业在部分细分领域、特色领域和前沿领域突破一批关键核心技术，加快形成比较优势；鼓励企业通过兼并重组，加快构建产业链；鼓励以长株潭为核心，周边县市区为配套，在优化产业布局的同时，促进协同发展。重点在芯片设计、电力电子器件制造、封装测试以及关键材料和装备国产化上发力，形成新的产业发展优势。

在扶持政策方面：突出"放水养鱼"特点，对新注册的集成电路企业，以及国内外知名企业在湖南设立研发中心、生产中心、运营中心的，将给予项目落地补助资金；对省内首次进入全国十强，或者年度营业收入首次突破1亿元的企业等，都给予相应的资金补助或奖励。新认定的国家级研发平台、获得的国内外相关专利、国家级重大项目立项等，均可获得补助支持；对引进的集成电路领域高端人才，给予住房补贴，其配偶工作、子女入学等方面都将享受一系列便利和优质服务。

二、江苏省政府关于加快全省集成电路产业发展的意见[1]

2015年7月3日，江苏省政府在官方网站发布了《省政府关于加快全省集成电路产业发展的意见》（苏政发〔2015〕71号）（下称《意见》），《意见》由江苏省政府人民政府于2015年6月12日制定出台。《意见》从产业结构、技术创新和集聚发展三个方面确立了主要目标，提出到2020年，全省集成电路产业销售收入超3000亿元，产业链主要环节达到国际先进水平。

在发展集成电路设计业方面：《意见》指出江苏省以高端服务器CPU（中央

---

[1] 《省政府关于加快全省集成电路产业发展的意见》，江苏省政府信息公开，2015年7月16日。

处理器）为突破口，加强国际合作，强化芯片、软件、整机、系统和信息服务等协同创新和发展，建设国内服务器软硬件技术研发高地和产业化集聚区，加快产业生态体系建设。继续支持技术基础好、产业优势强的系统芯片、数字信号处理器、高端电源转换、功率驱动和新型平板显示等芯片设计。拓展应用领域，重点发展市场前景好、产业附加值高的智能制造、信息安全、移动互联网、云计算、大数据、物联网、绿色节能和医疗保健等新兴产业应用高端芯片。

在发展集成电路制造业方面：《意见》提出支持先进生产线的引进和建设，突出特色工艺能力，缩小与国际先进技术的差距，发展模拟及数模混合电路、微机电系统（MEMS）、高压电路、射频微波电路等特色专用工艺生产线。增强芯片制造综合能力，以工艺能力提升带动设计水平提升，以生产线建设带动关键设备和材料配套发展。

在发展集成电路封装测试业方面：《意见》提出要积极争取和组织实施国家布局内的重大项目，大力支持集成电路封装测试企业兼并重组，培育行业国际领军企业。加强与集成电路设计、制造的结合，重点支持高密度三维系统集成技术研发，突破圆片级封装、系统级封装、硅通孔、三维封装、功率器件封装、真空封装和超高密度/超薄基板技术等关键技术，并支持龙头骨干企业扩大先进封装和测试规模。

在发展关键设备和材料方面：首先加强集成电路设备、材料与工艺结合，开展关键技术攻关，提高设备和材料国内市场占有率。其次，支持减薄机、抛光机和净化设备等装备的研发生产，大力发展集成电路制造用高密度封装基板、化学试剂、塑封料、光刻胶等关键材料，支持国产设备和材料的规模化应用。

在创新能力建设方面：积极组织企事业单位参与并承担国家科技重大专项。依托骨干企业，推动形成产业链上下游协同创新体系，支持产业联盟发展。进一步发挥国家级和省级集成电路重点实验室、工程中心、企业技术中心等创新平台作用，开展集成电路重大关键技术研发。支持集成电路企业在国（境）外设立研发机构，开展合作创新。鼓励创新型中小企业使用公共技术服务平台，逐步形成产学研合作的良性循环。在集成电路重大创新领域加快形成标准，充分发挥技术标准的作用。

在软硬件产品推广应用方面：支持技术先进、安全可靠的集成电路、基础软件及整机系统在重点领域、重要部门的推广应用。面向移动互联网、云计算、物联网、大数据等新兴应用领域，加快构建标准体系，支撑安全可靠软硬件开发与应用。鼓励基础电信和互联网企业应用基于安全可靠软硬件的整机和系统。

三、北京成立集成电路海外平行基金[1]

北京在已成立 300 亿规模集成电路产业发展股权投资基金基础上，于 2015 年 7 月 9 日成立了集成电路海外平行基金，规模 20 亿元人民币。此前，北京市已由市发改委牵头，组建了 300 亿规模的集成电路产业发展股权投资基金，是国内首只聚焦于集成电路产业的股权基金。该基金为母子基金模式，首期设立两只子基金，分别为集成电路制造和装备子基金、集成电路设计和封测子基金。海外平行基金设立后将与北京集成电路设计和封测子基金在国内外联合开展投资。

集成电路领域发展将在京津冀大背景下规划和落实，北京将进一步与河北省及天津市合作，现正会同北京市有关部门在河北正定打造国家级集成电路封测基地。北京市鼓励有条件、有需求的集成电路企业到河北建厂或设立分公司，在区域分步实现配套，逐步形成设计、研发、总部集中在北京，封装、测试等环节向河北、天津集中的格局。

四、湖北成立集成电路产业投资基金

武汉是 2014 年国家重点支持的集成电路四大产业集聚区之一，武汉东湖高新区正致力于打造"武汉中国芯谷"，通过支持骨干企业突破一批关键技术，实现核心产品自主可控。2015 年 8 月 5 日，湖北集成电路产业投资基金在武汉东湖高新区成立。该投资基金募集规模不低于 300 亿元，是湖北省现最大规模产业投资基金。该基金以省、武汉市、东湖高新区三级财政资金为引导，吸引社会资金参与，采取多元化、市场化运作，将重点投资集成电路芯片制造业，兼顾设计、封测等上下游产业链。目前已储备集成电路领域大型项目 20 余个。

五、财政部国家税务总局出台鼓励集成电路产业发展企业所得税政策[2]

根据《中华人民共和国企业所得税法》及其实施条例和《国务院关于印发进一步鼓励软件产业和集成电路产业发展若干政策的通知》《国家集成电路产业发

---

[1] 记者 耿诺：《北京集成电路产业要给全国补"短板"》，《北京日报》2015年7月14日。
[2] 《财政部 国家税务总局关于进一步鼓励软件产业和集成电路产业发展企业所得税政策的通知》（财税〔2012〕27号）。

展推进纲要》精神，为进一步推动科技创新和产业结构升级，促进信息技术产业发展，财政部于 2015 年 3 月 2 日制定出台了《鼓励集成电路产业发展企业所得税政策》（财税〔2015〕6 号）（下文简称《政策》),《政策》规定符合条件的集成电路企业在 2017 年（含 2017 年）前实现获利的，自获利年度起，第一年至第二年免征企业所得税，第三年至第五年按照 25％的法定税率减半征收企业所得税，并享受至期满为止；2017 年前未实现获利的，自 2017 年起计算优惠期，享受至期满为止。

热 点 篇

第二十七章　安华高收购博通

第一节　事件回顾

2015 年 5 月 28 日，半导体公司安华高和博通公司共同宣布双方达成最终协议，安华高将以总计约 370 亿美元的现金和股票收购博通，成为全球半导体行业历史上最大规模的一桩并购案。此次收购是安华高继 2014 年收购存储芯片企业 LSI、PCI 连线企业 PLX、企业级存储器企业 Emulex 后，又一次大手笔的投资。

事件发生的背景主要有三个方面，一是芯片市场逐渐走向成熟，企业竞争压力逐渐增大。近几年，随着通信设备领域的高速增长，芯片市场逐渐走向成熟，使得高速增长的芯片企业营收增速逐渐放缓。同时激烈的市场竞争导致产品毛利率逐年下降，一部分企业利润逐年减少甚至出现亏损，催生了部分企业的股东出售企业或拆分相关业务部门的想法。很多企业希望通过兼并重组不断扩大产品和服务，寻找业务增长点以提升市场竞争力。同时技术的发展使得单一芯片上可以整合更多的功能，研发新功能势必造成设计和生产成本的攀升，使得整合各公司原有技术并推出功能更强的芯片产品成为企业在竞争中常用的一种手段。在此背景下，近年来半导体行业的并购事件层出不穷，且并购金额屡创新高。

二是安华高凭借财税优势连续并购，使得公司市值大涨。安华高原为安捷伦的半导体事业部，在 2005 年被私募股权投资机构 Silver Lake Partners 和 KKR 收购后在美国纳斯达克上市。安华高的股东背景为其提供了强大的资本运作能力，近几年通过一系列并购完善了其企业存储与通信基建市场，市值也大幅提升。由于其注册地新加坡的低税率，手握大量现金的安华高在 2013 年花费 66 亿美元收购芯片供应商 LSI，2014 年又以约 3 亿美元收购 PLX，2015 年宣布以 6.06 亿美元现金收购 Emulex。得益于连续的收购行为以及其在一些基础通信组件领域的强大地位，安华高的股价在过去两年间已上涨四倍，此次收购博通前，安华高的市值已超过 340 亿美元。

三是博通营收增速放缓，亟待降低成本寻求转型。博通作为一家专业的通信芯片企业，主营以太网设备，手机和电脑的无线网芯片以及宽带互联网接入的调制解调器等。高通的一家独大使得博通在竞争中处于劣势，导致其营收增速不断下滑，2014 年公司营收 84.3 亿美元，同比仅增长 1.6%，远低于高通 7.0% 的增长率。加之摩尔定律的发展遭遇技术瓶颈，博通创始人对硅工艺技术的后续发展缺乏信心，导致其萌生了退出数字芯片业的想法。市场的激烈竞争以及研发成本的不断攀升，尤其是博通在移动基带市场的失利，加速催生了此次出售整合的意向。

安华高收购博通案自开始谈判到达成协议，历时较短，主要分为三个阶段。

——收购准备阶段（2015 年 1 月—2015 年 3 月）。安华高和多家银行谈好融资协议，准备把资金作为并购之用，开始寻找潜在的收购标的。

——收购谈判阶段（2015 年 4 月—2015 年 5 月）。安华高 4 月得知博通有出售意向后，即开始接触并进行初步谈判。5 月 27 日并购交易已经进入后期谈判阶段。参与竞购的企业还有英特尔等，安华高最终因价格和谈判条件得以胜出。

——收购协议达成阶段（2015 年 5 月）。双方于 5 月 28 日正式达成合并协议，安华高将以 370 亿美元收购博通全部股权，成为芯片行业迄今为止规模最大的并购交易。安华高向博通股东支付 170 亿美元现金，外加约 1.4 亿股安华高股票，博通原股东总计将持有新公司 32% 的股份，新公司将更名为博通有限（Broadcom Limited），总部位于新加坡，并由安华高的首席执行官担任新公司 CEO。

后续发展。目前此次收购交易已经获得双方各自董事会的一致通过，但尚需经过主管机关以及双方各自股东大会的批准。合并预计于 2016 年第一季度末结束，预计在未来 18 个月内将能够节省 7.5 亿美元的成本。整合后的公司预计年营收将达到 150 亿美元，而且新公司的企业价值将达到 770 亿美元。由于安华高产品市场面向无线通信、企业存储、有线网络基础设施以及工业，而博通在基础通信设备业务领域拥有较高的市场份额，两家公司合并后可形成更广泛的产品线，成为一家在多种类型的通信芯片有主导市场地位的企业。

第二节　事件评析

此案说明半导体企业的并购策略将从竞争性收购转向"延伸产品线"。2009年以后，全球半导体行业的增长速度逐渐放缓，研发投入和资本支出逐年递增，并购整合成为企业扩大领先优势最直接的手段。一是半导体企业需要通过延伸产品线来提供尽可能完整的芯片解决方案，以提升公司的竞争优势，如模拟芯片企业恩智浦通过并购 MCU 企业飞思卡尔，打通了汽车芯片从界面到引擎控制的全产业链。二是通过并购实现产品互补，提前布局物联网等新兴领域，如安华高拥有企业级存储和传输模拟产品，博通公司提供完整的家庭联网方案，两者将通过产品互补打造云端存储的物联网解决方案。三是产品线的扩大有助于企业多元化产品类别，进一步减少对传统成熟市场的依赖，增强企业规模效应，如 CPU 芯片巨头英特尔收购 FPGA 企业 Altera。

此案为我国提供了一种典型的"以小搏大"的资本运作模式。安华高对 LSI 和博通"以小搏大"的收购充分体现了资本运作的成果，一是私募基金 Silver Lake Partners 和 KKR 的强力支持为安华高募集高额资金提供保障，安华高用于收购的资金通常来自新公司的现金资产、银行的融资以及基金投资，其中基金的优先股权投资保证了资金链的相对稳定。二是安华高通常以高溢价现金收益以及整合后的公司股票吸引被收购公司股东，加上其具备良好的实体业务，股价上涨预期明显，收购行为通常受到投资者的广泛支持。三是安华高的互补收购策略能够方便地保留或剥离某些产品业务，保障了技术团队的整体性。

此案的基金并购经验对我国大基金运作有重要的借鉴意义。Silver Lake Partners 和 KKR 等私募基金依托安华高陆续发动过多起引发业界关注的重大并购案，其成功经验值得我国大基金投资借鉴。一是找准并购载体，基于公司核心业务选择并购对象，并主动向其发出收购要约，以通过并购获取关键技术和知识产权。二是对收购金额较大的项目，发挥基金的杠杆效应，吸引银行、其他基金公司等金融机构以及个人投资者跟投，为并购提供稳定资金来源的同时分散投资风险。三是对实施并购的行为应全盘考虑，对收购对象整合过程中保留互补性核心业务，将不符合公司战略的业务部门分拆出售给国内其他企业，增强企业并购后的稳定性。

第二十八章　中芯国际与华为高通合作研发新工艺

第一节　事件回顾

一、事件描述

2015 年 6 月 23 日，中国大陆规模最大、技术最先进的集成电路制造企业中芯国际集成电路制造有限公司，与全球领先的信息和通信解决方案供应商华为、全球领先的微电子研究中心之一比利时微电子研究中心（IMEC）、全球最大的 Fabless 厂商美国高通公司，在人民大会堂举行签约仪式，宣布共同投资建立中芯国际集成电路新技术研发（上海）有限公司。该公司由中芯控股，华为、IMEC、高通各持一定股份。初期公司将以 14 纳米逻辑工艺研发为主。旨在打造中国最先进的集成电路制造研发平台。目前由中芯国际首席执行官邱慈云担任法人代表，中芯国际副总裁俞少峰任总经理。中国国家主席习近平和比利时国王菲利普共同见证了签约仪式。

二、事件背景

（一）中国大陆扶持政策陆续出台，市场需求强劲

2000 年以来，国家先后出台了《鼓励软件产业和集成电路产业发展的若干政策意见》（〔2000〕18 号）、《关于进一步鼓励软件产业和集成电路产业发展的若干政策意见》（〔2011〕4 号）等文件。同时，实施了若干国家重大科技专项，从政策和资金等多个方面予以支持，促进集成电路产业的发展。在市场拉动和政策支持双重作用下，我国集成电路产业快速发展，整体实力显著提升。在此基础上，2014 年国务院出台了《国家集成电路产业发展推进纲要》，作为新时期我国集成

277

电路产业发展的纲领性文件，《推进纲要》明确了五项基本原则，凝练了四大重点任务，提出了八项保障措施，为产业发展营造了良好的政策环境。同时，各地发展集成电路产业的热情高涨，北京、四川、山东、安徽、天津等多个省市相继出台扶持政策，推进本地区产业发展，我国集成电路产业迎来新一轮快速发展的大好时机。

旺盛的市场需求一直是推动我国集成电路产业发展的强大动因。多年来，我国电子信息产业长期位居世界第一，2014年规模达到14万亿。同时，我国拥有全球最大、增长最快的集成电路市场，在全球半导体市场占比超过一半，2014年规模更是首度超过1万亿元大关，达10393亿元。在我国经济发展方式转变、产业结构加快调整的大背景下，我国集成电路芯片市场需求有望得到持续释放，预计将以1.2万亿元的市场规模跨入"十三五"。可以预见，在不久的将来，中国大陆将成为世界集成电路产业发展的中心地带。而此时提前进行市场、技术布局将对高通、IMEC把握未来发展机遇产生重大利好。

（二）中芯国际加速28纳米工艺研发

中芯国际虽然是中国大陆规模最大、技术最先进的芯片制造企业，但它在与台湾半导体代工厂和三星半导体制造厂的竞争中一直都处于不利的地位。2013年中芯国际就宣布开始研发28纳米制造工艺，但研发进程相当不顺利，始终未能实现大规模量产。反观台积电、三星，14/16纳米制造工艺早已进入成熟量产阶段，并实现了大量收益。我国大陆与国际先进工艺差距仍然保持在2代以上，快速实现28纳米工艺大规模量产已成为当前我国集成电路产业发展的关键因素。2014年，高通因垄断问题，遭到我国政府处罚。为了减轻处罚，高通当时做出了一系列的让步，其中之一就是帮助中芯国际合作研发28nm工艺。2015年下半年，中芯国际的28纳米工艺研发终于传出好消息，采用中芯国际28纳米工艺制程的高通骁龙410处理器已成功应用于主流智能手机，这对中芯国际来说意义重大。新技术研发公司成立以后，其先进工艺节点量产技术中芯国际有优先获得权。此外，该平台的技术成果也可以应用于中芯国际目前及未来的各种产品，或用以服务中芯国际与其他公司的业务。可以预见，未来国内相关集成电路企业、高校、研究所可以通过该平台展开充分的合作，将进一步提升中国大陆集成电路制造业的核心竞争力。

（三）高通业绩下滑，欲降低未来采购风险

2015 年开始，全球手机市场需求开始饱和、增速趋于放缓，竞争日益激烈，一些中小手机品牌厂商开始倒闭。受此影响，上游的处理器芯片厂商竞争也趋于白热化。高通、联发科、展讯等企业经营状况均出现了不同程度的下滑。其中，高通 2015 财年第四季度及全年财报显示，高通第四季度营收为 55.0 亿美元，比上年同期的 67.0 亿美元下降 18%。净利润为 11 亿美元，比上年同期的 19 亿美元下降 44%。3G 时代，高通依靠专利技术在激烈的竞争中始终保持了绝对的优势地位。但随着 4G 时代的到来，联发科、华为海思、展讯等厂商迅速追赶上了高通的脚步，进入成熟期后，高通在 4G 上的先发优势几乎丧失。高通急欲利用商业模式创新补救其技术创新放缓所带来的竞争劣势。

众所周知，芯片制造业具有典型的资金密集型特点，不但需要持续大量的投资，而且回报周期较长。随着摩尔定律逐步逼近物理极限，芯片制造工艺开发成本迅速攀升。业界公认，由于高额的研发成本，未来将仅有 3—5 家企业能够从事 10 纳米以下工艺的生产和代工。作为 Fabless 厂商，高通始终需要一个稳定的下游代工厂商，而如果未来高端工艺代工企业只集中在非常少的几家企业，将会大大增加高通的采购及议价风险。因此，通过与中芯国际的合作形成相对稳定的虚拟 IDM 合作模式，对于高通未来的发展将产生非常深远的影响。

第二节　事件评析

对于贯彻落实《国家集成电路产业发展推进纲要》《中国制造 2025》以及《国务院关于积极推进"互联网＋"行动的指导意见》等国家战略具有重要意义。2015 年 5 月，国务院发布实施《中国制造 2025》，将"完善国家制造业创新体系"作为发展重点之一，明确提出"围绕重点行业转型升级和新一代信息技术、智能制造、增材制造、新材料、生物医药等领域创新发展的重大共性需求，形成一批制造业创新中心，重点开展行业基础和共性关键技术研发、成果产业化、人才培训等工作"。集成电路产业是新一代信息技术的核心和基础，为推进集成电路产业加快发展，国务院于 2014 年 6 月批准发布了《国家集成电路产业发展推进纲要》，其中将"强化企业创新能力建设"作为重要保障措施之一，明确提出推动鼓励企业成立集成电路技术研究机构，联合科研院所、高校开展共性关键技术研

发。中芯国际集成电路新技术研发（上海）有限公司的建立，充分整合了国际产业链的上下游公司、国际尖端研发力量等优势资源，是我国大陆集成电路产业参与国际合作模式上的重大突破。整机企业的加入，可以针对市场需求进行最及时有效的研发与生产。与此同时，让 Fabless 厂商以股东身份加入到工艺的研发过程中，可显著缩短产品开发流程，加快先进工艺节点投片时间，对于达成《国家集成电路产业发展推进纲要》提出的 2020 年 16/14 纳米工艺实现规模量产的目标，将产生重大推动作用。

对于推动我国集成电路产业可持续发展具有重要意义。发达国家和地区通过多种形式建立了相应的共性技术研究机构 / 创新中心，如比利时微电子研究中心（IMEC）、台湾工业技术研究院、美国半导体制造技术联盟（SEMATECH）等，在其技术进步和产业崛起中发挥了积极的推动作用。随着微电子技术走向 20 纳米，下一代工艺的研发成本迅速攀升，即使是国际大公司也不得不走联合研发的道路，以降低研发风险。我国企业在资金、人才、技术和知识产权积累等方面都处于明显劣势，靠单打独斗在激烈的竞争中难以取胜。此项合作对于国内形成骨干企业、科研单位联合优势力量合作攻关，构建基础和共性技术平台，形成良好的产学研互动环境，起到了非常重要的示范作用。同时，对我国集成电路产业追赶国际先进水平、形成可持续发展能力也起到了巨大的推动作用。

第二十九章　台湾开放12英寸晶圆到大陆投资

第一节　事件回顾

自《国家集成电路产业发展推进纲要》发布，我国迎来了一股半导体投资热潮，各地纷纷表示要大力发展集成电路产业，而此时众多台湾集成电路制造商也开始与大陆合作建厂，将产能转移到大陆。

2014年10月9日，台湾的大型半导体代工生产企业联华电子（UMC）宣布将与厦门市政府、福建省电子信息集团合作建立一座12英寸晶圆厂。该厂是台湾企业第一次在大陆投资300毫米晶圆厂，总投资最多将达380亿元人民币，预计2016年底上线，初步使用45nm、40nm工艺生产300毫米晶圆，月产能5万片。继厦门联电公司落户后，2015年6月，台湾半导体厂力晶宣布在合肥合资成立12英寸的合肥晶合集成电路公司，投资金额达135.3亿元。生产线初期开展LCD驱动芯片代工业务，力晶表示将逐步以少量资金和技术作价方式参股布局0.15、0.11微米与90纳米制程，实现4万片/月产能。

可以看出两家企业建厂依旧采用较为成熟的工艺，而没有瞄准时下拥有的最先进制程，这主要是由于台湾当局担心与大陆企业合作存在技术泄露的风险并造成市场竞争，因此要求台湾半导体企业在大陆建设12英寸工厂采取合资或收购的方式，并且限定的规模较小。然而大陆作为全球最大的半导体市场，也是台湾企业必争的市场。台积电的大陆销售额在过去5年以每年超过50%的速度增长。台积电虽然已在上海有一座8英寸晶圆厂，但它们认为仍需要更大规模的工厂来争取市场。因此以台积电为首的企业希望台湾当局放宽政策限制，允许其在内地单独投资建厂。

2015 年 9 月，台湾当局放宽了这一限制，台积电开始在大陆寻找合适的合作对象。12 月，台积电正式宣布传闻已久的 12 英寸晶圆厂将落户南京江北新区浦口园区，该生产线采用 16nm 工艺，投资金额约为 980 亿新台币（30 亿美元）独资，预计 2018 年正式投产。该厂的建成将是大陆最先进的批量生产线，可以预见，这条 16nm 工厂可能会帮助台积电吸引更多像海思、展讯一类有先进设计能力的国内芯片厂商的订单。

第二节　事件评析

一、有利于大陆设计业、封测业的发展

我国具有巨大的芯片市场，每年进口的芯片数量及金额巨大。近几年，全球排名靠前的晶圆厂英特尔、三星、美光、海力士几家纷纷在大陆建设目前最主流的 12 英寸晶圆厂，这次几家台湾地区的代工企业接连在大陆建厂，无疑也是看中了大陆的市场。在大陆建立先进制程代工厂将为大陆的设计企业节省一大笔运输成本，另外，与代工厂同步建设的设计服务中心也能够更好地服务本地的设计企业。对于封测业来说，先进制造商的生产必定会带来额外的芯片封装业务，这也有利于封装业扩大市场份额。

同时，我们也要注意到发展集成电路产业拥有自主的核心技术必不可少。通过建立合资公司的机会，大陆有关各方还可以在经营理念、管理经验以及技术方面与对方学习交流，最终达到增强本土集成电路产业实力的目的。

二、强力冲击本土制造企业的发展

首先，多条获得各种税收、土地、周边配套优惠的生产线建成后，本土制造企业原有的成本优势大大减弱，甚至多条生产线满产有可能造成一定时期的市场产能过剩，这就更不利于本土制造业企业的发展。

其次，先进生产线的建成将抢夺原有本土制造厂商的客户。之前大陆的 IC 设计公司在台积电代工的成本比在大陆企业代工高，设计公司通常会在成本和毛利相对较高的前期将产品委托给台积电代工，而当产品技术及市场较为成熟后再转交给中芯国际等大陆代工企业。在台积电的南京 12 英寸厂建成后将有效降低

台积电代工成本，从而有可能改变大陆设计企业代工格局，进一步抢夺市场。

最后，到 2018 年台积电的南京 12 英寸厂计划实现 16nm 量产时，中芯国际的 28nm 工艺也已相对成熟，并需要开始上马 16nm 工艺，届时两者将产生正面冲突，无疑无论从规模上，成熟度上，还是赢利能力上，中芯国际都将面临巨大的挑战。

三、有利于人才培养与流动

半导体作为技术密集型产业需要大量的生产、技术、营销等方面的人才，此次台湾开放 12 英寸晶圆到大陆投资能够有效地带动两岸的人才交流和人才培养。一方面，我国示范性微电子学院培养的毕业生可以到先进生产企业就职，既可缓解就业压力，也可以进一步增强自身的技术水平与经验，之后通过人才流动可以提升我国集成电路从业人员的整体职业素养。另一方面台积电作为半导体代工行业龙头本身已经拥有大量的技术及工艺人才，在大陆建厂后必然会带动一部分人才储备来大陆工作，通过人才的流动可以给这些高端人才服务于本土企业提供更多的机会与可能性。

第三十章　全球集成电路企业裁员潮

第一节　事件回顾

2015 年，国际电子信息重点企业纷纷在全球范围内展开裁员行动，雅虎、索尼、夏普、西门子、微软、惠普等国际 IT 龙头企业都深陷其中。作为电子信息产业的重要分支，集成电路产业在 2015 年也迎来了裁员潮，IBM、高通、Marvell、东芝等公司均宣布其裁员计划。据不完全统计，2015 年，全球集成电路企业共计裁员约 31750 人。

一、IBM被透露启动涉及11.8万人的裁员计划。

2015 年 1 月，硅谷资深记者罗伯特·科林吉发表了一本名为《IBM 的衰落》的电子书。指责 IBM 已出现内部管理危机，将裁员 26%，涉及 11.8 万人。书中透露此次裁员将于一周后陆续开始，并于二月底前结束。同时他预测，遣散 11 万员工所需的巨额费用将对 IBM 第一季度的业绩带来重大影响。

随后，IBM 对罗伯特·科林的言论给予回应称 10 万人的大裁员完全是无稽之谈，IBM 是计划花费 6 亿美元进行结构调整，但是调整涉及的只有数千员工，而不是罗伯特·科林所披露的超过 10 万。同时，IBM 透露其正在全球范围招聘超过 1 万人，招聘的岗位多数集中在 IBM 的高增长领域，包括云计算、大数据、信息安全和移动技术。

同时，IBM 的财报表现也未如罗伯特·科林推断的遭到重创，其营业收入依然增长，同比增长 16%。

虽然目前来看，罗伯特·科林对 IBM 大裁员的指责有夸张之势，但是 IBM

确实在通过一定数量的裁员来实现业务重心的转移。

二、高通全球裁员4700人

2015年7月22日，美国半导体企业高通公司宣布总额14亿美元的整合措施，包括裁剪4700名员工，占总员工数的15%。与裁员消息同时发布的还有高通讨论分拆芯片制造业务和专利授权业务。

2015年，高通经历了发展的低谷，营业收入全年预计将下滑19%。由于智能手机市场日趋成熟，高端和低端芯片出现了市场分化。在高端市场，苹果芯片的市场份额持续稳定，而三星由于采用自行研发的Exynos处理器，也使高通失去了很大一块市场。而在中低端市场，展讯、联发科等企业不断发展，严重挤压了高通在低端市场的盈利空间。

同时由于在专利授权业务方面，高通采取的收取不公平高价专利许可费、搭售非必要专利许可，在基带芯片销售中附加不合理条件等策略使得其在世界范围内遭受了反垄断调查，并被中国发改委处以10亿美元的罚款，并被要求在中国市场停止不合法的专利授权行为，使得其专利授权业务收入受到重创。

三、Marvell在中国裁员800人

2015年9月25日，美国芯片制造商Marvell宣布将在全球范围内削减员工总数的17%，约合1200人。Marvell表示，裁员的原因是公司正在收缩其移动部门，目前正密切关注汽车和物联网等领域的新兴机会。10月16日，Marvell在中国公司启动了裁员计划，涉及人员800人左右，占中国公司总员工数的80%。

Marvell主要针对数字存储和数据网络市场，从事混合信号和数字信号处理集成电路的设计和开发。在中国市场，其无线部门主要供应连接芯片和面向智能终端的处理器，而中国4G市场的快速发展曾使Marvell受益颇多。

在裁员计划发布之前，有消息显示Marvell曾四处出售其移动芯片部门，先后与中国电子信息产业集团（CEC）和大唐电信集团谈判，并曾达成初步协议，但是Marvell最终没有与其他公司达成出售协议，并最终宣布了裁员这一"三输"的决定。不仅Marvell需要承担高额的员工遣散费用，中国的CEC和大唐电信也失去了收购优质资产的机会，同时Marvell的中国员工还面临失业的局面。

四、东芝宣布裁员1万余人

2015 年 12 月 21 日，东芝宣布将在 2015 财年结束之前，通过提前退休、公司内部消化等方式，在医疗健康部门实行大约 6800 人的裁员计划。其中影像业务裁员比例最高，达到 3700 人，家用电器业务计划在全球范围减少 1800 人，而 PC 部门则预计裁员 1300 人，加之总部的 1000 人和之前在其半导体部门裁员的 2800 人，东芝共计裁员 10600 人。

10 月 29 日，东芝曾宣布将把图像感应器业务以约 1.66 亿美元的价格出售给索尼，并大力整顿半导体业务，而其中约 1100 名员工也改由索尼公司雇用。

东芝在 2015 年经历了其历史上最大的亏损。与裁员计划同时宣布的还有东芝 2015 财年出现的 5500 亿日元（约 306 亿人民币）的净亏损，是东芝史上最大亏损，而 2014 年的亏损也才只有 278 亿日元。虽然家电业务已不是东芝的主力（占总营收的 14.8%），但是依然是东芝亏损的主要组成部分，其占总亏损额的 47%。

经过此轮裁员和业务调整，东芝"将医疗健康作为仅次于能源和存储器的第三大支柱"的计划也成为泡影，东芝将把主要资源集中于以核能 / 火力发电为主的能源业务和以存储器为主的半导体业务。

表 30-1　2015 年全球集成电路企业裁员信息汇总

时间	企业	裁员人数和占比	地区	涉及部门
1月24日	IBM	11.8万[1]，26%	全球	研发、销售部门
3月16日	Cypress/ Spansion	1600，20%	全球	合并后的重叠部门
7月22日	高通	4700，15%	全球	研发、管理部门
7月	英特尔	1150，2.3%	美国	PC和移动部门
7月31日	意法半导体	数百人	全球	多个部门
10月2日	AMD	500，5%	全球	多个部门
9月25日	Marvell	1200，17%	中国为主	手机芯片部门
12月21日	东芝	1.06万，47%	全球	总部、消费电子、半导体部门

资料来源：赛迪智库整理，2016 年 1 月。

---

[1]　据硅谷记者罗伯特·科林透露。

第二节　事件评析

集成电路企业不断蔓延的裁员潮的产业背景和原因主要有以下两点。

一、PC、智能手机等传统应用市场需求下降

PC 市场进一步萎缩，智能手机市场需求放缓。IDC 发布的数据显示，2015年第三季度全球 PC 出货量为 7100 万台，同比下降 10.8%；全球平板设备出货量为 4870 万，同比下降 12.6%，已连续 4 个季度下滑；全球智能手机市场总出货量同比增长 6.8%，增速相对于 2014 年第三季度的 25% 显著放缓。国内方面，根据工信部运行协调局的统计，1—10 月我国手机产量 13.98 亿台，同比仅增长 1%。市场研究公司 IDC 统计，2015 年第一季度中国智能手机市场销售量为 9880 万部，同比下跌了 4%。

PC 方面，由于多年未出现颠覆性的产品来激发消费者的换机欲望，且今年微软的 Windows 10 操作系统提供免费在线升级服务，使得众多消费者选择了升级系统而不是更新机器来提升 PC 性能。平板电脑方面，随着智能手机的大屏化，平板电脑的功能性被智能手机部分替代，加之平板电脑的更换周期较长，所以市场需求量下滑。智能手机方面，中国智能手机渗透率的提高使得市场日趋饱和，已逐步转为成熟市场，并使得全球市场增速放缓。

应用市场的萎缩导致全球半导体市场的增速缓慢。根据全球半导体贸易统计组织（WSTS）的数据，2015 年全球半导体市场规模达到 3364 亿美元，同比仅增长 0.2%，经历了连续三年的快速增长后再次趋缓。

由于全球半导体产业的缓慢增速，市场规模不及预期，集成电路企业裁员潮也就不可避免。集成电路企业需要通过裁员来重新优化人员结构，维持企业的生命力。

二、全球集成电路企业整合并购加剧

2015 年是全球集成电路产业的"并购年"。2015 年，全球集成电路产业并购案例频发，并购交易金额累计突破 1200 亿美元，创下历年来的最高纪录。相对

于 2014 年全球集成电路 380 亿美元并购交易总额，2015 年的增幅超过 200%。

一方面，国际集成电路巨头间的并购加剧。安华高（Avago）科技公司以 370 亿美元现金加股票的方式收购博通（Broadcom），为年内交易金额最大的单笔并购。此外，英特尔斥资 167 亿美元收购 FPGA 生产商阿尔特拉（Altera），荷兰恩智浦（NXP）112 亿美元收购飞思卡尔（Freescale），德国英飞凌（Infineon）10 亿美元买下美国的国际整流器公司（IR），高通（Qualcomm）24 亿美元收购英国芯片制造商 CSR。

另一方面，国内半导体企业也"走出去"进行国际并购。华创投资、建广资本、紫光集团等也纷纷出手收购国际半导体企业。其中华创投资等组成的财团以 19 亿美元与美国芯片制造商豪威科技（OV）达成收购协议，建广资本 18 亿美元购得 NXP 的 RF power 部门，武岳峰资本斥资 7.3 亿美元买下美国 DRAM 企业 ISSI，盛世宏明投资公司收购全球最大的 MEMS 纯代工企业 Silex Microsystems 98% 的股权。

行业巨头间的大型并购后，由于其重叠业务非常多，只有裁员才能实现成功整合。由于 2015 年大型并购频发，其导致的裁员潮预计在 2016 年将继续蔓延。

展望篇

第三十一章　主要研究机构预测性观点综述

第一节　半导体产业规模预测

从各大机构预测的数据看，2016年全球半导体市场比起2015年逐渐回暖。对2016年半导体产业增长率的预测，其中仅有咨询机构TrendForce和金融机构Credit Suisse分别给出了-0.6%和-0.5%的负增长预测。世界半导体贸易协会（WSTS）在对2016年的预测中逐渐下调了对增长率的预期，预测值和咨询机构Gartner相近，分别为1.4%和1.9%。IC Insights对未来增长预期较为乐观，预测值和Cowan LRA计算模型相当，预计明年增长率为5.0%左右。咨询机构Semiconductor Intelligence和Semico Research两家对未来预期最高，2016年半导体产业增长率预测分别为6.0%和7.6%。

表31-1　2016年各大机构半导体产业增长率预测

机构	2016年增长率预测	预测时间
WSTS	3.4%	2015年6月
	3.1%	2015年8月
	1.4%	2015年12月
IC Insights	5.0%	2015年12月
Gartner	1.3%	2015年7月
	1.9%	2015年10月
TrendForce	-0.6%	2015年12月
Semiconductor Intelligence	7.0%	2015年6月
	6.0%	2015年8月
	6.0%	2015年10月

（续表）

机构	2016年增长率预测	预测时间
Semico Research	7.6%	2015年9月
Future Horizons	0.0%	2015年9月
Credit Suisse	−0.5%	2015年10月
Cowan LRA	5.2%	2015年6月
	5.3%	2015年8月
	5.1%	2015年12月

资料来源：Global Semiconductor Alliance，2015年12月。

第二节　主要研究机构预测观点

一、世界半导体贸易协会（WSTS）

受全球传统PC销量负增长和移动智能终端增长放缓的影响，2015年全球半导体市场增长疲软。根据世界半导体贸易协会（WSTS）统计数据显示，2015年全球半导体销售收入同比小幅增长0.2%，达到3363.9亿美元，预计2016年和2017年半导体市场将呈现回暖趋势，销售收入增长率分别为1.4%和3.1%。从全球地区分布来看，受美元升值、欧洲危机和日本经济萎缩的影响，2015年这三个地区的半导体销售收入都呈现负增长，亚洲半导体市场增长迅速，其中中国半导体销售额占全球半导体消费的50%以上。预计随着美元的持续升值，2016年到2017年美国半导体销售收入增长速度最快，同比增长率分别为2.3%和3.6%。其次是日本半导体行业开始复苏，预计增长率为1.0%。欧洲经济疲软放缓，半导体损失逐渐降低，2016年增长率为−0.1%。

表31-2　2015—2017年全球半导体市场规模区域分布预测

地区	销售收入（亿美元）			增长率（%）		
	2015	2016E	2017E	2015	2016E	2017E
美国	689.3	705.2	730.7	−0.6	2.3	3.6
欧洲	343.9	343.5	353.3	−8.2	−0.1	2.8
日本	312.5	315.6	322.0	−10.3	1.0	2.0
亚洲	2018.2	2045.8	2109.9	3.9	1.4	3.1
合计	3363.9	3410.1	3515.9	0.2	1.4	3.1

资料来源：WSTS，2015年11月。

从半导体产品情况来看，2015 年多数产品呈现负增长。预计 2016 年到 2017 年集成电路产品市场回暖，大部分产品销售收入都小幅上涨。集成电路产品中，受消费电子、工业控制、汽车电子、医疗电子等市场的拉动，模拟器件增长速度最快，2016 年和 2017 年同比增长 3.4% 和 4.1%，销售收入达到 470.3 亿美元和 489.5 亿美元。逻辑器件由于其量大面广的特性，依然是半导体产品中占比最高的产品，市场占有率约为 27%，增长速度略高于整个半导体产品的平均增长速度。随着云计算、物联网、大数据的兴起，将带动服务器用微处理器和存储器的快速增长，预计 2017 年将同比增长 2.3% 和 3.4%，成为集成电路最重要的两类产品。

表 31-3　2015—2017 年全球半导体市场产品结构预测

产品	销售收入（亿美元）			增长率（%）		
	2015	2016E	2017E	2015	2016E	2017E
分立半导体	187.9	189.0	195.8	−6.8	0.6	3.6
光电子	334.9	352.7	368.9	12.1	5.3	4.6
传感器	87.9	90.2	93.7	3.4	2.7	3.8
集成电路	2753.2	2778.2	2857.5	−0.7	0.9	2.9
包括：模拟器件	454.8	470.3	489.5	2.5	3.4	4.1
微处理器	611.7	630.5	644.7	−1.5	3.1	2.3
逻辑器件	902.1	917.5	937.8	−1.6	1.7	2.2
存储器	784.5	759.9	785.4	−1.0	−3.1	3.4
合计	3363.9	3410.1	3515.9	0.2	1.4	3.1

资料来源：WSTS，2015 年 11 月。

二、SEMI

根据咨询机构 SEMI 数据显示，2014 年全球半导体设备产业销售收入大幅增长 18%，随后两年也将保持增长态势。2015 年全球半导体设备产业销售收入同比增长 7.1%，达到 401.5 亿美元，预计 2016 年也呈现小幅增长态势，产业规模达到 417.9 亿美元。全球设备支出的主要市场驱动力来自存储器和代工厂的资本支出，全球重点企业继续研发先进工艺以提升电子迁移率和互联速度，使得对高端设备的投资进一步扩大。从设备类型看，前端芯片制造环节设备销售收入在 2015 年增长 9.8%，达到 321.3 亿美元，预计 2016 年将继续平稳增长 4.4%，销售收入为 335.3 亿美元，占设备销售收入总额的 80.2%。其次是测试设备，预计 2016 年销售收入为 35.3 亿美元，产业增速为 2.3%。封测设备占比相对较低，2015 年出现 8.5% 的负增长，预计 2016 年小幅上涨 1.4%，销售收入为 28.4 亿美元。

表 31-4 2014—2016 年半导体设备销售收入预测（单位：亿美元）

设备类型	2014	2015	增长率	2016E	增长率
Wafer Processing	292.6	321.3	9.8%	335.3	4.4%
Test	35.5	34.5	−2.8%	35.3	2.3%
Assembly&Packaging	30.6	28.0	−8.5%	28.4	1.4%
Other Front-End	16.3	17.7	8.6%	18.9	6.8%
Total	375.0	401.5	7.1%	417.9	4.1%

资料来源：SEMI，2015 年 7 月。

从区域分布情况看，中国台湾、韩国和北美是全球设备需求量排名前三的地区。中国台湾仍是全球半导体设备使用量最大的地区，由于拥有全球重要的代工厂台积电、联电、力晶等企业，2015 年产线扩产和新建对设备需求量提升，使得 2015 年中国台湾地区设备需求量同比增长 15.7%，达到 108.9 亿美元，占全球设备总需求量的 27%。预计 2016 年生产线逐步投产，设备需求量减小，增速同比降低 8.2%，销售收入为 100 亿美元。韩国是全球设备需求量排名第二的国家，由于两大存储器企业三星和 SK 海力士的多条生产线，以及韩国东部等代工厂，2015 年对设备的需求量同比增长 25%，达到 85.5 亿美元。预计 2016 年三星和海力士陆续扩产，使得设备需求继续同比增长 7.9%。欧洲是设备需求增长最快的地区，连续两年以两位数的速度增长，预计 2016 年市场需求达到 34.1 亿美元。

表 31-5 2014—2016 年半导体设备销售收入区域分布（单位：亿美元）

国家/地区	2014	2015	增长率	2016E	增长率
中国大陆	43.7	46.6	6.6%	55.4	18.9%
欧洲	23.8	27.1	13.9%	34.1	25.8%
日本	41.8	47.3	13.2%	46.0	−2.7%
韩国	68.4	85.5	25.0%	92.3	7.9%
北美	81.6	64.5	−21.0%	67.0	3.9%
中国台湾	94.1	108.9	15.7%	100.0	−8.2%
其他	21.5	21.6	0.5%	23.1	6.9%
合计	375.0	401.5	7.1%	417.9	4.1%

资料来源：SEMI，2015 年 7 月。

三、IC Insights

市场研究机构 IC Insights 将半导体产品分为两大类，分别是集成电路产品和集成电路以外的产品，包括光学、传感器以及分立器件（O-S-D）。近年来光学、传感器以及分立器件产品市场表现不同，2015 年半导体照明、红外器件和 CMOS 图像传感器等产品市场以两位数快速增长，而其他传感器、二极管、整流器和功率器件等产品销售收入出现下降。IC Insights 发布数据显示，2015 年 O-S-D 产品出货量同比增长 9%，总体销售收入约为 664 亿美元，同比上年增长 3%，继 2014 年的 644 亿美元以后销售额再次创下历史新高。由于 2015 年全球半导体整体规模约为 3541 亿美元，下滑近 0.5%，其中集成电路产业销售收入将下滑 1%，导致光学、传感器与分离器件部分的销售收入占比提升到 19%。

传感器产品受物联网带动出货量增长很快，但是 2015 年价格大幅下滑，因此今年传感器和执行器销售收入仅同比小幅增长 2%，达到 101 亿美元。预计 2016 年传感器和执行器市场表现优于 2015 年，预计销售收入同比增长 4%，达到 105 亿美元。其中 CMOS 图像传感器是增长最快的细分领域产品，越来越多地渗透到嵌入式应用中，如汽车电子、医疗电子、视频监控以及图像识别系统等。

光学器件方面，由于采用高亮度 LED 芯片的固态照明渗透率逐年提升，激光发射器也大量应用到高速光纤通信网络中，LED 和激光器是 O-S-D 市场中光学部分增长最快的细分领域。

分立器件方面，由于市场受宏观经济和终端应用变化的影响较大，市场需求窗口期转瞬即逝，因此以功率半导体为代表的分立器件市场需求波动较大。在全球经济环境不景气的影响下，2015 年分立器件销售收入为 215 亿美元，同比上年下降 6%。预计 2016 年将恢复增长，同比增长 3%，市场规模达到 222 亿美元。

四、Gartner

受传统 PC 销量负增长，智能手机和平板电脑增长放缓，以及美元升值、中国经济疲软等因素的影响，2015 年全球半导体市场呈现一定程度的负增长。全球咨询机构 Gartner 预测，2016 年半导体市场逐步回暖，预计同比增长 1.9% 达到 3341 亿美元。其中存储器市场将会出现负增长，预计 2016 年 DRAM 产品销售收入增长率为 -12.2%。由于 DRAM 产能继续过剩，计算机应用需求减少，服务器和低功耗应用中 DRAM 市场尚未全面打开，库存积压明显，导致芯片价格下降近 10%，DRAM 企业在 2016 年上半年将经营困难。

五、台湾集邦科技

集邦科技旗下研究机构 DRAMeXchange 数据显示，自 DRAM 产业进入寡头竞争的格局以后，三星、SK 海力士和美光三家的竞争愈加激烈。2015 年受需求端疲软影响，标准 DRAM 存储器价格下跌近 40%，服务器 DRAM 存储器也在下半年价格下跌加剧，仅有嵌入式存储器在智能手机的带动下仍有小幅增长。随着 iPhone 6s 手机内存容量增加到 2GB，使得手机内存用 DRAM 存储器价格下跌放缓。展望 2016 年，三星为了保持在行业的领军地位和市场竞争力，将导入 18nm 工艺制程生产 DRAM 存储器，将给其他企业带来一定的压力；SK 海力士和美光也陆续发布了技术路线图，进一步缩小和三星直接的差距。咨询机构预测如果 2016 年需求端不能有效地消化新增产线产能，DRAM 存储器芯片的价格下跌将比 2015 年更加明显。

在 NAND Flash 闪存方面，2016 年将是充满机会和挑战的一年。从供给侧看，各大企业继续推进 NAND Flash 先进工艺制程，3D NAND Flash 的研发和应用进度开始加速，预计供给端闪存年度产出量增长率为 50%。从需求侧看，受全球经济环境的影响，终端应用商在消费电子、U 盘、固态硬盘等领域的需求预期不足，预计需求端闪存年度增长速度仅为 44%，因此 2016 年整体 NAND Flash 闪存产业将呈现明显的供过于求局面。

根据台湾拓扑产业研究所数据显示，2015 年半导体产业经历了量和质的变化，产业增长速度从 2014 年的 7.2% 迅速下滑到 2015 年的 2%—3% 小幅增长。预计 2016 年全球半导体产业将经历物联网带来的应用市场和特色产品对半导体周期的影响，各大企业除了通过提供差异化的产品以提升市场竞争力以外，更需通过自身商业模式和经营模式的转型以应对下一波浪潮的影响。物联网的兴起将改变产品的生产周期，并使得部分产品的价格在不同的应用市场中受到挤压，但也为传感器、通信设备等产品带来新的增长空间。

第三十二章 2016年中国集成电路产业发展形势展望

第一节 整体运行发展展望

2015年是中国集成电路承上启下的关键一年,《国家集成电路产业发展推进纲要》系统实施,国家集成电路产业投资基金实现平稳起步,金融杠杆作用逐步显现,产业政策环境和投融资环境进一步优化并完善。在政策支持以及市场需求带动下,产业保持了平稳快速的发展态势。与此同时,全球经济复苏乏力,经济形势不确定性再次增加;国内经济增速放缓,工业下行压力加大。展望2016年,在上述诸多因素共同作用下,国内集成电路产业将面临"稳中有进,进中有难"的形势。

一、全球市场增长乏力,我国产业稳中有进

2015年,全球经济一直未完全走出金融危机阴影,经济发展预期不确定性加大。Gartner统计数据显示,全球PC出货量同比大幅下滑8%,智能手机出货量虽保持了增长,但相较于之前20%左右的高增速,呈现出明显回落的趋缓。与此同时,英特尔、高通、联发科等国际龙头企业的销售业绩也出现了不同程度的下滑。整机市场需求低迷,传统PC业务进一步萎缩,智能终端市场需求逐步放缓,以及云计算、大数据、物联网带来的新兴市场需求尚未爆发等种种迹象表明,2016年全球半导体市场形势不容乐观。据世界半导体贸易统计组织(WSTS)2月数据预计,2015年和2016年全球半导体行业增长率分别为−0.2%和0.3%,相比于2014年9.9%的增长率降幅巨大。

与全球情况不同,在市场需求带动以及国家相关政策支持下,我国集成电路产业仍保持较快的增长速度。中国半导体行业协会统计数据显示,在整体经济增

速放缓的大背景下，2015 年，全行业实现销售额 3609.8 亿元，同比增长 19.7%，远高于全球增速，产业规模进一步扩大。展望 2016 年，随着"中国制造 2025"、"互联网 +"行动指导意见以及双创工作的持续深入推进，越来越多的市场机会不断涌现，我国半导体产业面临着前所未有的发展机遇。

但值得注意的是，尽管目前产业保持了较好的发展速度，由于集成电路处于整体工业产业链的上游，故经济增速放缓对集成电路产业影响有"滞后效应"。预计 2016 年产业增速将趋稳在 20% 左右，进入稳中有进的新常态。

二、竞争格局面临转折，产业发展进中有难

随着集成电路技术发展及全球化进程的加速，跨国公司在加快产品升级换代、加紧先进产能布局的同时，通过产业链横向与生态链纵向的资源整合，不断丰富完善企业的技术产品体系及客户资源，巩固市场主导权，提高市场集中度，降低运营成本，进一步提升市场竞争力。2015 年全球在集成电路领域的并购案涉及交易金额已经超过 1400 亿美元，接近过去 8 年的总和，多个案例相继刷新了国际半导体并购纪录，如英特尔 167 亿美元收购阿尔特拉、恩智浦 118 亿美元收购飞思卡尔、安华高科技 370 亿美元收购博通等。此外，英飞凌、Global Foudries 在 2015 年也分别完成了对国际整流器、IBM 半导体业务的整合。短期内，集成电路领域的国际大型兼并重组还将继续，并且呈现出向产业链各环节渗透的趋势，强强联合将成为国际并购新常态。

与此同时，海外龙头企业不断调整与我国合作策略，逐步由独资经营向技术授权、战略投资、先进产能转移等方式转变。国际先进技术、资金加速向国内转移。继 IBM 开放 Power 授权、英特尔战略入股紫光之后，2015 年上半年台湾地区几大龙头企业也纷纷与大陆开展深入合作，如联电公司与厦门合作建设大陆第一条合资 12 英寸生产线，台积电与力晶分别拟在南京、合肥建设 12 英寸集成电路生产线。长期来看，凭借技术及成本优势，台企纷纷登陆将打乱大陆原定的技术路线布局。展望 2016 年，国内外产业竞争格局均面临重塑，国内企业将面临较大的竞争压力。

三、产业技术水平持续提升，重点产品有望实现突破

2015 年，国内集成电路产业在多个技术领域取得了喜人的成果。芯片设计方面，先进设计技术成功导入 16 纳米级别，华为海思的麒麟 950 成为业界首款

商用台积电 16 纳米 FinFETplus 技术的 SoC 芯片；晶圆制造方面，采用中芯国际 28 纳米工艺制程的高通骁龙 410 处理器已成功应用于主流智能手机，手机芯片制造成功落地中国大陆；共性技术研发方面，由中芯国际、华为、高通、IMEC 共同投资成立的中芯国际集成电路新技术研发（上海）有限公司，旨在开发下一代 CMOS 逻辑工艺，全力打造我国最先进的集成电路研发平台。

在重大产品方面，存储器一直是国内产业发展的短板，几乎 100% 依赖进口。经多方协商，武汉率先建设我国首家存储器基地。该基地以武汉新芯集成电路制造有限公司为主体，计划实现 30 万片 / 月存储芯片的产能规模。该项目的顺利落地，将对"十三五"期间我国集成电路产业的国际竞争力的提升产生重大利好。

展望 2016 年，随着《推进纲要》实施的不断深化，将进一步调动国际国内资源积极性，推动产业链协同能力不断增强，进而促进技术进步，在重点工艺（14 纳米级以下逻辑工艺）、重大产品（存储器）等多个层面实现突破性进展。

四、资本市场持续活跃，中资"海淘"仍将继续

《推进纲要》发布实施以来特别是国家集成电路产业投资基金设立后，在政府引导、市场资源配置、企业自身发展需要等因素驱动下，国内集成电路行业也涌现出多宗并购案例。这些并购重组呈现以下特点：一是整机企业通过并购集成电路企业，加速向上游延伸，提升核心竞争力；二是国内企业积极"走出去"，并购国外制造企业；三是资本市场高度关注，多家投资公司和基金积极参与集成电路领域的并购。多个成功案例反映出国家集成电路产业投资基金对社会资本的撬动作用日渐明显，以及国内资本整合海外优质标的策略性不断增强。展望 2016 年，随着国内资本对国际并购运作的逐步成熟，以及满足国内产业快速切入高端市场迫切需求，国内资本的"海淘"行动仍将持续展开。

第二节　需要关注的几个问题

一、产业链两头在外，产业链协同能力亟待加强

一方面，我国集成电路设计企业的产品主要在海外或由外资企业代工。以中芯国际为例，$0.18\mu m$—65nm 工艺的代工业务在中芯国际收入中占 84%，45—40nm 工艺的代工业务占比约 11%，28nm 工艺才刚开始盈利。另一方面，集成电路制造企业的主要业务也在海外。国内制造企业在先进工艺、IP 数量、产能规模

以及服务质量方面的不足，导致无法承接国内高端芯片设计企业产能。2015 年，中芯国际国内客户比重虽然有大幅度的提升，但国内客户业务收入占比只有 47.6%。

二、内需市场优势发挥有待提高

当前，我国集成电路设计业与快速发展的市场需求结合不紧密，大多难以进入整机领域的中高端市场，这与国内在下游终端领域创新优势和市场的需求优势不相符合。一方面，移动智能终端产品形态趋于多样化发展，倒逼集成电路在功能和技术参数等方面不断突破创新，为集成电路设计提出了新的需求，而我国目前在智能终端用高端芯片领域还处于劣势。另一方面，市场话语权不足阻碍芯片国产化发展。我国是全球最大的集成电路市场，但市场量与市场话语权有所不同。从实际集成电路产品消费看，我国很多集成电路市场的话语权并不掌握在国内企业手中，很多进口的芯片被跨国公司用于其整机组装，最终返销国外。尤其CPU、存储器等量大面广的芯片产品牢牢被国外企业垄断，个性化的消费产品也难以支撑芯片的规模化销售，无法主导话语权仅凭市场驱动难以推动芯片国产化。

三、集成电路高端人才匮乏

我国集成电路产业起步较晚，基础较薄，因此更需要高技术人才加以支撑。2000 年以后我国才真正开始培养集成电路领域的技术人才，通过高校和职业学校的努力，现在已经有了一定的储备，并且开始输送产业所需的工程师和一般管理人员。此前，教育部首批支持 9 所高校建设的"示范性微电子学院"，就是旨在加强与集成电路骨干企业、产业化基地和地方政府等的合作，输送企业急需的技术人才。然而，集成电路产业更不可或缺的是技术上有水平有专长，管理上有经验有魄力的高端领军人才。而我国目前在高端人才方面储备不足，高端人才需要引进与培养并重，用好并留住高端人才是企业成功的关键要素。这就需要在收入和生活保障方面提供良好的政策支持。

第三节　应采取的对策建议

一、创新资金使用方式，提高资金利用效率

一是建议在财政资金安排方面重点向战略性新兴领域倾斜，加大对集成电路等核心产业的支持力度，提高供给侧生产能力。落实和完善使用首台（套）重大技术装备等鼓励政策，研究制定需求侧激励措施，以供给侧刺激需求侧，以需求

侧拉动供给侧，将国内市场需求有效转化为国内企业的成长的动力；二是在专项建设基金等国家重点项目组织实施过程中，结合其适合投资金额大、回报周期长项目的特点，重点向集成电路领域倾斜，充分发挥集成电路对经济"1∶10∶100"的带动作用，推动工业转型升级，严防向低水平、重复建设领域进入，从根本上缓解并扭转经济下行的局面。三是构建多元化资金使用体系，针对支持目标企业的不同类型和不同发展阶段，综合采取资本金投资、项目资助、贷款贴息等方式全方位多层次地给予支持，提高财政资金利用率。

二、拓宽企业上市融资渠道，完善产业资本与金融资本对接机制

一是选择具体产业如集成电路等高新技术产业为试点，适当倾斜金融政策，吸引跨国集成电路企业在境内上市，进一步激发国内金融市场对于集成电路行业的投资热情，撬动更多的社会资本流入行业，形成顺畅的融资链条；二是支持符合条件的集成电路企业发行企业债券等融资工具，进一步拓宽融资渠道，完善国家集成电路产业投资基金、地方基金及社会投资的退出机制；三是推动形成高效的产业资本与金融资本对接机制，研究对集成电路重点企业上市给予"绿色通道"，适当放宽集成电路企业上市融资的条件，为并购的优质海外标的能够在国内快速起飞营造有利的金融环境。

三、创新人才培养及引进机制，加速培养新兴增长点

一是围绕资源配置、师资力量、招生计划等多个方面，进一步加强微电子学专业建设。探索高校、研究机构与企业形成有效、完善的合作路径，推动企业资源与教育资源深度融合，创新人才培养模式，紧密结合产业发展需求定制化培养国际化、复合型、实用性人才；二是在现有高端人才引进政策实施过程中，适当向集成电路领域倾斜。研究出台针对海外领军人才和优秀团队的引进策略。完善收入分配激励机制，通过股权、期权激励和奖励等形式落实科技人员成果转化的收益分配制度。引导地方政府和企业创新集成电路人才鼓励政策，为其提供更好的工作生活环境；三是实施"集成电路人才创新创业计划"，结合"大众创新，万众创业"双创工作，设立集成电路人才创新创业基金，构建集成电路产业创新创业促进平台，为集成电路领域营造良好的创新创业环境。调动政产学研用等多方资源形成合力，打通创新链条，形成协同创新网络体系以及可持续发展的创新动力，抢占智能指导领域颠覆性创新的先机，加速推动信息产业新兴增长点的形成。

后 记

《2015—2016年中国集成电路产业发展蓝皮书》由赛迪智库集成电路研究所编撰完成，力求为中央及各级地方政府、相关企业及研究人员把握产业发展脉络、了解产业前沿趋势提供参考。

参加本课题研究、数据调研及文稿撰写的人员有：中国电子信息产业发展研究院的王鹏、霍雨涛、林雨、葛婕、史强、夏岩、朱邵歆、刘欣亮、张松等。在研究和编写的过程中，本书得到了工业和信息化部电子信息司领导、中国半导体行业协会、中国半导体照明 /LED 产业与应用联盟等行业组织专家，以及各地方工信部门领导的大力支持和指导。本书的出版还得到了院软科学处的大力支持，在此一并表示诚挚感谢。

本书虽经过研究人员和专家的严谨思考和不懈努力，但由于能力和水平所限，疏漏和不足之处在所难免，敬请广大读者和专家批评指正。同时，希望本书的出版，能为我国集成电路产业的健康发展提供有力支撑。

赛迪智库
面向政府 服务决策

思想，还是思想
才使我们与众不同

《赛迪专报》　　　《两化融合研究》　　　《财经研究》

《赛迪译丛》　　　《互联网研究》　　　《装备工业研究》

《赛迪智库·软科学》　《网络空间研究》　　《消费品工业研究》

《赛迪智库·国际观察》《电子信息产业研究》《工业节能与环保研究》

《赛迪智库·前瞻》　《软件与信息服务研究》《安全产业研究》

《赛迪智库·视点》　《工业和信息化研究》《产业政策研究》

《赛迪智库·动向》　《工业经济研究》　《中小企业研究》

《赛迪智库·案例》　《工业科技研究》　《无线电管理研究》

《赛迪智库·数据》　《世界工业研究》　《集成电路研究》

《智说新论》　　　《原材料工业研究》《政策法规研究》

《书说新语》　　　　　　　　　　　《军民结合研究》

编 辑 部：赛迪工业和信息化研究院

通讯地址：北京市海淀区万寿路27号院8号楼12层

邮政编码：100846

联 系 人：刘颖　董凯

联系电话：010-68200552 13701304215
　　　　　010-68207922 18701325686

传　　真：0086-10-68209616

网　　址：www.ccidwise.com

电子邮件：liuying@ccidthinktank.com

赛迪智库

面向政府　服务决策

研究，还是研究
才使我们见微知著

信息化研究中心	工业化研究中心	规划研究所
电子信息产业研究所	工业经济研究所	产业政策研究所
软件产业研究所	工业科技研究所	军民结合研究所
网络空间研究所	装备工业研究所	中小企业研究所
无线电管理研究所	消费品工业研究所	政策法规研究所
互联网研究所	原材料工业研究所	世界工业研究所
集成电路研究所	工业节能与环保研究所	安全产业研究所

编 辑 部：赛迪工业和信息化研究院
通讯地址：北京市海淀区万寿路27号院8号楼12层
邮政编码：100846
联 系 人：刘颖　董凯
联系电话：010-68200552 13701304215
　　　　　010-68207922 18701325686
传　　真：0086-10-68209616
网　　址：www.ccidwise.com
电子邮件：liuying@ccidthinktank.com